U0529374

中共北京市委党校（北京行政学院）学术文库系列丛书

黄小钫 著

西方政治代表理论研究

中国社会科学出版社

图书在版编目(CIP)数据

西方政治代表理论研究/黄小钫著.—北京：中国社会科学出版社，2020.10
（中共北京市委党校（北京行政学院）学术文库系列丛书）
ISBN 978 - 7 - 5203 - 7383 - 8

Ⅰ.①西… Ⅱ.①黄… Ⅲ.①政治制度—研究—西方国家 Ⅳ.①D521

中国版本图书馆 CIP 数据核字（2020）第 190991 号

出 版 人	赵剑英
责任编辑	赵　丽
责任校对	朱妍洁
责任印制	王　超

出　　版	中国社会科学出版社
社　　址	北京鼓楼西大街甲 158 号
邮　　编	100720
网　　址	http://www.csspw.cn
发 行 部	010 - 84083685
门 市 部	010 - 84029450
经　　销	新华书店及其他书店
印　　刷	北京明恒达印务有限公司
装　　订	廊坊市广阳区广增装订厂
版　　次	2020 年 10 月第 1 版
印　　次	2020 年 10 月第 1 次印刷
开　　本	710×1000　1/16
印　　张	16
字　　数	231 千字
定　　价	89.00 元

凡购买中国社会科学出版社图书，如有质量问题请与本社营销中心联系调换
电话：010 - 84083683
版权所有　侵权必究

前　言

现代政治是代表政治，代表的现象和活动遍及政治生活各个领域。政治代表在利益的表达、法律的制定、政府的监督以及体制的整合等方面发挥着重要的作用，是连接国家与社会、政府与民众的中介和桥梁，已经成为现代民主政治不可或缺的要素。如果没有代表，现代民主政治将无法正常运转。代表的产生不是偶然的，而是人类社会政治文明发展到一定阶段的产物，它不仅解决了城邦民主面临的"规模困境"，确保了人口多、地域广的民族国家能够实行民主政治，而且降低了整个社会运行的政治成本，保证了民主政治的运行更具稳定性和可控性。代表在政治生活中的介入，促使民主由人民的自我统治转为人民选举代表进行统治，远离了人民自治的民主理想。

代表概念作为政治学领域中一个很普通但又非常重要的词语，在西方政治思想史中所受到的关注度远远低于自由、平等、民主等概念，这使得代表概念的含义没有得到充分的澄清。从词源上讲，"代表"（representation）一词源于拉丁文"repraesentare"，意指"使……呈现或再现"，既没有用于政治领域，也不具有现代代表概念包含的"以他人名义行动"的意思。在古希腊时期，人民以集体身份的方式直接参与讨论和决定城邦政治事务，没有产生代表的理念及其制度。那些经由选举产生的官员，包括将军、财务行政官等没有代表他人的含义。到了中世纪，代表概念的内涵因为基督教内部纷争、教权与王权之争变得丰富起来，具有化身、象征等意涵，并开始用于政治领域，为近现代政治代表概念的产生和形成奠定了基础。所以，政治代表概念的理念及其制度实践，其源头应追溯至中世纪。随着中世纪等级代表会议制度向近代议会制度的转型，代表概念渐渐具有了"代他人言行"的意涵。到了17世纪，代表概念已经广泛用于政治领域。不过，它在政治理论方面的发展则迟至18世纪后期才开启，这主要受益于美国革命和法国革命。在美、法两国民主革命期间，两国革命人士围绕国家政治制度的设计和安排进行了激烈争论，这不仅在认识层面上厘清了对民主、代表等概念的模糊认识，释放了代表概念所蕴含的政治能量，宣告了民主只适合小共和国的观念的破产，而且在实践层面上创造了一种新的适应现代民族国家要求的代议制民主。

代议制民主是现代民主政治的基本形式，它是由公民选举产生一定数量的代表组成代议机关代替人民行使国家公共权力的制度，被誉为一项伟大的政治制度发明。其中，代表、选举、代议机构既是产生和确立代议制民主的前提，也是构成代议制民主的基本要素。在代议制民主产生初期，代表并不一定是选举产生的，也不是每一个人都享有选举权，只有具备一定财产和教育水平的男性才享有选举权和被选举权。同时，选举程序也不完善和不规范，不具有授权、问责的政治内涵。直到后来，随着选举的性质及其作用的变化——从挑选精英的一种手段变为表达人民同意的一种途径，选举逐渐被视为民主的本质特征，同时，代表必须经由选举产生亦成为普遍共识。一般认为，如果没有选举，就意味代表没有获得人民的同意和授权，也就无法被问责，因而不属于民主代表。简而言之，就是无选举不代表。源于此，研究者在讨论政治代表问题时，主要围绕民主的选举代表——代表者的视角展开分析，聚焦于三个基本问题，就是代表者究竟代表"谁"——代表的对象、代表"什么"——代表的内容以及"如何"代表——代表的方式。

到了20世纪中后期，随着全球政治、身份认同政治的兴起，各种形式的非选举型代表不断涌现并登上政治舞台，在社会政治领域起着重要作用，扮演代表的角色并承担代表的职责，促使学界再次聚焦于政治代表问题，推动了政治代表理论的发展与创新，这主要表现为从被代表者的视角去理解和界定政治代表的含义，分析政治代表的行为与过程。不同于选举型政治代表，非选举型政治代表并不是经由公民选举产生，而是代表主体自我授权或抽签产生，没有代表固定选区的选民群体，代表的是跨区域、跨族裔的利益。对于普遍存在的非选举代表的政治现象及行为，标准版本的政治代表理论无法给予合理的解释，这就要求构建一套更具包容性的政治代表理论。在此背景下，研究者们围绕代表概念的性质与内涵、地位与作用，以及代表与民主、选举的关系等内容作了深入研究，产生了一批具有原创性的研究成果，实现了政治代表理论在规范层面的突破。

梳理和分析西方政治代表理论，有助于澄清代表及政治代表概念的主要含义与用法，充分认识政治代表的产生所带来的政治影响，准确把握西方代议制民主的演进历程、本质特征及其运行逻辑等内容。作为一个"舶来品"，西方政治代表理论主要阐释的对象是西方议会代表及其行为逻辑。但是，人民代表大会制度和西方议会制度都属于代议制的范畴，这一理论也可用于研究当代中国人大制度的政治代表问题，尤其是为深入思考和把握当代中国政治的新实践提供新的理论视角和研究范式，以及为推进新时代中国特色社会主义民主政治建设尤其是人大制度建设提供理论资源，进一步坚定理论自信和制度自信。

目 录

导 论 …………………………………………………………（1）

第一章 政治代表的概念史考察 ………………………………（20）
 第一节 中世纪政治代表概念的源起及其内涵 …………（21）
 第二节 近现代政治代表概念的形成与演变 ……………（33）
 第三节 政治代表的功能与特征 …………………………（42）

第二章 西方政治代表理论的基本内容 ………………………（55）
 第一节 为什么代表 ………………………………………（55）
 第二节 谁代表 ……………………………………………（71）
 第三节 代表谁 ……………………………………………（82）
 第四节 如何代表 …………………………………………（95）
 第五节 代表什么 …………………………………………（107）

第三章 西方政治代表理论的基本问题 ………………………（120）
 第一节 代表与民主 ………………………………………（120）
 第二节 代表与选举 ………………………………………（133）
 第三节 代表与协商 ………………………………………（145）
 第四节 群体代表制 ………………………………………（157）

第四章 超越选举的非正式代表 ………………………………（172）
 第一节 非正式代表的兴起与内涵 ………………………（173）

第二节　非正式代表的类型及特征 …………………………（181）
　　第三节　非正式代表的主张及其价值 ………………………（189）

第五章　西方政治代表理论面临的新挑战 ……………………（200）
　　第一节　民粹主义兴起带来的新挑战 ………………………（201）
　　第二节　全民公投复兴带来的新挑战 ………………………（207）
　　第三节　新兴网络信息技术发展带来的新挑战 ……………（213）

结　　语 ……………………………………………………………（220）

参考文献 ……………………………………………………………（231）

后　　记 ……………………………………………………………（245）

导　论

一　选题的源起与意义

现代政治是代表政治，即公民通过选举产生代表，并由代表组成代议机关代替民众行使国家权力。假如没有代表，民主将无法突破其面临的"规模困境"，也就不会有代议制民主。由于代表的产生和引入，民主得以在人口多、地域广的现代民族国家中正常运行。但是，代表的介入，亦造成民主政治的"异化"——人民不再自我统治而是选择代表进行统治。因此，政治代表不仅是现代民主政治形成的基础，还是理解代议制民主本质的关键。早在17世纪，英国政治思想家霍布斯就对代表概念作了分析和阐释，但是，代表问题并没有引起足够的重视，即使注意到了代表概念的重要性（如卢梭），也只是简单的论述，没有作更详细的分析。到了18世纪后期，随着英、美、法等国相继建立代议制民主制度，政治代表问题也随之成为关注的焦点，包括潘恩、西耶斯、基佐、密尔、施米特等政治思想家从不同角度作了阐释，揭示了代表概念的本质及其内涵。但是，在很长一段时期，代表概念仍然普遍被视为一个没有争议或歧义的词汇，政治代表问题亦一度在学术界受到冷落，这和自由、平等、民主等概念受到的优待形成了鲜明的对比。

直到20世纪60年代，政治代表问题的研究才取得突破性进展。一方面，在规范层面上，汉娜·皮特金运用日常语言哲学的分析方法，对代表概念作了抽丝剥茧的分析，全方位剖析了代表概念在不同领域、不同时期的内涵及其用法，引起了学界对政治代表概念的关注，其撰写的《代表的概念》一书被誉为代表理论研究的奠基之作，并因此获得了2003年度的"约翰·斯凯特政治科学奖";另一方面,在实证层面上,受到行为主义政治学的影响,学者们广泛运用定量的分析方法,聚焦于议会代表与选民的关系,分析议会议员的政治代表行为及其逻辑。20世纪90年代以来,在政治学领域沉寂多年的政治代表问题再次成为政治学研究中的热点话题,尤其在理论层面上开展了深入的探讨,产生了一批具有原创性的学术成果,促进了西方政治代表理论的发展。

政治代表问题属于政治思想与政治制度交叉的前沿性课题,既是观念史的内容也是制度史的内容。一方面,作为一种观念的代表,主要聚焦于代表概念的产生以及内涵的演变,即它是怎样从一个文学、艺术和法律领域的词语延伸至政治领域,带来了哪些政治影响?另一方面,作为一种制度的代表,主要聚焦于代表制度的设计与运行,即如何增强代表的代表性、回应性和责任性等,切实反映和促进被代表者的意见和利益。因此,梳理西方政治代表理论的发展脉络,对于我们认识和了解西方代议制民主的演进历程与运作过程具有十分重要的理论和现实意义。首先,有助于澄清代表概念尤其是政治代表概念的模糊认识,准确辨析代表概念及其相关概念之间的联系和区别。其次,有助于了解西方代议制民主政治的发展历程和具体制度的设计与安排,揭示当代西方代议制民主政治的本质特征及其运行的内在逻辑,深化对西方代议制民主的认识和思考,更好地把握西方代议制民主政治的实质。最后,有助于明晰中国人民代表大会制度与西方议会制度的差异性及相关性,深刻理解中国特色社会主义民主政治的本质特征及其运行过程,并为推进中国特色社会主义民主政治建设尤其是人大制度建设提供丰富的理论资源,进一步坚定理论自信和制度自信。

二 研究综述及评析

政治代表是现代民主政治的基本要素,为近代代议制民主的产生、确立和运行发挥了重要作用。不过,政治代表概念的性质、内涵及其相关理论等内容起初并未引起关注。直到20世纪中后期,西方政治学研究者在反思代议制民主困境的背景下才开始审视与"代表"

相关的理念和制度，使得政治代表问题成为热门的研究议题，并构建了一套标准版本的政治代表理论。尔后，大多数学者都是套用已有的理论框架去解释政治代表现象及其行为，造成政治代表理论的研究停滞不前。20世纪90年代以来，政治代表问题不仅在西方政治学领域中再度复兴，而且也受到了国内学者的广泛关注和研究，取得了丰硕的学术成果。因此，全面和系统梳理国内外关于政治代表问题的研究动态，是开展本项研究的前提。

（一）国内研究现状述评

检索中国知网可知，20世纪90年代以前，国内关于政治代表问题的研究是一片空白，即便在90年代，研究成果也只有零星的一两篇文章，包括人大制度方面的研究，也很少有研究者基于代表理论的视角进行剖析。进入21世纪以来尤其是近10年来，政治代表问题开始受到政治学、法学以及历史学等学科学者的广泛关注，不仅将汉娜·费尼切尔·皮特金、伯纳德·曼宁、简·曼斯布里奇、纳迪亚·乌尔比纳蒂、戈登·S.伍德等西方学者的有关研究成果翻译成中文①，而且在此基础上作了深入的研究，产生了一批有价值的研究成果，取得了可喜进步。

1. 梳理当代西方政治代表理论的历史演进与创新发展，并对西方政治代表理论中的某些具体问题展开深入探讨。具体而言，主要涉及三类研究：第一类是从宏观层面去分析并展示西方政治代表理论的发展理路，为我们全面了解当代西方政治代表理论的最新进展提供丰富的第一手资料。刘华云②、林奇富③等人指出，西方研究者对政治

---

① 应奇编：《代表理论与代议民主》，吉林出版集团有限责任公司2008年版；[美]汉娜·费尼切尔·皮特金：《代表的概念》，唐海华译，吉林人民出版社2014年版；[美]戈登·S.伍德：《美利坚共和国的缔造（1776—1787）》，朱妍兰译，译林出版社2016年版；聂智琪等编：《代表理论：问题与挑战》，广东人民出版社2018年版；[法]伯纳德·曼宁：《代议制政府的原则》，史春玉译，中国社会科学出版社2019年版。

② 刘华云、耿旭：《政治代表概念的前沿追踪：标准解释、选举与超越民主》，《国外理论动态》2017年第5期。

③ 林奇富、王钰：《民主代表的"标准解释"及其新进展》，《江海学刊》2016年第1期。

代表概念的理解，经历了从选举的民主代表到非选举的政治代表的转变，相应地也形成了不同的代表模式。怎样从理论上阐释政治代表的新实践，已经成为西方学者迫切需要研究的理论问题。聂智琪[①]梳理了西方政治代表理论的发展脉络及其若干争议性的议题，也强调标准版本的代表理论正面临着那些无授权、无选举的非正式代表的挑战，需要推动政治代表理论的创新和发展。第二类是聚焦于西方政治代表理论涉及的同一性、回应性和责任性等问题，剖析政治代表与协商民主等之间的内在关系。孔令伟[②]指出，当代西方政治代表理论正经历建构主义转向，表现为从静态的代表结构转向动态的代表过程、从"人格拟制"转向"代表系统"以及从被代表者转向代表者等，这些转向既揭示了传统代表理论面临的困境，也使政治代表理论焕发了生机和活力。段德敏[③]揭示了西方民主理论发生"代表制转向"的深层原因——代表制的价值被重新挖掘，包括协商民主理论也开始对代表制的作用持肯定态度，并且指出代表与被代表者之间不可能实现完全的"同一性"，两者之间的分离更有意义和价值。王宇环[④]则指出，只有借鉴以包容、分工和依赖为核心要义的协商系统理论，才能解决政治代表所面临的回应性困境，并实现政治代表对公众的回应。第三类是从政治思想史的视角去解读一些西方著名政治思想家的政治代表思想，主要包括霍布斯、卢梭、柏克、西耶斯、密尔、施米特等人。研究者们通过研读政治思想家的著作文本，剖析了他们的代表理念并尝试进行比较。此类研究有助于了解西方政治代表理论中哪

---

① 聂智琪：《代表理论的问题与挑战》，《中国民主化进程学术研讨会论文集》（2013年）。

② 孔令伟：《西方代表理论的建构主义转向：缘起、内容和前景》，《国外理论动态》2019年第2期；《从"人格拟制"到"代表系统"：西方代表理论的视角转换及其发展》，《天津社会科学》2019年第6期。

③ 段德敏：《重新认识代表制在协商民主中的地位和作用》，《国外理论动态》2014年第9期；《民主理论的代表制转向——对西方代表理论研究的梳理》，《国外理论动态》2016年第4期；《政治代表理论中的同一性问题探析》，《天津社会科学》2017年第3期；《冲突还是协调：协商民主与政治代表机制间关系分析》，《学术月刊》2018年第3期。

④ 王宇环：《政治代表如何更具回应性：对一种协商民主系统路径的诠释》，《国外理论动态》2017年第8期。

些议题是具有争议性的,以便准确把握代表概念在不同历史时期的政治意涵。

2. 聚焦于政治代表概念的源起及其内涵的演变,主要探讨政治生活为什么需要代表、如何理解代表、代表产生的价值何在以及中国语境中的代表概念等问题。准确界定和把握政治代表概念的内涵及其演变,是理解政治代表概念及其相关理论的前提。周光辉等①指出,代表观念是人类政治文明发展的产物,它的产生深刻改变了政治运行的逻辑、政治思维的方式,因此,对代表的正当性与合理性作出解释,是理解代表的关键。丛日云②通过考察代议制民主思想在中世纪的起源发现,正是代表概念的产生以及代表观念的形成,才解决了代议制度形成所面临的观念障碍,而代表概念及观念的形成,则主要受益于法人概念和代理人概念,两者的结合使得代表概念具有了某个人有权以另外一个人或团体的身份进行言行。冉昊③则以皮特金关于代表概念的理解作为分析的起点,尤其是通过分析代表与民主的关系揭示了代表理论所面临的问题,并着重强调需要反思的不是代议制民主而是民主代表制。张福建④、林奇富⑤等人主要从政治思想史的角度考察了政治代表概念的源起及其内涵的演变:前者揭示了因代表概念所产生的政治争议和释放的政治能量是如何影响西方国家宪政制度的形成;后者指出政治代表观念是源于基督教的神学理论和日耳曼人"团体人格"理论的结合。因此,中世纪的政治代表概念尚没有民主代表的属性,这一属性是近代人民主权理论和议会制度实践相结合的产物,但民主代表面临着行动能力和约束机制不足的问题。刘刚⑥通过考察绝对君主制、立宪君主制和民主共和制三种政体类型,展示了

---

① 周光辉、彭斌:《理解代表——关于代表的正当性与代表方式合理性的分析》,《吉林大学社会科学学报》2004年第6期。
② 丛日云:《论代议制民主思想的起源》,《世界历史》2005年第2期。
③ 冉昊:《"代表"概念的理解》,《浙江学刊》2009年第5期。
④ 张福建:《代表与议会政治——一个政治思想史的探索与反省》,《行政暨政策学报》2007年第45期。
⑤ 林奇富:《政治代表的观念史考察》,《复旦政治学评论》2012年第2辑。
⑥ 刘刚:《现代政治代表的历史类型与体系结构》,《中外法学》2014年第3期。

每一种政体是建立在不同类型的政治代表的基础之上,揭示了不同代表类型所隐藏的代表体系结构。托马斯·海贝勒①回顾了代表概念的发展历史并对代表的意义、定义与特征和不同领域的代表概念进行讨论,剖析了中国语境下的代表概念。

3. 聚焦于代表（制）与民主的关系,剖析代表（制）与民主的结合对现代民族国家带来的政治影响,借此展现西方代议制民主和现代民族国家的成长逻辑。代表与民主的关系是一个极为复杂的议题,它不仅涉及代表与民主概念本身,而且和代议制民主、民族国家建设等内容具有紧密的联系。张福建②、李剑鸣③、韩亚栋④等研究者以北美独立后的美国民族国家建设为例,梳理和分析了美国制宪人士在代表理念方面的争议和代表制方面的实践价值。一方面,代表理念之争不仅释放了代表概念所蕴含的政治能量,而且直接影响了美国代议制共和政体的制度设计与安排;另一方面,代表制的实践尤其是与民主的结合,不仅塑造了代表制本身,而且重塑了民主并触及了民主的核心问题,创造了一种全新的民主政体——代表制政体。李剑⑤在对西欧民族国家建设的历程进行考察时发现,代表制经历了从等级代表制向代议制的转型,由此使代表制成为"造就具备高效治理能力强国家的关键柱石"。高春芽⑥从西方现代民族国家构建的视角考察了代表制与民主制的结合过程及其带来的政治后果——代议民主,它不仅

---

① ［德］托马斯·海贝勒：《"代表"概念的回顾及其在中国的应用》,周艳辉译,《国外理论动态》2017年第5期。
② 张福建：《北美立宪前后"代表理念"的争议:一个革命式的转折》,《政治科学论丛》1999年第10期。
③ 李剑鸣：《美国革命时期关于代表制的分歧与争论》,《史学月刊》2014年第11期;《美国革命时期代表制的实践及其意义》,《社会科学战线》2015年第10期;《从代表制到代表制政体——再论美国革命时期民主概念的演变》,《清华大学学报》2015年第5期。
④ 韩亚栋：《美国联邦立宪中的代表制问题》,《当代世界与社会主义》2017年第2期。
⑤ 李剑：《近代西欧国家建设中的代表制》,《当代世界与社会主义》2015年第5期。
⑥ 高春芽：《代表制与民主制的重构——现代国家建构视野中的代议民主》,《社会科学研究》2015年第5期;《在代表与排斥之间:西方现代国家建构视野中代议民主发展的路径与动力》,《政治学研究》2017年第1期。

"重构了国家与社会之间的关系,它将社会统一转化为国家统治的正当性支持,并将国家权力转化为促进社会公益的责任性承诺",而且"重构了民主、代表、选举这些富有古典或传统色彩的历史元素"。欧树军①通过梳理代表与民主的联姻过程发现,代表制的功能在结盟前后发生了转换,即从结盟前的整合与吸纳转变为结盟后的代表与表达,这或许是产生"代表性危机"的原因之一。

4. 借鉴和运用西方政治代表理论来研究当代中国政治代表问题,为分析中国民主政治的发展提供一种新的理论视角。

(1) 借鉴和运用政治代表理论剖析中国人民代表大会制度,主要集中于人大代表的代表性、代表与选民关系等问题。中国人大制度不同于西方议会制度,人大代表的性质与地位也不同于西方议会代表,但是,就制度本身而言,两者都属于代议制范畴,并具有作为工作机关和代表机关的属性②。因此,杨光斌等③人认为,以代表为核心的政治代表理论作为人民代表大会制度的理论基础之一,可以为理解和把握中国民主政治的本质提供帮助,尤其是为加强和完善人大制度建设提供理论资源。邹平学④、邱家军⑤则通过对代表概念的辨析,对中国人大代表制度和代表与选民关系进行了实证研究,强调中国的人大代表并不同于西方议会议员的角色,而是具有多重角色。此类研究对完善中国人大代表制度、重构中国人大代表与选民关系,健全中国

---

① 欧树军:《代表与民主新盟约》,《国外理论动态》2017年第11期。
② 蒋劲松:《论议会是工作机关》,《人大研究》1995年第6期;《议会是代表机关的理论学说》,《人大研究》1995年第11期;何俊志:《中国地方人大的三重属性与变迁模式》,《政治学研究》2016年第5期;党的十九大报告指出,要"使各级人大及其常委会成为全面担负起宪法法律赋予的各项职责的工作机关,成为同人民群众保持密切联系的代表机关"。习近平:《决胜全面建成小康社会 夺取新时代中国特色社会主义伟大胜利——在中国共产党第十九次全国代表大会上的讲话(2017年10月18日)》,人民出版社2017年版,第37页。
③ 杨光斌、尹冬华:《我国人民代表大会制度的民主理论基础》,《中国人民大学学报》2008年第6期;陈伟:《政治代表论——兼论我国人民代表大会制度的理论基础》,《中国人民大学学报》2007年第6期。
④ 邹平学:《中国代表制度改革的实证研究》,重庆出版社2005年版。
⑤ 邱家军:《代表谁:选民与代表》,复旦大学出版社2010年版。

人大制度具有重要的理论和现实意义。

（2）借鉴和运用政治代表理论分析中国共产党的政治代表问题。随着"三个代表"重要思想的提出，中国共产党的政治代表理论引起了学界的广泛关注，景跃进[①]、王绍光[②]、朱中博[③]对中国共产党的代表话语和观念的演变、代表机制、代表性等问题作了深入探讨，并特别指出这既是一种新的政治代表模式——"规律—使命式代表"，也是一种新的民主形态——"代表型民主"。闫飞飞[④]、冉昊[⑤]则是基于最新的研究成果，探讨了中国共产党与人大、社会组织之间在代表功能方面的联系，强调推进政治体制改革要优先完善执政党的代表制度。托马斯·海贝勒[⑥]结合中国的若干案例，发现传统的政治代表理论产生了新的数字化转向，产生了"互动型"网络代表和"联系型"网络代表两种新型代表模式。

（二）国外研究现状述评

西方政治代表理论是用于阐释西方代议制民主实践而形成的一整套论述，包括政治代表的形式、政治代表的本质、政治代表的运行逻辑等。梳理西方政治思想史的发展历程可知，霍布斯是首位对代表概念进行阐析的政治思想家。但是，在很长一段时期，西方学界并未对此给予重视。直到20世纪60年代后，研究者才意识到政治代表问题的重要性，并展开了深入研究，涌现出了大量的学术成果，深化了对政治代表概念及其本质的认识。

1. 聚焦于政治代表概念及其内涵、历史源起与演变、基本功能、

---

① 景跃进：《代表理论与中国政治》，《社会科学研究》2007年第3期。
② 王绍光：《代表型民主与代议型民主》，《开放时代》2014年第2期；《中国的"代表型民主"》，《中共杭州市委党校学报》2014年第1、2期。
③ 朱中博：《中共"代表"话语考论：1921—1949》，硕士学位论文，南京大学，2014年。
④ 闫飞飞：《谁是代表，代表什么——代表理论研究》，中央编译出版社2017年版。
⑤ 冉昊：《代表制与民主：理论逻辑与历史实践的优先序之争》，《中共浙江省委党校学报》2017年第6期。
⑥ ［德］托马斯·海贝勒：《数字化技术下政治代表的转型——中国的案例及其理论意义》，肖辉、赵杨译，《国外理论动态》2018年第10期。

主要类型及其划分标准等内容，这属于政治代表理论的基础性研究。早在1940年，约翰·费尔利曾撰文探讨政治代表和代议制政府的本质，指出"代表并不必然要求是由被代表者挑选，不过，选举制度似乎更加有利于保证代表在相当程度上代表选民的利益，至少在一般政策上是如此"①。尔后，汉娜·皮特金②撰写了《代表的概念》一书，该书被视为政治代表理论研究的奠基之作，尤其是对代表概念的解释被誉为标准性解释。作者运用历史学和词源学等研究方法对政治代表概念进行了详尽而系统的研究，尤其是通过梳理代表概念的演变史，揭示了现代意义的代表概念部分源于中世纪的代表观念，尤其是同中世纪议会制度的发展具有紧密的联系。同时，还区分了代表概念的两种基本类型即形式代表和实质代表，为当代的政治代表理论提供了基础性的分析框架。此后，大部分研究者都是在默认这一标准性解释框架的前提下开展相关研究，即聚焦于选举的民主政治代表。例如，安东尼·布奇③在其著作中曾就代表概念所涉及的内容做初步的研究，包括代表概念的基本用法、代表概念的内涵演变、代表的基本功能等，但重点还是聚焦于政治领域的选举代表，即皮特金强调的民主代表。

20世纪90年代以来，代议制民主面临理论和实践上的双重挑战。其中，前者表现为参与式民主、协商民主的兴起，对选举民主理论形成了冲击；后者表现为非选举代表的涌现，对民主的选举代表形成了冲击。在此背景下，皮特金开创的标准版本政治代表理论遭遇到了解释上的乏力，促使研究者开始反思并提出了"代表政治的终结"④这样消极的论调。在此过程中，西方政治代表理论的规范层面取得了突破性进展，再次成为政治学领域的研究热点。

---

① John A. Fairlie, "The Nature of Political Representation (Ⅱ)", *The American Political Science Review*, Vol. 34, No. 3, 1940.

② Hanna F. Pitkin, *The Concept of Representation*, Berkeley: University of California Press, 1967.

③ Anthony H. Birch, *Representation*, London: Macmillan, 1972.

④ Simon Tormey, *The End of Representative Politics*, Malden: Polity, 2015.

（1）反思皮特金标准版本的代表概念及其分类，提出新的代表模式。简·曼斯布里奇①和安德鲁·雷菲尔德②曾围绕政治代表的概念及其分类展开辨析。其中，简·曼斯布里奇不仅对传统的遵循委托—代理原则形成的"许诺式代表"（promissory representation）进行了深刻反思，在此基础上基于美国政治实践提出了三种新型代表模式，即"预期式代表"（anticipatory representation）、"陀螺式代表"（gyroscopic representation）和"代替式代表"（surrogate representation），指出它们之间并不是相互排斥的，所遵循的是审议性、系统性和多元性的原则，而且回应了雷菲尔德的批评，重申了其所概括的复合性政治代表模式反映了现实政治，强调对代表要有一种系统观，就是既要研究整个代表体制也要分析有特色的个体代表，包括非选举和选举的政治代表。安德鲁·雷菲尔德则认为，简·曼斯布里奇基于实践经验作出的提炼具有一定的意义，但是，对其所提出的陀螺式代表和代替式代表并不认同，因为这造成了代表概念的复杂化，无助于理解政治代表现象及其本质，甚至削弱了代表的实践价值，而"许诺式代表"和"预期式代表"更有利于描述政治代表现象，因为它们体现了代表与被代表者之间的委托—代理关系。除此之外，米歇尔·萨沃德③指出，皮特金所建立的政治代表概念过分关注政治代表的产生（即选举）及其合法性问题，从而造成对非民主代表解释的乏力，相反，如果把政治代表视为一个过程，即代表者与被代表者之间持续互动的关系来解释代表为什么会产生以及它为什么会被视为代表，则能够把非民主代表纳入分析的范畴，这就是所谓的"倡导型代表"（the representative claim）。

---

① Jane Mansbridge, "Rethinking Representation", *American Political Science Review*, Vol. 97, No. 4, 2003; "Clarifying the Concept of Representation", *American Political Science Review*, Vol. 105, No. 3, 2011.

② Andrew Rehfeld, "Representation Rethought: On Trustees, Delegates, and Gyroscopes in the Study of Political Representation and Democracy", *American Political Science Review*, Vol. 103, No. 2, 2009; "The Concepts of Representation", *American Political Science Review*, Vol. 105, No. 3, 2011.

③ Michael Saward, *The Representative Claim*, Oxford: Oxford University Press, 2014.

（2）反思政治代表与民主、选举之间的关系，重新评估政治代表的价值及其意义。一段时期以来，政治代表被等同于民主、选举，使得它们之间的关系没有被深入探究。尔后，因为对公民参与或协商理念的倡导，政治代表的价值及其意义曾一度遭到质疑，这点尤以本杰明·巴伯的批评最为强烈。为此，一些研究者开始为政治代表的价值进行辩护。例如，大卫·普罗克特[①]撰文指出：代表就是民主，它并没有限制参与，而是扩大了参与；皮特金[②]在梳理代表与民主之间关系的演进史后也指出：代表与民主的源起是完全不同甚至是存在冲突的，不能想当然地把代表都视为民主的或者选举的代表，现实中存在很多非民主或无选举的代表，它们在政治生活中扮演着重要的作用。正是在反思代表与民主之间关系的过程中，代表与选举的关系被重新审视。起初，相关的研究侧重于实证层面的视角，聚焦于选举制度的改革和完善。例如，亚当·普泽沃斯基、苏姗·斯托克斯和伯纳德·曼宁[③]等人编撰的《民主、责任和代表》一书曾对选举制度在政治代表过程中的地位和作用进行深入研究，建议优化选举制度，借此增强政治代表的责任性、代表性和回应性。后来，非选举政治代表的产生，一些学者开始转向规范层面的理论探讨。雷菲尔德[④]撰文指出，标准版本的政治代表理论主要分析以选举为基础的民主代表，这不能解释全球政治舞台中日益增长的非民主政治代表，有必要构建一种更具解释力的普遍性的政治代表理论——它既要解释代表何以存在也要回答代表何以行动，为此，需要引入监察者（audience）、承认规则（rules of recognition）以及潜在的被代表者等要素。应该说，雷菲尔德的研究不仅深化了对政治代表概念的认识和理解，还促进了学界对非民主政治代表问题的关注和研究，"复兴了有关政府形式这一经典问

---

① David Plokte, "Representation is Democracy", *Constellations*, Vol. 4, No. 1, 1997.

② Hanna Fenichel Pitkin, "Representation and Democracy: Uneasy Alliance", *Scandinavian Political Studies*, Vol. 27, No. 3, 2004.

③ Adam Przeworski, Susan C. Stokes, Bernard Manin, *Democracy, Accountability and Representation*, Cambridge: Cambridge University Press, 1999.

④ Andrew Rehfeld, "Towards a General Theory of Political Representation", *Journal of Political*, Vol. 68, No. 1, 2006.

题的讨论，进而探寻现代民主的独特之处"①。

（3）聚焦于超越选举（beyond election）或无选举（unelected）代表和超民族国家代表等非正式代表的研究，分析政治代表理论面临的主要挑战及其如何回应。非正式代表（informal representative）特指那些未经正式的选举程序产生的政治代表，因而它最主要的特征就是非选举性。因为没有选举，非正式代表又被视为非民主代表。此类研究主要包括两类：一类是基于政治实践的分析，总结并提炼出不同形式的非正式代表，分析它们的主要特征、优势及其面临的挑战。纳迪亚·乌尔比娜蒂和马克·沃伦②通过梳理当代民主理论中的代表概念，分析了选举型代表的局限性，阐述了自我授权型代表和公民代表等两种非选举型代表的价值及其特征，以及面临的主要挑战。其中，马克·沃伦③还专门撰文细分了不同形式的公民代表，并围绕授权、平等、包容性、成员责任、制度性问责等方面比较了公民代表与选举代表的异同，进而指出公民代表的价值所在：巩固民主政治，使现行政治体制更加民主。劳拉·蒙塔纳罗④认为，自我授权型代表作为非民主政治代表，虽然未经选举产生，但仍然具有民主合法性，主要体现在两个方面：为受影响的选民提供了政治存在感并对授权的人员（如捐赠者）负责。罗思莉·玛雅⑤也认为，虽然没有获得选举授权，但是，基于信任和声誉而产生的非选举代表为维护话语责任同样具有合法性，它有助于促进与受影响的被代表者之间的话语互动。另一类是针对超民族国家的政治代表、自然界以及后代的政治代表问题。其

---

① Sofia Näsström, "Democratic Representation Beyond Election", *Constellations*, Vol. 22, No. 1, 2015.

② Nadia Urbinati, Mark E. Warren, "The Concept of Representation in Contemporary Democratic Theory", *Annual Review of Political Science*, Vol. 11, 2008.

③ Mark E. Warren, H. Pearse, *Designing Deliberative Democracy: the British Columbia Citizens' Assembly*, Cambridge: Cambridge University Press, 2008.

④ Laura Montanaro, "The Democratic Legitimacy of Self-Appointed Representatives", *The Journal of Politics*, Vol. 74, No. 4, 2012.

⑤ Rousiley C. M. Maia, "Non-electoral Political Representation: Expanding Discursive Domains", *Representation*, Vol. 48, No. 4, 2012.

中，大卫·朗西曼和莫妮卡·维埃拉①阐述了非政府组织、国际组织（如国际法庭、联合国）、欧盟等超民族国家政治代表行动者兴起的时代背景及其意义，尤其是对不同形式的超民族国家政治代表者可能带来的影响及其面临的挑战作了深刻的论述。特沃·泰瓦伊宁、西尔克·特罗默②也指出，随着代议制民主危机和民族国家政治的式微，需要关注跨国社会运动中的代表政治，因为以民主为目标的跨国社会运动深化了它们之间的互动，同时，还给我们提出了如下问题：在一个既定的政治过程中，谁或什么有权在场，它又是如何建立的？罗伯特·古丁③、A. 多布森④等人则对自然界和后代的政治代表问题进行探讨，分析了选举型政治代表在保护自然界和后代的利益方面的不足，进而提出了不同的代表模式，以确保自然界和后代的利益被充分代表。马克·布朗⑤试图在对霍布斯、拉图尔两位学者在非人类民主的自然界利益代表问题上的论述进行比较的基础上，提出一种新的代表非人类利益的一种方式，即霍布斯的虚拟的代表概念。

2. 聚焦于弱势群体的政治代表权，分析弱势群体代表性不足的原因及其带来的政治后果，并提出解决弱势群体代表性不足的政策建议。弱势群体代表性的不足在西方民主国家是一个普遍现象，其原因是多方面的，如投票者的偏见、政党组织提名机制、选举制度影响等。但是，根源在于居于支配地位的自由主义理论代表模式，如"一人一票"的选举平等理念以及基于地域而构建的代表制，再加上资源上的不平等，造成弱势群体很难获得公正和平等的政治代

---

① Monica Brito Vieira, David Runciman, *Representation*, Malden: Polity, 2008.
② Teivo Teivainen, Silke Trommer, "Representation Beyond the State: Towards Transnational Democratic Non-state Politics", *Globalizations*, Vol. 14, No. 1, 2017.
③ Robert E. Goodin, "Enfranchising All Affected Interests, and Its Alteantives", *Philosophy and Public Affairs*, Vol. 35, No. 1, 2007.
④ A. Dobson, "Representative Democracy and the Environment", in Lafferty William M. and Meadowcroft James, *Democracy and the Environment: Problems and Prospects*, Cheltenham: Edward Elgar, 1996.
⑤ Mark B. Brown, "Speaking for Nature: Hobbes, Latour, and the Democratic Representation of Nonhumans", *Science & Technology Studies*, Vol. 31, No. 1, 2017.

表权①。因此,弱势群体政治代表权问题便成为西方政治代表理论研究的重要方面,主要涉及性别如女性以及少数族群如黑人等群体的政治代表权②。

研究者认为,赋予弱势群体的特殊政治代表权,不仅有助于他们的声音能够被听到,从而使利益诉求得到实现,而且提供了某种象征意义,促进了他们对政治体系的政治认同度和政治效能感。因此,他们提出了诸多增强弱势群体政治代表性的举措,如政党提名候选人的配额机制、议会席位分配的最低比例机制等③。从理论上讲,需要赋予弱势群体特殊代表权的背后,主要是基于描述性代表观而形成的一种代表理念:如果代表者与被代表者之间存在一些共同的特征(如性别、肤色、阶级、宗教等),那么,代表就会代表和维护被代表者的利益。对此,简·曼斯布里奇④作了肯定的回答,认为这一做法有助于营造弱势群体"统治能力"的社会氛围和增强弱势群体成员对政体的认同。艾丽斯·杨⑤则基于差异政治的理念,认为不同的群体具有不同的利益、意见和视角,因此,需要赋予受压迫的弱势群体特殊政治代表权,以便维护他们的利益。当然,也有研究者指出,那种认为一个女性代表就会维护女性利益、一个黑人代表就会维护黑人利益的观点,在实践中是站不住脚的,也是非常荒谬的;而且,如何判断哪些群体属于弱势、哪些群体不属于弱势,这在操作上存在困难,很

---

① R. Darcy, Susan Welch, Janet Clark, *Women, Elections, and Representation*, New York: Longman, 1987; Melissa S. Williams, *Voice, Trust and Memory: Marginalized Groups and the Failing of Liberal Representation*, Princeton: Princeton University Press, 1998.

② Richard F. Fenno, *Going Home: Black Representatives and Their Constituents*, Chicago: University of Chicago Press, 2003; Karen Celis, Sarah Childs, "The Substantive Representation of Women: What to Do with Conservative Claims?" *Political Studies*, Vol. 60, No. 1, 2012.

③ Will Kymlicka, *Multicultural Citizenship: A Liberal Theory of Minority Right*, Cambridge: Cambridge University Press, 1995; Anne Plillips, *The Politics of Presence*, Oxford: Clarendon Press, 1995.

④ Jane Mansbridge, "Should Blacks Represent Blacks and Women Represent Women? A Contingent 'Yes'", *The Journal of Politics*, Vol. 61, No. 3, 1999.

⑤ Iris Marion Young, "Polity and Group Difference: A Critique of the Ideal of Universal Citizenship", *Ethics*, Vol. 99, No. 2, 1989; *Inclusion and Democracy*, Oxford: Oxford University Press, 2000.

有可能赋予某个弱势群体代表权是以牺牲次一级弱势群体的代表权为代价。因此，有必要超越描述性代表，改为设置一定的标准以选出优秀的代表者，提升政治代表者的能力和素质，倡导政治代表者与被代表者之间的沟通与协商，借此保障弱势群体的利益①。

3. 考察政治代表与选民的关系，概括不同的政治代表制模式。代表与选民的关系既是一个理论问题也是一个实践问题。在理论层面上，主要聚焦于代表应该扮演一个什么样的角色？这涉及代表是扮演"受托人"还是"传声筒"以及"倡导者"的角色；谁实际上或应该被代表？涉及代表人类与非人类利益的问题；以及代表如何（或者应该怎样）代表被代表者？涉及代表的言行究竟应该依靠自己的独立决断还是唯选民意见是从。早在18世纪，英国政治思想家柏克作为一名政治家，就意识到了议会议员面临的"代表困境"，并且表明了其自己的态度。此后，在相当长的时间里，代表与选民关系的探讨基本上聚焦于此。在实践层面上，主要聚焦于分析代表与选民关系之间的关联度及其偏好。20世纪60年代，受到行为主义政治学的影响，沃伦·米勒和多纳尔德·斯托克斯②首次运用定量分析方法研究政治代表与选民关系，开启了新的研究路径：扬弃过去仅仅依靠选民的偏好来解释代表的言行，而是将公民权利、社会福利与外交决策等公共政策作为分析变量，对代表与选民在上述问题上的一致性程度进行测量，最后得出结论：代表的言行除了受到选民偏好的影响，更受到代表本人政策偏好的影响。克里斯托弗·亚琛③对米勒和斯托克斯的测量模型提出了怀疑，直言此种测量存在一定的风险，即样本选民缺乏多样性，相反，采用非标准化的回归测量方法再加上其他的变量，能够更有效地测量代表是否对选民的诉求作出了回应。海因茨·尤劳和保罗·卡普斯以及麦克拉姆·杰维尔等学者对米勒—斯托克斯模型作

---

① Suzanne Dovi, *The Good Representative*, Malden: Blackwell Pub, 2007.
② Warren E. Miller, Donald E. Stokes, "Constituency Influence in Congress", *The American Political Science Review*, Vol. 57, No. 1, 1963.
③ Christopher H. Achen, "Measuring Representation", *American Journal of Political Science*, Vol. 22, No. 3, 1978.

了进一步的修正和完善，为准确认识和把握现实政治中代表与选民的关系提供了丰富的理论和实证材料。

综上所述，国外研究者围绕政治代表问题已经进行了广泛而深入的分析，既有政治思想史方面的探讨，也有政治制度史方面的研究；既有规范层面的学理分析，也有实证层面的对策分析，取得了极为丰富的研究成果。同时，随着非选举政治代表的出现，研究者开始意识到现有代表理论的不足并进行了反思，不再满足于对选举民主代表的分析，逐渐关注非选举政治代表，尤其是从被代表者的视角去阐释政治代表关系，进一步厘清和深化了对政治代表概念的认识和理解，推动了政治代表理论的发展和创新，为准确把握西方代议制民主的本质及其内在的运行逻辑提供了一个很好的观察视角。同时，国内的研究则提供了很多有益的资料，拓宽了研究思路，尤其是一些研究者有意识地将西方政治代表理论与中国民主政治建设联系起来，试图为推进中国民主政治建设寻求理论支撑，这就为本书的研究提供了一定的借鉴。但总体而言，国内学界的研究还处于起步阶段，只是在近几年才开始聚焦于政治代表问题，研究成果主要是零散性的学术论文、注重对西方某个时期或具体人物的代表思想的梳理、借鉴西方政治代表理论分析中国政治的研究偏少，这就表明：本书的选题具有一定的研究空间及其意义。

三　研究思路与方法

本书的研究思路是：坚持历史、理论和实践相结合的原则，利用国内外研究的现状及最新进展，对20世纪60年代兴起和发展的西方政治代表理论进行全面的剖析，梳理西方政治代表理论形成和发展的历史沿革与发展现状，厘清并界定代表、政治代表概念的基本内涵、特征及其功能，探析西方政治代表理论的主要内容及关注的基本问题，阐述西方政治代表理论面临的挑战以及回应，从而更好地把握西方近现代代议制民主生成的内在逻辑及本质特征，进而为完善中国人大制度、推进新时代中国特色社会主义民主政治建设提供有益的借鉴和启示。

本书将重点运用文献分析法、概念分析法和比较分析法。其中，文献分析法是重点，注重对国内外政治代表理论研究文献的收集、整理和思考，在此基础上总结和提炼出有价值的问题并进行分析，以便准确把握相关问题的研究状况及最新进展。概念分析法是基础，强调以历史的视角和发展的观念分析概念的历史演变及其影响因素，准确把握概念在不同时期所包含的内涵及其主要用法，其中，政治代表、民主、选举、责任等是本书需要进行重点解析的概念。比较分析法是重要内容，既涉及纵向的比较，如早期代表概念与现代代表概念的异同、早期选举功能与现代选举功能的异同等，也涉及横向的比较，如代表概念、代表角色、代表制度等方面在中西方政治语境中的异同。

四 基本框架与内容

导论部分，介绍选题的源起及其意义，梳理国内外学者对西方政治代表问题的研究状况，并提出本书研究的基本思路与方法、可能的创新与不足。

第一章：政治代表的概念史考察。主要是探究政治代表概念的起源，分析代表概念在不同时期的适用领域及其涵义，重点是结合西方议会制度的历史变迁，阐析政治代表概念的演变与发展，概括政治代表的基本特征及其功能。

第二章：西方政治代表理论的基本内容。政治代表理论是源于对一系列政治代表问题的回答而不断形成和发展的，具有丰富的内容。本章拟分析五个方面的内容，分别是：为什么代表——代表产生的原因，谁代表——代表的主体，代表谁——代表的客体，如何代表——代表的方式以及代表什么——代表的内容。

第三章：西方政治代表理论的基本问题。政治代表理论既是一个理论层面的问题，也是一个制度实践的问题。本章着重考察四个最基本的问题，即代表与民主、代表与选举、代表与协商以及群体代表制。每一个问题的背后，都涉及一系列理论和实践问题。

第四章：超越选举的非正式代表。20世纪70年代以来，大量的非正式代表开始登上政治舞台，对标准版本的政治代表理论带来了冲击。本章重点阐释非正式代表兴起的背景与内涵，分析不同类型的非正式代表及其优势特征，指出其存在的价值及不足。

第五章：西方政治代表理论面临的新挑战。进入21世纪后，西方国家经济、社会和政治等领域发生了深刻变革，对代议制民主的运行带来了严峻挑战。本章重点阐释民粹主义思潮、全民公投以及网络信息技术等给政治代表理论带来的一系列挑战。

结语：西方政治代表理论的评价及其启示。西方政治代表理论是一个"舶来品"，它揭示了政治代表概念的本质及内涵，有助于理解代议制民主运行的内在逻辑，也可以为解释中国政治生活的代表现象及实践提供一定的借鉴。

五 创新之处及不足

（一）创新之处

首先，开启新的研究议题并试图提供新的知识。目前，国内学界已经注意到政治代表问题的重要性，并对此进行了研究，取得了很多成果，为本书的研究提供了丰富的材料。但是，大多数研究只是聚焦于某个问题，尚没有对政治代表理论作系统的梳理、分析和研究。因此，通过本书的研究，一定程度上能够弥补国内学界对西方政治代表理论问题研究的不足。

其次，为研究中国人民代表大会制度提供一种新思路和新范式。以往对人大制度的研究，主要汲取的理论资源是马克思主义代议制思想，实践资源则主要借鉴苏维埃代表大会制度以及各界人民代表会议的探索。因此，通过本书的研究，可以为我们提供新的研究范式，从而更加全面地认识和把握人民代表大会制度的本质与实际运行状况。

最后，为思考和把握当代中国政治的实践尤其是中国共产党的性质提供一种新的理论视角。在当代中国政治中，执政党政治代表问题是一个重要的研究议题。然而，大部分研究是基于党史党建学科的视角，很少基于政治代表理论的视角去探讨和剖析，不能充分揭示其背后的逻辑。因此，本项研究对于我们深入思考当代中国政治尤其是中国共产党的性质及其发展提供新的理论视角。

（二）不足之处

一方面，在资料的收集方面，主要涉及的是英文资料，对其他外文的研究资料收集不够。西方政治代表理论主要是对代议制民主进行阐释，因此，研究的群体不仅有美国政治学的研究者，也有法国、德国等欧洲国家的学者，如法国当代著名政治思想家皮埃尔·罗桑瓦龙就对政治代表问题有深入的研究。除了已经译介的著作，本书对于法文、德文的原始文献基本没有涉及，这是本书的一个缺憾。

另一方面，在研究对象方面，对中西政治代表问题的比较不够深入。虽然本书的研究重点是梳理和分析西方政治代表理论，但关怀的对象是当代中国政治代表问题。因此，本书在结论中考察了西方政治代表理论的适用性问题及其启示。但是，现有的研究还没有对中西政治代表问题展开深入的比较，仅仅呈现了所涉及的问题，这也是本书的一个不足。

第一章　政治代表的概念史考察

"代表"概念是现实生活中比较常用的一个词语,但政治代表的概念并不是一开始就有的,而是经历了漫长的历史时期才渐渐出现的。汉娜·皮特金指出:"代表概念,尤其是人与人之间的代表关系,这种含义实际上是现代才具有的。虽然古希腊也选举一些官员和派遣一些使节——他们的活动涉及代表,但古希腊人并没有同代表概念相近的词汇。"① 实际上,古希腊人根本不知道"代表"这个词汇及它的现代含义,因为他们都是直接参与立法和执法的活动,而不是选派其他人代替自己。代表实践经验的缺失,造成他们在观念和概念上的贫乏,难以创造出一个相应的概念来描述一种不存在的政治现象,即"雅典人无法用'代表'一词来思考,因为他们完全没有这样的字眼可以描述替补他人,或者代理他人和以他人的名义行动的程序"②。

从词源上看,代表概念(representation)源自古罗马的拉丁文"repraesentare",意指将缺席的事物准确地再次重现,它起初并未应用于政治领域。"古罗马人在使用拉丁文'代表'(repraesentare)概念时……仅仅包含两方面的含义:一是指立即用现金支付(pay immediately or in ready money);二是指自我表现或展示,尤其是在他人面前引荐自己时(showing or presenting in person, especially when presen-

---

① Hanna Fenichel Pitkin, *The Concept of Representation*, Berkeley: University of California Press, 1967, p. 3.
② [澳]约翰·基恩:《生死民主》(上),安雯译,中央编译出版社2016年版,第37页。

ting oneself to or before another person）."① 另据昆廷·斯金纳的考证，"代表概念的初始含义……主要应用于两个语境之中：一种是在法律领域中，尤其是在遗产支付和清偿债务的争执之中，意指将一笔由一方当事人最初提出或承诺给另一方的钱再给予适当的受益人。……另一种是在艺术领域内，尤其是在绘画和雕塑方面，涉及创造一幅同某个人或某件物体外部特征相似的图像或画像的行为——即表象，意指使缺席的东西重现"②。显然，无论是法律领域内的"代表"，还是文学或者艺术领域内的"代表"，它们都和政治活动没有多大关系。直到中世纪，代表概念才渐渐具有了政治意涵，即"中世纪政府的一项伟大发明之一就是政治代表制度的理念，希腊和罗马也许在这个方向有过初步的努力，但它们从来没有进行深入彻底的探究"③。因此，梳理政治代表概念的内涵变迁及其适用范围，首要任务是深入剖析中世纪政治代表概念的源起、内涵及其实践，了解人们在早期是如何理解和使用代表概念的。

第一节　中世纪政治代表概念的源起及其内涵

中世纪是以基督教教会为权力中心的历史时期，最突出的特征便是教权至上和君权神授，因而世俗领域的政治观念和理念或多或少受到教会学说的影响。正如厄尔曼所言："在中世纪，所谓的政治思想完全是由以基督为中心的理论决定的，"并强调"我们的现代概念，我们的现代制度、我们的政治义务与宪政观念，不是直接起源于中世纪，就是在直接反对中世纪的过程中发展起来的"④。卡尔·施米特也指出："现代国家理论中的所有重要概念都是世俗化了的神学概念，

---

① Monica Brito Vieira, David Runciman, *Representation*, Malden：Polity, 2008, p. 7.
② Quinten Skinner, "Hobbes on Representation", *European Journal of Philosophy*, Vol. 13, No. 2, 2005, pp. 160–161.
③ ［美］约瑟夫·R. 斯特雷耶：《现代国家的起源》，华佳等译，王小卫校，上海人民出版社2011年版，第35页。
④ ［英］沃尔特·厄尔曼：《中世纪政治思想史》，夏洞奇译，译林出版社2011年版，第10、227页。

这不仅由于它们在历史发展中从神学转移到国家理论，比如，全能的上帝变成了全能的立法者，而且也是因为它们的系统结构，若对这些概念进行社会学考察，就必须对这种结构有所认识。"① 政治代表概念作为现代国家理论中的核心概念之一，是构建现代民族国家的关键要素，它的基本内涵正是从基督教神学观念中延伸而来的，并在漫长的历史过程中完成了世俗化的过程。余英时指出："政治上代议制原则的起源今已不可考。但是在基督教会的制度中却是常潜伏着代议的理想，而且在一个比较早的时期，政治机构中亦有此种理想的表现。"② 因此，准确把握和理解现代政治代表概念的含义，需要厘清它的初始意涵并考察代表理念的制度实践。

一　象征代表

象征代表是中世纪代表概念的基本内涵之一，源于基督教神学理论中的"化身"概念，即用某种事物象征需要寓意的东西，两者之间并无相似之处，只需一种神秘的联系，就可以由一方承担另一方的角色，主要目的是想表达某种情感或心理，发挥着隐喻的功能。例如，基督教的教义曾把教会视为一种道德和精神共同体——教徒们精神上的联合，并不是教徒们自愿组成的，而是由耶稣所建立的，它是"'信徒所组成之群体'……是一个'有机体'……是一个'神秘体'。……是'耶稣的新娘'，甚至是'耶稣的身体'，但它并非指'耶稣实际的肉体'——此乃指圣餐礼中耶稣的身体，而是'所有虔信者在耶稣中的连结'"③。在《圣经》中，教会的称谓也有很多，如鸽子、绵羊、城镇、房舍、圣殿、晚餐等。莫得·克拉克指出："为了宗教上的目的，某些动物或物体被看成是不可见的神秘力量的象征或代理。在原始社会中……国王或首领站在子民与不可见世界的中

---

① ［德］卡尔·施米特：《政治的概念》，刘宗坤等译，上海人民出版社2004年版，第24页。
② 余英时：《民主制度与近代文明》，广西师范大学出版社2006年版，第36页。
③ 陈思贤：《西洋政治思想史：中世纪篇》，吉林出版集团有限责任公司2008年版，第20—21页。

间，既象征或代表着人类，又象征或代表着神圣。"①

罗马基督教神学家德尔图良在阐释"三位一体"学说时首次引入代表概念，用该词表示圣子代表圣父、面包代表耶稣基督的身体。同时，他还是首位从现代意义上的"去代表"（to represent）和代表者（representative）的含义来使用 reprasentare 和 representator 两个词语，并且用 reprasentare 表示一个更大和更重要的部分可以代表多数和不太重要的部分的意思。② 象征代表同近现代政治代表的区别在于：前者的"代表"是想象中的事物，其代表性或象征功能取决于对代表者的认同感和接受度；后者的"代表"是具体存在的个体（或组织），其代表性或代表功能取决于代表是不是由被代表者选举产生（选举式代表），或者说代表是不是准确反映了社会结构。中世纪的象征代表对近现代政治代表的形成发挥了重要的作用，它甚至到现在还以某种形式存在，如英国女王至今仍然被视为英联邦的代表，象征着团结和统一。中世纪象征代表的广泛运用，主要源于基督教壮大后引发的一系列争论。

一方面，是王权与教权之争。起初，君主被视为"上帝的代理人"，体现着上帝的形象，掌握着世俗之剑；教皇被视为"彼得的代理人"，亦被称为"使徒之首的代理人"，体现着基督的形象，掌握着精神之剑，两者互为依赖，维持着一种相对平衡的关系。随着基督教组织的迅猛发展，尤其是皇帝加冕涂油礼仪式的完善，教皇的地位和教会的势力也在不断地扩展。教皇已经不满足于作为"彼得的代理人"的说法，提出了教皇是"上帝的代理人"的主张，即"我们是使徒之首的继承人，但并不是他的代理人，也不是任何人或使徒的代理人，而是耶稣基督本人的代理人"③。明谷修道院院长贝尔纳声称：

---

① ［美］汉娜·费尼切尔·皮特金：《代表的概念》，唐海华译，吉林出版集团有限责任公司2014年版，第114页。
② Alan Watson, Repraesentatio in Classical Latin, http://digitalcommons.law.uga.edu/fac_artchop/9/.
③ 转引自马华峰《中世纪西欧议会代表观念研究》，中国政法大学出版社2013年版，第98页。

"教皇是基督在世上独一无二的、唯一的代表……作为这个普世圣城的最高君主有权支配世俗君主,领导所有的诸侯和臣民,教皇是基督在世上的大法官,是真正的统治者和大祭司的代理人。"① 无论是世俗之城的皇帝,还是上帝之城的教皇,它们所宣称的"上帝的代理人"的观念本质上是一种化身的代表,借此暗示自己的权力源自上帝而具有神授性质,并彰显自己权力的神圣性。"在中世纪,人们将君主视为共同体的代表,但这里代表的意思仅仅是以寓言譬喻的方式将君主视为共同体的人格化象征,而共同体被视为抽象的整体,这与代议民主制度中的代表概念完全不同。"② 尔后,在争夺统治权的过程中,世俗君主的辩护者开始声称,君主作为世俗的统治者,其一切行动是以人民的利益为出发点。因此,他代表着整个国家。君主之所以成为国家的代表者,乃是因为君主是整个共同体的首领。在此,君主视自己为国家的首领并代表着国家,已经不再是一种化身的理念,而是具有象征的含义——借此整合共同体,维护共同体的统一。即使在议会政治代表概念产生之后,这种用法仍然得到普遍的使用,如17世纪的英王查理一世曾声称英国的上下议院是大英王国的代表机构,其所表达的含义就是说上下两院是大英王国的象征。

另一方面,是基督教内部之争。在中世纪晚期,教会内部掀起了一场旨在控制和限制教皇最高权力的大公会议运动,强调大公会议应是教会的代表机构,享有教会的最高权威。这遭到了教皇至上论者的驳斥。他们认为,自君士坦丁起,大公会议的召开就只有经教皇的召集并在教皇或其特使的主持下才能进行,这表明大公会议是低于教皇且是作为教皇的附属物而存在的。他们援引"头颅与身体"的论证逻辑:教皇作为教会(身体)的首领(头颅),拥有并且独立于整个教会,是教会代表的不二人选。但是,因为中世纪社团理论的发展和法人代表概念的引入,大公会议至上论者提出了截然相反的观点:教

---

① 转引自王亚平《浅析西欧中世纪社会中的权力与权利》,《天津师范大学学报》2005年第4期。

② 丛日云、郑红:《论代议制民主思想的起源》,《世界历史》2005年第2期。

公会议才是整个教会的代表，它是由代表了不同教区的高级教士所组成，教皇作为教会的首领，只是教会的一部分，不能独立和高于教会，即"大公会议之所以被认为代表整个教会，是因为它代表了所有教区，或所有修会，或所有知识阶层（神学、教会法……）的缘故"①。大公会议对自身性质的重新定位——教会的代表机构，初步体现了代表概念的现代含义。厄尔曼直言："大公会议表现了代议的原则。它就是整个教会的代表性团体。"②更为重要的是，这次论争还拓展了代表概念的内涵——微缩代表概念的产生，强调代表者的代表性在于反映被代表者的人员结构，即大公会议的代表地位源于它代表了众多的教会、修会等。1415年，康斯坦茨大公会议颁布教令指出，"大公会议代表着整个教会，其权力来自基督；无论地位和等级，包括教宗在内的每个人都必须遵守大公会议在信仰方面的决定"③。尽管大公会议运动最后以失败而告终，但是，它仍然对中世纪代表概念的发展产生了重要的影响：即不仅首次强调了代表机构作为整个政治共同体的最高代表的地位——为16—17世纪英格兰议会争夺主权代表者的角色提供了理论源泉，而且首次把被代表者纳入了理解代表概念的视阈之中——为促进现代政治代表理论的发展提供了新内容。

二 法人代表

从代表概念的源起看，它同舞台戏剧领域内的"Persona"概念具有密切的联系。"Persona"在词源上是一个拉丁文和戏剧用语，意指演员在舞台上表演时所戴的面具，之后引申为演员所扮演的角色，最后又可以用于指一般的人或人的身份（即人格）。④霍布斯在对"Per-

---

① [法]菲利普·内莫：《教会法与神圣帝国的兴衰——中世纪政治思想史讲稿》，张竝译，华东师范大学出版社2011年版，第396页。
② [英]沃尔特·厄尔曼：《中世纪政治思想史》，夏洞奇译，译林出版社2011年版，第219页。
③ 同上书，第220页。
④ Persona在词源上可以溯及至希腊语中的prósopon，而希腊语的prósopon被认为对应于埃特鲁斯语中的phersu，后者原本是指演员在戏剧中携带的"面具"。[意]塞巴斯蒂亚诺·塔法罗：《罗马法中的人与家庭》，娄爱华译，徐铁英校，《法律科学：西北政法学院学报》2015年第3期。

sona"概念进行语义分析时曾指出:"人字在拉丁文中指人在舞台上装扮成的某人的化装或外表一样,有时则更加具体地专指装扮脸部的面具或面甲。后来这字从舞台用语转而变成指法庭和剧院中的任何行动与言论的代表……代表就是扮演或代表他自己或其他人。代表某人就是承担他的人格或以他的名义行事。"① 也就是说,"Persona"概念所体现的演员与角色之间的关系,实际上就是一种人与人之间的代表关系,这也是此概念内涵能够拓展的关键:既然演员通过佩戴面具可以扮演不同的角色,也就意味着每个人在现实生活中可以具有不同的身份或角色,就是"他自己或其他人"。

"Persona"(人格)的意涵起初仅适用于有生命的自由人,在后来逐渐用于团体——团体人格,并成为一个法律制度意义上的人,这是法人概念及其制度形成的基础。罗马法中尚未产生明确的法人概念,但已经具有法人概念的内容及形式——社团②(universitas),它主要是"用于描述公法和私法中的人们的联合"③,意指若干自然人的集合体,起初包括宗教团体、士兵团体和丧葬团体等,后来国家、地方政府、市镇、教会、修道会、寺院和慈善团体等也被视为具有团体的身份。正如伯尔曼所言:"国家(依旧称为populus Romanus)便视为一个社团……市政府也是社团,具有拥有财产、订立契约、接受赠与和遗赠以及在一般情况下通过代理人履行法律行为的权利……教会和修道院也被列入社团名单,这些社团有能力接受赠与和遗赠,拥有一般的财产权和契约权,也有权作为法人通过代表而从事法律行为。"④ 按照罗马法的规定,一旦拥有了人格

---

① [英]霍布斯:《利维坦》,黎思复、黎廷弼译,杨昌裕校,商务印书馆1985年版,第122—123页。

② Universitas指"全部、总和、全体、各种物的集聚,故引申有团体的意义,但又不完全等同于团体,它既可以涉公法上的组织,也可涉私法上的组织"。江平、米健:《罗马法基础》,中国政法大学出版社2004年版,第120页。

③ J. H. Burns, *The Cambridge History of Political Thought* (350 – 1450), Cambridge: Cambridge University Press, 2007, p. 443.

④ [美]哈罗德·J. 伯尔曼:《法律与革命——西方法律传统的形成》,贺卫方等译,中国大百科全书出版社1996年版,第260页。

(persona),不管它是否具有生命——是否为自然人,都能享有一定的权利并承担某种义务。基于此,罗马法学家们对社团的人格和社团组成人员(自然人)的人格作了区分:社团是不朽的和永恒的,独立于社团的成员;社团的成员则会生生死死且不断变更,但并不影响社团的存续。正如罗马执政官阿尔费努斯·瓦鲁斯所言:"船舶的船员经常更换,有时甚至全部船员都换了,但船舶则依然存在。军团也是如此,其成员走了一批,又来了一批,但军团照旧存在。"① 但是,罗马法中的社团仅享有权利和义务,还没有独立的行为能力——不能作为一个整体表达自己的意思,因为罗马法规定法律行为要么是亲自完成要么就是找人代替完成。正如周枏所说:"罗马法既认为法人是法律拟制的,所以它自身并无意思表示的能力,如同婴儿、痴癫人一样,不能为法律行为,须由自由人或奴隶代为进行。"② 可见,罗马法中的社团并不是完整的法人(即完全的法律主体地位)。

到了中世纪晚期,法人代表的观念及制度获得了巨大的发展。莫纳汉指出:"在1150年前,除了教会,几乎不存在法人代表的实践,它的普遍使用是在12世纪末期才开始的。但在13世纪的前十年,赋予代理人充分权力的法人代表获得稳定的发展。"③ 在法人代表概念及制度发展的过程中,中世纪的教会法学家作出了重要的贡献,即"法人观念之发生,实为寺院法学者之功绩。彼等于构成员之多数人而外,更想象有一抽象之人格,此抽象的人格,即为法人,亦与一个人相同,能享有财产"④。但是,中世纪教会法学家的团体法人概念,不同于罗马法中社团的规定——如要求社团的设立须获得更高的权威许可方能享有特权和自由、必须经由代表而不能通过其成员整体从事行为等。在罗马法中,教会作为一个社团(拟制的机构),虽然拥有

---

① 周枏:《罗马法原论》(上册),商务印书馆2001年版,第291页。
② 同上书,第294页。
③ Arthur P. Monahan, *Consent, Coercion and Limit*: *The Medieval Origins of Parliamentary Democracy*, Canada: McGill-Queen's University Press, 1987, p. 115.
④ 李宜琛:《日耳曼法概说》,中国政法大学出版社2003年版,第41页。

权利和义务，但它自身并不能行使，需要委任代理人来完成，即"必须有一个首脑人物（在宗教社团里通常称为教区长或修院长，世俗社团则称为社长或总裁），他被授权履行社团本身不能完成的行为（诸如财产的管理、纠纷的裁判），并拥有与社团所拥有的权利相区分的各种权利。社团的首脑以及其他官员被视为一种类型的保护人或监护人，社团乃是一种类似于被保护人或未成年人的东西"①。在此，社团的首脑人物被视为保护人或监护人，实际上暗含着他是独立且高于社团的组成人员。作为社团的首脑人物，虽然他是以个人的身份表达团体的意思，但所实施的行为并不受社团成员的约束，也不用承担相应的责任。可见，罗马法中把社团首领与社团成员的关系喻为首脑代表身体的观念，并不为中世纪教会法学家所认可，因为它无助于约束教皇及主教们的滥权行为。

此时，日耳曼法中的社团概念开始发挥作用。在日耳曼法中，社团被视为一种拥有集团人格的团体，拥有自己的意志和利益，是成员自愿结合的一种伙伴关系，并不需要获得更高权威的认可便可成立，成员们共同分享社团的权利和义务。简而言之，就是每一个团体"都是一个独立、自主的'社团'，可以自行管理自己，而这种管理权是源自'社团'本身而非外来，因此所有成员之集合乃是最高之权力来源"。②这种视团体为一个"个人"的概念，又同基督教教义中视教会为一个"神秘之体"的观念有异曲同工之处，明显不同于罗马法中视社团为一种拟制机构的概念。一旦把团体视为一个有机的"个人"，就意味着它可以作为一个整体表达自己的意思，"具有自己的心智或精神——目标与判断的指挥中心，以及代表的议会——通过该机构法人团体可以表明自己的心智"③。因此，社团的首领（即教皇

---

① ［美］哈罗德·J.伯尔曼：《法律与革命——西方法律传统的形成》，贺卫方等译，中国大百科全书出版社1996年版，第265页。

② 陈思贤：《西洋政治思想史：中世纪篇》，吉林出版集团有限责任公司2008年版，第86页。

③ ［爱尔兰］菲利普·佩迪特：《语词的创造：霍布斯论语言、心智与政治》，于明译，北京大学出版社2010年版，第93页。

及主教们),并不是凌驾于社团(即教会)之上,而是社团的一员,它作为社团的首领(即法人代表)所表达的意思,并不是属于他个人的而是整个团体的行为,所作出的行为不仅影响他自己,还影响整个社团的组成人员。在处理涉及全体成员的事务时,教会中的每个成员的意见都需要得到尊重,并征得大家的同意——"关涉全体之事,须征得全体同意"。在他们看来,主教们之所以能够以教会代理人的名义处理教务,主要是因为他们获得了教会全体成员的委任。因此,他们的行为受到全体教会成员的约束。如果没有获得全体基督徒成员的同意,他们就无权处理涉及整个教会成员的事务。此时,法人的概念逐渐与代理人的观念紧密结合在一起,促进了法人代表(代理)制度的形成,即代表不再局限于自然人,具有法律人格的团体也可视为一个代表,这就为议会代表的产生奠定了基础。鲁斯曼指出:"只有当代表的概念与另一个法律概念——法人联系起来的时候,它所蕴含的政治潜能才能得到实现。"①

三 委托代表

政治代表的概念至今保留着代理人的意涵,议会代表在政治活动中则扮演着选区代理人的角色。因此,芮恩施指出:"代议政治的意思就是:那些掌握政权者有所行动乃是代表全体人民,或是做人民的经理者而行动。这个代表或经理的意思,首先发生在私法里面。到近代才应用在政治的行动之中,成为代议政治的意义。"② 日本学者高桥和之也持同样的看法,即"政治代表的理论最初是在法学的领域中形成的。它是作为国民国家面临民主政治问题时的一种解决方法而产生的理论。……法学家们就想到了将私法上的委任理论应用到公法上。在私法上,如果某甲本身一定得有法律行为时,可以委任某乙,假借某甲之名来行使行为。同样的人民应该也可以委任统治者假借人

---

① Monica Brito Vieira, David Runciman, *Representation*, Malden: Polity, 2008, p. 11.
② [美]保罗·S. 芮恩施:《平民政治的原理》,罗家伦译,郭光东校,吉林出版集团有限责任公司2010年版,第89页。

民之名来实行统治。在这种情况下，某乙假借某甲之名所行使的行为，在法律上视同某甲所行使，同样的假借人民之名所行使的统治，亦视同人民的统治。因此，这就是所谓的民主政治"①。当然，政治领域内的政治代表，同私法上的委任代理，两者之间还是存在显著的差异：前者属于公法领域的内容；后者属于私法领域的内容。尽管如此，我们并不能否认法律层面的委托代表为近现代政治代表概念的形成作出了重要的贡献，即"法律对发展出代议观念的贡献：代议最初具有狭义的法律含义"②。从某种意义上讲，代理是代表概念产生的前提，有了法律领域内的委托代理概念，政治领域的代表概念才得以产生。

代理人的概念出现在古罗马时期，主要表现为两种形式，分别是"财产代理人"③和"诉讼代理"，前者指的是那些在主人不在的时候维护家庭利益的自由民（被解放了的奴隶）；后者主要限于那些无民事行为能力的人群，如未成年人、精神病人、聋哑人等群体。由于那时经济活动规模比较小，还不需要借助代理人完成各种民事活动，再加上法律规定一切法律行为当事人需要亲自到场，非经本人完成的法律行为视为无效，这就使得现代代理人的观念和制度没有产生④。不过，当时业已存在委托（或委任）制度，实际上是蕴含了代理及代理人的理念，这为代理制度的产生奠定了基础。彼德罗·彭梵得指出："委托也是两种制度的混合：地地道道的委托和代理。"其中，

---

① 应奇编：《代表理论与代议民主》，吉林出版集团有限责任公司2008年版，第280页。

② ［英］J. H. 伯恩斯主编：《剑桥中世纪政治思想史：350年至1450年》（下册），程志敏等译，生活·读书·新知三联书店2009年版，第752页。

③ "财产代理人"又称"占有的代理"，就是"代理人以持有人名义并为本人的计算而管领他人占有物。代理占有的取得和丧失主要取决于持有人与占有人的法律关系"。江平、米健：《罗马法基础》，中国政法大学出版社2004年版，第276页。

④ 梅因指出："罗马法所允许的唯一的一个人完全代表另一个人的情况，是父系家庭由在他的权力之下的儿子或奴隶作为代表。代理人对被代理人的代表是非常不完整的……这很可能是两个个体完全联合的遗迹，而这种联合只有在古代当他们属于同一家族时才有可能。"［英］亨利·萨姆纳·梅因：《早期制度史讲义》，冯克利、吴其亮译，复旦大学出版社2012年版，第115—116页。

"受委托人是被委以某一服务、法律任务或非法律任务的人"，而"代理人是稳定的法律代理人，是某一事务长期的受托人"①。可见，无论是受委托人，还是代理人，两者并没有本质上的差异，主要区别在于工作性质方面：受委托人的工作属于临时性质；代理人的工作则属于长期性质，因而代理人与受委托人是可以相互代替使用的②。这种现象在当时也确实存在，即"赋予代理人以受委托人身份的倾向在古典法中就已出现了，而且一般委托可能是通过代理人来实现的……在优士丁尼法中，代理同委托相混淆，'代理人'……一般是指全部财产的代理人，但是，这种代理人……被要求依赖于特别委托"③。所以，代理及代理人的理念，实际上是依附在委托制度之中，即"代理渊源于委托，代理常常与委任相伴而产生。在代理成为一项独立的制度以前，代理只不过是委任契约中的受任人处理委任事务的手段而已。委任契约的受任人大多可能转变为代理关系中之代理人，因为，委任契约中受任人之受任事务通常要借助与第三人的法律行为才能完成"④。

后来，随着贸易规模的扩大、商品经济的发展以及罗马帝国版图的扩张，仅仅依靠家长来处理各种事务越来越不现实，代理及代理人的理念逐渐脱离委托制度，代理人的民事行为和活动渐渐获得法律的认可。但是，需要注意的是，"古罗马时期以代理性质为基础的代表关系只是个体性的，是一种仅限于当事人与代理人、皇帝与官员之间的一对一的个人性关系，法人团体的代理问题没有受到关注，作为议

---

① ［意］彼德罗·彭梵得：《罗马法教科书》，黄风译，中国政法大学出版社1992年版，第381页。
② 巴里·尼古拉斯指出，"'委托人'和'受委托人'可以同'本人'和'代理人'交替使用。但存在着这样一种根本的区别：在英国法中，当代理人以本人的名义缔结契约时，直接在本人与第三人之间建立关系，从法律上讲，代理人在这种法律关系中一般不是当事人。罗马法中的债具有严格的属人特点，这使得上述意义上的代理成为不可能的，受托人既对他所缔结的契约承担责任，同时也因此而享有权利"。［美］巴里·尼古拉斯：《罗马法概论》，黄风译，法律出版社2004年版，第203页。
③ ［意］彼德罗·彭梵得：《罗马法教科书》，黄风译，中国政法大学出版社1992年版，第382页。
④ 江帆：《代理法律制度研究》，中国法制出版社2000年版，第27页。

会代表观念基础的法人代理观念因而也并未出现"①。

到了中世纪，由于涉及教会财产问题的法律诉讼活动增多，代理人的理念开始得到广泛实践。当时，为维护自身利益和摆脱世俗国王及封建主的控制，一些宗教团体（教会和寺院）要求教皇予以保护，作为交换，主教及住持需缴纳一定的保护费，由此形成了教皇与主教及住持之间的庇护关系，进而演变为一种代理关系。但是，依据基督教的教义规定，高级神职人员是被禁止涉足世俗事务的，其全部时间要从事教会工作，这就在客观上要求主教及住持必须寻求代理人专门处理世俗事务，主要是涉及处理教会及寺院的财产诉讼。汤普逊曾指出："在中世纪早期的冷酷而又狂暴的时代，主教和住持常常感到要有一个正式保护人来保护他们的财产方为得策；并以教会庄园的一部分作为后者服务的酬报。这样就兴起了'代理人'的制度。代理人代表他的宗教上司来办理纯世俗事务；这些事务应归主教或住持去做的，因为他们具有教士和地主的双重身份。代理人出席宗主的法院为主教或住持的利益辩护；他以他们的名义在教堂的奴隶中间执行司法；他代表他的当事人来进行司法斗争，而这种斗争，教士是被禁止参加的；他主持主教的或住持的奴隶之间的争斗审判案件；最重要的，当教堂被征召服军役时，他指挥'教堂民兵'。"② 正是在参与订立契约、签订合约、提起诉讼以及接受诉讼的过程中，教会领域内的委托代理人的理念和制度逐步确立并缓慢发展。

但是，无论是参与司法审判，还是参加各种教会会议，这些代理人起初并不是扮演代表者的角色，因而不能替委托人作出决定，即"在早先的时候，无论是在古典罗马法中，还是在日耳曼法中，为他人做事者都要承担他人的权利和义务；他是一个代替者而非代表者。法律代理的概念由教会法学家首倡，并与神学概念和教会利

---

① 马华峰：《中世纪西欧议会代表观念研究》，中国政法大学出版社2013年版，第73页。

② [美]汤普逊：《中世纪经济社会史》（下册），耿淡如译，商务印书馆1997年版，第271页。

益密切关联"①。此后，由于法人代表概念以及"全权"（plena potestas）概念的引入，作为"代理人"的委托代表获得了以委任人（即社团法人）的名义作出决定的权力，这使得委托代表首次具有"代表他人行动"的属性，促进了代表概念的世俗化。莫纳汉指出："当两个概念得到充分应用时，代表的涵义就建立在政治社会中所有成员的个人权利的基础之上了。现代议会制民主理论以及选举产生的代表享有立法权的观念才得以完全地结合在一起了。"②

中世纪政治代表概念的产生及其内涵的演变，为近现代政治代表概念的形成奠定了基础。但是，同近现代政治代表概念相比，中世纪的政治代表无论在观念上，还是在实践中，均存在不小的差距。一方面，从观念上看，中世纪的政治代表具有明显的象征代表含义，而代表他人行为的政治观念尚未出现，造成代理人的概念迟迟没有发展；另一方面，从实践上看，中世纪的政治代表主要应用于宗教领域，尚未完全成为一个世俗化的概念。因此，曼斯菲尔德精辟地指出："近代代议制与中世纪代表制是两种不同的生活方式，而不仅仅是两种不同的代表机器；这个区别在近代代议制的现世主义中表现得最明显。"③直到近代代议制的产生及确立，代表概念才具有代替他人行为的涵义，由此成为政治学的核心概念之一。

第二节　近现代政治代表概念的形成与演变

近现代政治代表概念的产生及其形成，主要得益于中世纪西欧各国议会机构的大量涌现，最早在西班牙，随后在法国、英格兰和西西里岛，然后扩展到德国和斯堪的纳维亚地区。它们的名称并不一致（英国称为"帕列门蒂"，法国称为"三级会议"，伊比利亚半

---

① ［美］哈罗德·J. 伯尔曼：《法律与革命——西方法律传统的形成》，贺卫方等译，中国大百科全书出版社1996年版，第304页。

② Arthur P. Monahan, *Consent, Coercion and Limit*: *The Medieval Origins of Parliamentary Democracy*, Canada: McGill-Queen's University Press, 1987, p. 114.

③ 转引自刘小枫选编《施米特与政治法学》，上海三联书店2002年版，第364页。

岛称为"科特斯"、德国称为"兰达奇"、瑞典称为"瑞克斯达格"、波兰称为"色姆"等），机构和程序方面也不健全，但"都是由代表们组成的政治聚会"，且"均为常设性机构"①。在中世纪议会机构不断发展的过程中，代表的性质渐渐发生变化，所应用的范围不断扩充，逐渐具有了"代他人行为"的意涵。要了解近现代政治代表概念的演进过程，就需要对落实和反映近现代政治代表理念的具体制度实践做初步的探讨，即"为了理解代表这一概念如何进入代理人和政治活动的领域，就得牢记机构的历史发展，牢记在解释关于机构的思想方面的相应发展，牢记该词语谱系的词源学发展"②。其中，"机构"或者说"制度"包括两个方面：一是议会制度。当议会获得主权而被视为代表人民和国家时，议会的主体——代表就可以宣称是整个国家的代表者。因此，菲利普·诺顿指出："'代表'的概念是理解议会的基础。"③ 二是代表制度。代表制度主要是规范代表资格、行为的制度，是代表观念直接应用的制度，没有代表制度的具体实践，代表观念也就难以落实。

一　作为请愿者、代诉人、律师的代表

议会代表制度作为议会制度的重要组成部分，它实际上是经由中世纪英格兰地方法庭（即郡法庭）的代表制演变而来的。英国宪政学家布勒德就指出："地方法庭中之代议制——代表制度之方法，最早即适用于郡或百家村之地方法庭……彼时之法庭……除办理司法以外，彼等更为皇征收税饷，所有维持秩序及优良政府之普通设施均须负责也，举凡每一自由人，即有列席于地方法庭之权，在最早时期至少亦得强迫人民之列席于其间也。……故代议制之观念，

---

① ［英］塞缪尔·E. 芬纳：《统治史》（卷二），王震译，华东师范大学出版社2014年版，第442页。
② ［美］特伦斯·鲍尔等编：《政治创新与概念变革》，朱进东译，译林出版社2013年版，第143页。
③ ［英］菲利普·诺顿：《英国议会政治》，严行健译，法律出版社2016年版，第171页。

已在地方法庭中施行之矣，此后吾人应将代议制之观念转移至全国之议会中矣。"① 源于此，中世纪英格兰议会中的议员并不被视为民众的代表，而是被视为民众的请愿者、律师等。正如汉娜·费尼切尔·皮特金所言："在早期，骑士和自由民被看成他们社区的服务者、律师或代诉人。人们不叫他们 representative，因为这个词当时还没有（代表）这层意思；人们也不说法庭上的律师是在 represent。"② 阎照祥也指出："13世纪中叶到14世纪前期，国王和政府习惯上只把郡、市代表视为民众请愿者，而非立法者。……直到14世纪末，下院议员仍被视为各地派往议会的请愿者，他们只能偶尔作为次要角色参与上院贵族所把持的立法活动。"③ 早期的议会代表之所以被视为民众的请愿者而非代表者，主要源于两方面的原因：一是代表他人的政治意识和观念尚未出现，即只能代表他本人而不能代表其他人；二是郡法庭的性质所决定，即属于司法机构而非代议机构。其中，郡法庭的司法职能对代表的性质起着决定性的作用。

郡是英格兰王国下辖的地方最高行政单位，其首领是郡长，由国王委任并代表王权，扮演国王代理人的角色，负责郡内所有的财政、军事、行政、司法等公共事务。郡长所代表的是国王，而不是他所治下的郡。郡法庭才是郡的代表者，它起源于地方民众议事会，具有司法、行政和地方议事会等若干职能，后来逐渐演变成一个以行政和司法职能为主的机构。但是，对于大部分保有土地的自由民而言，出席郡法庭并不是一项权利而是一种负担，因为当时交通不发达，参加郡法庭需要花费大量的时间、精力和金钱，会影响自由民的生活，这就造成那些拥有大片土地的领主经常缺席，转而改派其总管或管家们代

---

① ［英］S. 李德·布勒德：《英国宪政史谭》，陈世第译，曾尔恕、陈敬刚校，中国政法大学出版社2003年版，第116、118页。沈汉、刘新成也指出："地方代表制最初源于司法事务。实行普通法以后，地方普通法庭并不保留审判记录，当巡回法官把地方法庭不能审理的案件提交王室法庭时，地方要选派4名中小贵族出席，他们代表地方起诉、听证和接受判决。"沈汉、刘新成：《英国议会政治史》，南京大学出版社1991年版，第31页。

② ［美］汉娜·费尼切尔·皮特金：《代表的概念》，唐海华译，吉林出版集团有限责任公司2014年版，第302页。

③ 阎照祥：《英国政治制度史》，人民出版社2012年版，第59页。

替其出席。1227年，韦斯特摩兰郡的威廉男爵同郡长达成如下协议：如果威廉不亲自出席郡法庭，可由其总管或管家前去代理他本人及领地上其他人的诉讼。① 尽管如此，郡法庭还是具有较强的政治代表性，能够代表郡内的社会结构，因为"出庭的总管或管家既是领主本人的代理，又是庄园内自由农的诉讼代理，在某种程度上就是整个领主庄园的代表。主要由这些代表组成的郡法庭，自然带有一定的地方代表机构性质"②。而在王室的代表即巡回法官前往某郡主持郡法庭时，它的政治代表性表现得更为明显，因为它要求"整个郡必须前来报到：每一位自由地产保有人必须出席法庭，或提供缺席出庭的理由；每一百户区和自治市必须由其12人陪审团代表出庭；每一个镇区则由其执达官和4位居民作为代表"③。此时，郡法庭实际上"就是一个代表机构，是整个郡的体现。这一点在语言中也有反映，即'comtatus'"④。需要特别指出的是：郡法庭作为代表机构，它所代表的并不是郡内的民众，而是郡本身。同时，郡法庭内的代表并没有代表他人的意思，要么是代表本人，要么是代替别人，同议会中代表他人的含义相去甚远。不过，地方层面的郡法庭代表制的广泛实践，尤其是郡内自治市代表的出现，对全国层面的议会代表制度的形成产生了重要的影响。

二 作为表达民意的政治代表

在地方层面代表制不断发展的过程中，全国层面的议会制度也在不断地趋于完善，这为近现代政治代表概念的演进提供了制度平台。英国议会被誉为"议会之母"，从其诞生到定型经历了一段漫长的历史时期，为代议制民主的确立提供了制度保障。戈登就说："在英格

---

① R. C. Palmer, *The County Court of Medieval England*, Princeton: Princeton University Press, 1982, p. 492.
② 李培锋：《中世纪前期英国的地方自治形态》，《史学月刊》2002年第6期。
③ ［英］F. W. 梅特兰：《英格兰宪政史》，李红海译，中国政法大学出版社2010年版，第47页。
④ R. C. Palmer, *The County Court of Medieval England*, Princeton: Princeton University Press, 1982, p. 296.

兰，代议制原则自13世纪以来就几乎持续不断地贯穿在其政制的历史之中。它在随后的世纪里得到了广泛的传播并成为中古晚期欧洲政府的一个普遍的特征。"① 关于英国议会的源起，其制度原型最早可追溯至盎格鲁-撒克逊时代的贤人会议。这是一个由国王不定期召开的会议，仅大主教、主教、郡长、修道院院长以及贵族等少数权势人物基于个人权利才能参加，出席会议时只考虑自己而不是其他群体的利益，因为"当时并不存在代表思想。无论谁有出席大会的权利，他就去了，而且是以个人的身份去的。代表是不允许的。任何进入大会的人都必须以自己的名义，而不能以任何别的名义"，以至于"阿特尔斯坦王的一项法律宣称，如果不代表自己的利益，任何人都不得或不能进入议会"。可见，贤人会议的参加者并不是代表者，也就不存在所谓的代议制的特征，即"无论是哲学原则，还是任何代议制政府的外在特征，在任何地方都没有得到体现"②。虽然贤人会议没有显示出代表制的迹象，但是，它为近代议会的产生提供了丰富的制度资源，同英国现代议会存在密切的联系。

贤人会议在后来演变为大会议，它既是最高司法机构，也是最高行政机构，同时还是一个立法机构和咨询机构，主要职责是协助国王解决王室与贵族之间的利益纠纷、处理各类行政事务、制定政策和法律等，参加的人员主要是诺曼教俗贵族和王室官员。同时，国王的直属封臣也有权参加，但是，他们中的很多人不愿意出席，再加上地方层面的郡和自治市尚未选派代表参加大会议，造成大会议缺乏权威性。当然，大会议的政治权力还是在缓慢扩展之中。1215年，因国王违反封建惯例任意征收国税和没收封臣地产，大贵族联合中小贵族和市民等阶层迫使约翰国王签署《大宪章》，重申了国王的权限范围和贵族的封建权利。此后，议会的称谓开始出现在

---

① [美]斯科特·戈登：《控制国家——西方宪政的历史》，应奇等译，江苏人民出版社2001年版，第238页。
② [法]弗朗索瓦·基佐：《欧洲代议制政府的历史起源》，张清津、袁淑娟译，张清津校，复旦大学出版社2008年版，第42—43、160页。

一些历史文献中。①"1236年,'议会'一词见于官方文件。……翌年,政界人士则把大会议的全体会议称作议会。"②尽管如此,还不能把它等同于现代议会,其仍然是一个司法机构或者说是一个特殊的最高法庭,即"13世纪英国人使用议会一词时,一般专指封君法庭"③。假如国王举行的会议没有司法属性,就不能称为议会。可见,早期的议会并没有表示王国代表机构的意思。除了议会尚未被赋予代表机构的政治角色之外,议会议员同样也没有被视为民众的代表者,因为他们的作用有限——即"议员们的职责仅限于代表本区确认政府赋税、呈送本区上诉案件,以及上传下达'政情民意',实际上更像是民事案件中的代理人"④。即使郡和自治市的代表已经分别于1213年和1265年开始出席议会⑤,但是,他们经常缺席会议,缺乏参加会议的积极性和主动性,属于议会中最不稳定的群体,从而影响了议会的地位和作用。

从13世纪末起,议会中的地方代表出席会议趋于常态化,即"无平民代表即可召开议会的时代最终结束了"⑥,这标志着英国议会的正式产生,意味着议会"不再是一个封建法庭,它正在转变为一个

---

① 梅特兰指出:"1254—1265年间的议会并不包含任何郡和自治市的代表;正是这一期间,'parliamentum'逐渐开始使用,并取代了'colloquium'和其他术语,从约翰王那里强行获得《大宪章》的那个议会此时也被回溯性地称为兰尼米德议会('parliamentum Runimetae')。"[英]F. W. 梅特兰:《英格兰宪政史》,李红海译,中国政法大学出版社2010年版,第49页。

② 阎照祥:《英国政治制度史》,人民出版社2012年版,第48页。不过,基佐曾写道:"1240年,我们发现在伦敦召开了一个贵族大会,但这次大会,除了编年史家所给予他的名称之外乏善可陈。在谈论它时,马修·帕里斯第一次使用了议会(parliamentum)一词。"参见[法]弗朗索瓦·基佐《欧洲代议制政府的历史起源》,张清津、袁淑娟译,张清津校,复旦大学出版社2008年版,第318页。

③ 沈汉、刘新成:《英国议会政治史》,南京大学出版社1991年版,第11页。

④ May McKisack, *The Parliamentary Representation of the English Boroughs during the Middle Ages*, London: Oxford University Press, 1932, pp. 82 – 99.

⑤ 梅特兰指出,1213年11月7日,约翰国王在牛津召集开会,每郡由4名守法的臣民作为代表出席。这是有关地方代表出席王国大会的首次记录。1265年,西门·德·孟福尔召集开会,本次会议的创新在于有城市和自治市的代表出席。[英]F. W. 梅特兰:《英格兰宪政史》,李红海译,中国政法大学出版社2010年版,第47、50页。

⑥ 阎照祥:《英国政治制度史》,人民出版社2012年版,第53页。

王国各阶层的大会——根据当时的理论,也就是所有各种类、各等级人的大会"①。至此,议会的性质发生了改变——从作为最高法庭的司法机构变为国家代表机构。所谓的"代表机构",是指议会作为整个王国的"化身"代表了全体人民,即如大法官索尔普在1365年时声称"议会代表整个王国"②。此时,"代表"概念意指议会作为一个整体使得王国全体人民在场,并非指称议会的具体议员(此种含义迟至17世纪才具有),因而它还是一种象征性代表。当时,王权仍然很强大,拥有决定议会何时举行、召集谁参加、讨论哪些议题等权力,故国王被视为代表整个王国的政治代表观念居主导地位,而"议会代表整个王国"的呼声还比较微弱。

随着议会政治职能不断增加、议会工作程序日益完善、议会组织结构趋于稳定(即两院制)等,议会也借此提升了自身的政治权力和政治权威,渐渐成为立法过程中不可或缺的环节,即整个王国的法律(尤其是征税法案)必须经由议会的同意方能制定或废除。在此期间,"王在议会"宪政理念开始萌芽。"王在议会"(君临议会)的宪政原则表明:国王必须经由议会才能进行统治,它的最高权威亦只有在议会中才能体现。当然,"王在议会"的侧重点仍然是国王,他被喻为"议会的首脑和主要成员",即"朕如首脑,你们如同躯干四肢,我们连在一起,组成国家"③。这个比喻暗含了两层含义:一方面,无论是国王,还是议会,都是王国的一个部分,因而不能单独宣称代表了整个王国,只能是共同分享代表者的身份或角色;另一方面,不管是国王作为王国的"首脑",还是议会作为王国的"躯干四肢",都表明了代表概念是一种"化身"代表,尚不具有代表他人行为的政治意涵。

"王在议会"的原则提升了议会的政治地位,因而在16世纪晚期开始出现了议会代表整个国家的呼声。托马斯·史密斯爵士曾说:

---

① [英] F. W. 梅特兰:《英格兰宪政史》,李红海译,中国政法大学出版社2010年版,第51页。
② [英] 沃尔特·厄尔曼:《中世纪政治思想史》,夏洞奇译,译林出版社2011年版,第149页。
③ 阎照祥:《英国政治制度史》,人民出版社2012年版,第116页。

"代表整个国家并拥有整个国家的权力的英格兰议会既是英格兰的头脑，又是英格兰的身体。每个英格兰人通过本人或通过代诉人和代理人，都能被延伸呈现在英格兰议会中……议会的同意被认为就是所有人的同意。"① 在此，议会"代表整个国家"，所指的是它代表整个国民的形象或是全体国民的一个映像。正如亨利·帕克所说："议会的人员构成与整个王国的人民是成比例的，因此，它是人民的缩影（miniaturized）和复制品（map-like replication），或者说实际上就是整个王国本身或国家本身。"② 既然议会等同于整个王国，那么，议会也就可以单独宣称是整个王国的代表。

当议会被视为整个国家的代表或者说代表了王国全体民众时，议员被视为代表也就水到渠成了。不过，把议会议员视为人民的代表的政治观念，则是在17世纪才有的，这是代表概念政治化的关键时期，即"主要是在17世纪，这个'代表他者'的意涵，以各种不同的方式出现。当时represent已经具有'代表某个被指名道姓的人'。当然，这种用法一直持续着，最明显的是用在法律事务里。这种政治上的延伸用法，从17世纪中叶起可以看到"③。在这个时期，代表概念的含义更加丰富，表现为政治领域内的形式主义代表——"代指"含义和实质意义上代表——"代行为"都相继出现了，其中，前者聚焦于代表者与被代表者之间的关系；后者关注代表者的具体代表行为，同时，代表概念的用法也变得更加多样，表现为议会议员开始被视为代表者。此后，代表概念开始广泛地用于议会以及议会议员的政治活动之中，而其他用于表示代表含义的词汇则逐渐减少。

代表概念之所以被附上政治意涵而成为一个政治术语，源于多方面的因素，但主要是受英国内战期间所发生的一系列政治论争所致。

---

① [美]汉娜·费尼切尔·皮特金：《代表的概念》，唐海华译，吉林出版集团有限责任公司2014年版，第304页。

② Monica Brito Vieira, David Runciman, *Representation*, Malden：Polity, 2008, pp. 21-22.

③ [英]雷蒙·威廉斯：《关键词：文化与社会的词汇》，刘建基译，生活·读书·新知三联书店2005年版，第407页。

1645—1649 年，英国国内掀起了一场以推行普选权为主要目标的小资产阶级民主派运动——平等派运动。平等派的核心主张就是每个人都应该享有选举权，即"所有的英国人，不论是主人，或是儿子、仆人，都要象一个人一样去到英格兰或威尔士的每一个市镇或方便的地点集合……到那里去进行选举；选举各该郡、城市、市镇的代表人物，以便使他们到议会去代表他们"①。此后，代表的政治意涵开始凸显，并为政治思想家们所关注。1651 年，霍布斯发表了《利维坦》一书，他首次从政治理论的视角界定了代表的概念及其内涵，并且运用代表概念去构建一套国家理论，即"对霍布斯来说，在建立国家的过程中起最终决定性作用的是'授权'和'代表'，而不是契约"②。受益于霍布斯的论析，代表概念的思想史发生了一个根本性的变化——开始用于人与人之间的活动，这意味着代表者和被代表者均是活生生的人而不是其他。"自此开始，人，而非神、上帝和天，成了被代表者，人成了政治权威的来源。"③ 而在以前的君权神授的代表关系中，被代表者是神和上帝。正是从这个意义上讲，霍布斯被视为现代政治代表概念的创立者，为促进代表概念成为政治领域内的一个独立政治术语作出了巨大的贡献。

虽然代表概念已经具有了政治含义，但是代表概念背后所隐藏的相关理论一直没有引起关注。正如皮特金所言："虽然有关现代代表概念的语义学的发展，至少在其重要政治意义方面，到 17 世纪末已基本完成，但现代代表这一概念在政治理论方面的发展却几乎还没有开始。它的详细阐释仍然依赖于这样的背景：首先是 18 世纪后期伟大的民主革命，其次是延伸至 19 世纪的政治和机构上的斗争：关于选举权、行政区和代表名额分配方面的斗争，关于政治党派、利益和方针政策方面的斗争，关于立法功能和司法功能、立法机构与司法机

---

① 王觉非：《十七世纪英国革命中平等派对选举权的主张》，《历史研究》1985 年第 3 期。
② 吴增定：《利维坦的道德困境：早期现代政治哲学的问题与脉络》，生活·读书·新知三联书店 2012 年版，第 124 页。
③ 张凤阳：《政治哲学关键词》，江苏人民出版社 2006 年版，第 153 页。

构的关系的斗争。"① 由此观之，就代表概念的政治化过程而言，它实际上在17世纪就得以完成，但是，就代表概念所隐含的理论发展来看，则是迟至19世纪才完成。同17世纪及之前对代表概念的关注主要聚焦于"谁"是代表者相比，18世纪以后乃至19世纪则主要聚焦于"如何"代表以及代表"什么"等代表产生之后的行为，直至20世纪以后延伸到代表的问责、回应性等内容。

第三节 政治代表的功能与特征

政治代表作为现代民主政治的基本要素，不仅促进了直接民主向间接民主的转型，而且实现了神权政治（君权神授）向现代政治（人民主权）的转变。法国学者科特雷等指出："从神圣权力权威过渡到全民权威或民众权威是通过代表体制曲折地实现的：在立宪制度下，人民通过它选出的代表干预政治事务。这种体制既不同于排斥公民参与行使权力的君主制，也不同于不经选举而由人民直接治理的直接民主制。代表体制使得公民通过选举的形式并在选举的范围内有限地参与公共事务管理。"② 环顾当今世界各国所建立的政治制度，绝大多数国家都建立了一个由人民通过选举产生的代表机构，借此表明政治统治获得了人民的授权同意，充分彰显了政治体系的合法性。阿尔蒙德等指出："今天，议会几乎被普遍采用，这表明在现代世界中，一个合法政府至少在形式上要包括一个代表民意的机构。"③ 无论是资本主义国家，还是社会主义国家，它们都不可能在没有代表的情况下正常运行。离开了代表、代表制度以及代表原则的支撑，现代国家则难以存续和发展。所以，代表被视为"当今国家的一个本质特征……民主

---

① ［美］特伦斯·鲍尔等编：《政治创新与概念变革》，朱进东译，译林出版社2013年版，第149页。
② ［法］让-马里·科特雷、克洛德·埃梅里：《选举制度》，张新木译，商务印书馆1996年版，第2页。
③ ［美］加布里埃尔·A. 阿尔蒙德、小G. 宾厄姆·鲍威尔：《比较政治学：体系、过程和政策》，曹沛霖等译，上海译文出版社1987年版，第310页。

选举制的全部细节都要以关于代表的思想为基础"①。而马里旦也认为："民主社会的全部权力学说是建立在代表或代理概念的基础上的，人民统治自己的权利是由人民所选择的官员靠了代表或代理的名义来行使的。"② 可见，政治代表在现代政治中具有十分重要的地位，扮演着重要的角色，是整个代议制民主能够维系和运行的关键。

一 政治代表的功能

政治代表作为人民的受托者，代表人民行使国家权力，是连接人民与国家的中介和桥梁，承担着一系列的政治功能③。首先，作为人民的代表者，担负着收集和反映人民群众意见和利益的职责，保证公共政策能够体现多数人的意志。其次，作为国家权力的行使者，担负着整合政治体系的功能，借此表明政治统治是建立在人民同意的基础之上的。再次，作为政治体系中的一个中介和桥梁，发挥着将国家（政府）、政党与社会（民众）连接在一起的作用，维系着政治共同体的运行。最后，作为代议机关的组成人员，还担负着监督和控制政府的功能，确保政府权力为民所用。

（一）意见表达和过滤的功能

议会代表最初被视为请愿者，因为他在参加会议批准税收法案时，可以向国王呈送请愿书，就一些涉及个人利益和公共利益的问题进行申诉，并在会议结束后向选区选民反馈，由此形成了议会的请愿权制度。请愿就是一种表达利益要求和愿望的形式，即"是一个对所受侵害进行补偿的权利，或一个表达愿望的权利"④。可见，早期的

---

① ［德］卡尔·施米特：《宪法学说》，刘锋译，上海人民出版社2005年版，第220页。
② ［美］马里旦：《人和国家》，霍宗灵译，中国法制出版社2011年版，第111页。
③ ［英］布奇曾把代表的功能概括为三个方面：大众控制、领导与责任、体系维护。参见［英］A. H. Birch《代表——政治学的基本概念之一》，朱坚章、王浩博译，台湾幼狮文化事业公司1978年版。欧树军则认为代表的功能包括四个方面：整合、吸纳、表达和呈现。参见欧树军《代表与民主的新盟约》，《国外理论动态》2017年第11期。
④ ［法］弗朗索瓦·基佐：《欧洲代议制政府的历史起源》，张清津、袁淑娟译，张清津校，复旦大学出版社2008年版，第406页。

代表主要扮演代言人的身份和角色，议会则是一个民意代表机构而不是一个权力机构。正如沃塞曼所说："设立国会的目的……是为了反映被统治的人民的意愿，在政府机构中充当民主的核心。"① 当然，代表作为代表机构的主体，表达人民的意见仅仅是其职责的一部分，更为重要的是对人民的意见进行综合或者汇集，发挥"过滤器"的功能。

  一直以来，西方政治思想家就普遍持有这样一种观念：人民的意见混乱不堪、变化无常，不值得信任和尊重，决策时感性的成分多于理性的讨论，易于受到蛊惑，缺乏对少数人意见的尊重，即"大众常常偏听偏信，因而很容易遭到那些善于言辞的人的蛊惑……大众的聚合是混乱的、短暂的、毫无秩序的。一旦自己的建议成为法律，大众往往不能容忍少数人的反对，更难以容忍个人的反对"②。只有经由代表这个中介，人民的意见才能变为真知灼见，即代表"可以作为中介去提炼和扩展公民的意见，因为这些人的智慧最能辨别国家的真正利益，而他们的爱国主义和热心正义绝不会因暂时的或片面的考虑而牺牲国家利益。在这种制度下，人民代表所发出的呼声，很可能要比人民自己开会时所发表的意见更符合公共利益"③。相反，在直接民主制中，人民通过直接参与政治表达政治意见，整个政治过程易于被人民的情绪所支配和主导，造成"多数暴政"。正是基于对"多数暴政"的防范，"19世纪政治思想苦心积虑，设计一套套理由，说明人民的声音不宜太按照字面意思看待。人民的声音必须经过注释、加以稀释、修正，或者由代表代为表达即可"④。因此，代表作为一个缓冲器，不仅可以避免政府免受大众情绪的影响，还能因代表的深思熟

---

 ① ［美］加里·沃塞曼：《美国政治基础》，陆震纶等译，中国社会科学出版社1994年版，第102页。
 ② ［德］罗伯特·米歇尔斯：《寡头统治铁律——现代民主制度中的政党社会学》，任军锋等译，天津人民出版社2003年版，第21页。
 ③ Alexander Hamilton, James Madison, John Jay, *The Federalist Papers*, New York: Penguin Group, 1961, pp. 76–77.
 ④ ［英］约翰·麦克里兰：《西方政治思想史》，彭淮栋译，海南出版社2003年版，第510页。

虑实现国家的根本利益。

（二）合法化和整合的功能

如果说意见表达和过滤的功能是相对于人民而言的，那么，合法化和整合的功能则是相对于政治共同体而言的。一方面，所谓合法化功能，就是指政府的权力是建立在人民同意的基础之上，体现的是人民的意志，因而具有了合法性，这是现代政治的主要特征之一。而传统政治的主要特征是政府权力源于武力、宗教甚至巫术，体现的是一种强力或上帝的意志，因而缺乏民意基础。政府权力的源泉从神意过渡到民意，也就是人民主权思想逐渐兴起的过程。依据人民主权理念，人民是主权者也就是最高权力的所有者，人民的同意是政治权力合法性和正当性的唯一源泉。正如詹姆斯·威尔逊所说："人人都是生而平等和自由的；任何人都没有权利不经另一个人的同意就能对他发号施令；所有合法的政府都是建立在服从它的那些人民的同意之上的；给予这种同意是希望确保并增加被统治者的幸福，超过他们在一种独立的和不相关联的自然状态中所能享受到的幸福。"① 那么，人民的同意如何体现呢？显然，不能像古希腊民主时代那样直接表达，只能通过选举代表经由他们进行表达，这时，"人民选出的代表就是合法的统治者"②。而代表之所以被视为合法的统治者，关键在于代表是由人民选举产生的，他们的意志就等同于人民的意志。岩井奉信指出："'授予合法地位和正统资格'正是今天法制民主主义国家中议会所具有的最大机能。"③ 阿尔蒙德也直言，代议机构"主要用来使政府行动合法化"④。

另一方面，所谓整合功能，它意指把政治共同体组织成为一个互相联系且不可分割的政治体系，呈现出高度的凝聚力和向心力。据此

---

① ［美］纳尔逊·曼弗雷德·布莱克：《美国社会生活与思想史》（上册），许季鸿等译，商务印书馆1994年版，第190—191页。
② ［法］让－马里·科特雷、克洛德·埃梅里：《选举制度》，张新木译，商务印书馆1996年版，第2页。
③ ［日］岩井奉信：《立法过程》，李微译，经济日报出版社1990年版，第3页。
④ ［美］加布里埃尔·A. 阿尔蒙德、小G. 宾厄姆·鲍威尔：《比较政治学：体系、过程和政策》，曹沛霖等译，上海译文出版社1987年版，第312页。

判断，代表的整合对象实际上包括两类：作为被统治者的人民和作为整个共同体部分的次级政治共同体。对于人民而言，除了参与代表的选举之外，更重要的是能经由代表把自己的意愿和要求反映到政府的政策之中，借此增强对政府的满意度和信任感。而对于次级共同体而言，尤其是一些多民族国家，它能否被整合到共同体之中，显得尤为关键，这直接关系到共同体的生死存亡。诚如伊斯顿所言："法国代议制民主在捍卫自身存在时的不断胜利证明，如若没有代议机关的整合特性，法国的分裂势力可能已经得势。"① 源于此，大部分国家都会在代表制度的设计与安排上保证少数族裔能获得一定数量的代表，使他们参与政治共同体的事务，融入政治过程之中，增强对政治共同体的认同感。

（三）连接国家、政党和社会的功能

议会代表作为整个政治体系中的一个中介，是将国家（政府）、政党、社会（民众）三者有机地连接起来的重要载体，以此维系着整个政治共同体的正常运转。首先，它连接着政党与国家。现代政党的活动宗旨就是夺取和巩固国家政权，要实现这一目标，政党就必须代表和维护人民的意见和要求，并经法定程序将其上升为普遍意志。为此，各政党通过推选本党党员参加议会的竞选，赢得议会席位，同时，在议会中设立议会党团，保证本党的纲领和政策经由议会中的党员代表去贯彻，最终使得政党主张和国家意志相统一。其次，它连接着政党与民众。政党是一些民众基于共同的利益和理念所形成的政治组织，因此，它的主要功能之一就是代表。而承担这个职责的就是议会代表。在西方国家，绝大多数的议会代表都是以党派身份从事活动，他们通过各种途径和方式密切联系选区选民，汇集选区选民的意见，然后将其转化为政党的政策和纲领，从而实现政党的主张与人民的意志相统一。最后，它连接着国家（政府）与社会（民众）。现代国家的基本属性之一就是社会性，即国家要承担管理社会公共事务的

---

① ［美］戴维·伊斯顿：《政治生活的系统分析》，王浦劬译，华夏出版社1999年版，第303页。

职能，其中，议会就是履行这一职责的主要国家机关。议会代表作为议会的主体，要求其制定的政策要反映社会的普遍要求。同时，作为社会的民意代表，议会代表同样肩负着代表社会的利益和要求的重任，由此实现社会意志与国家意志的相统一。

(四) 监督和控制政府的功能

近代代议制区别于古代民主政体之处在于：前者是人民通过代表行使权力，后者是作为集体身份的人民直接行使权力。而代表行使的权力，主要是立法权和监督权。其中，立法权作为议会的主要职权之一，包括制定、修改、补充和废除法律，为政府行使权力提供法律依据。但是，由于立法事项的不断减少，立法职权也相应地正在变弱。同时，政府行政职能则在成倍地扩充，已经深入地影响到每一位公民的工作和生活，整个政治的重心已经从议会转移到政府，在此背景下，议会的监督权开始取代立法权成为最主要的职权，即"国家立法机关的性质较前减少，然而它作为对行政官员所进行的政府工作的控制机构的性质却正在增强"①。威尔逊就指出："和立法同等重要的事，是对政府的严密监督……一个有效率的、被赋予统治权力的代议机构，应该不只是像国会那样，仅限于表达全国民众的意志，而且还应该领导民众最终实现其目的，做民众意见的代言人，并且做民众的眼睛，对政府的所作所为进行监督。"② 在代议制民主理论家密尔看来，对政府的行动进行严密的监督和控制，是一项非常适合议会代表的工作，这样能够促使政府把工作做得更好，充分发挥其作用。正如密尔所言："代议制议会的适当职能不是管理——这是它完全不适合的——而是监督和控制政府：把政府的行为公开出来，迫使其对人们认为有问题的一切行为作出充分的说明和辩解，谴责那些该受责备的行为，并且，如果组成政府的人员滥用职权，或者履行责任的方式同国民的明显舆论相冲突，就将他们撤职，并明白地或事实上任命其后继人。"③ 议会

---

① 蒋劲松：《论议会是工作机关》，《人大研究》1995年第5期。
② [美] 威尔逊：《国会政体》，熊希龄、吕德本译，商务印书馆1986年版，第164页。
③ [英] J. S. 密尔：《代议制政府》，汪瑄译，商务印书馆1982年版，第80页。

开展监督工作，具有其他监督机构难以比拟的优势：首先，它是法定的权力机关，权力是人民直接赋予的，代表人民监督是其应尽的义务和责任。其次，它具有健全的监督机制和完善的配套制度，便于开展全方位的监督。最后，它的组成人员具有较高的知识和能力，熟悉公共权力运行的程序和规律，有助于监督取得实效。

二　政治代表的特征

政治代表首先是政治领域内的一个概念，因此，要正确理解和把握政治代表概念的基本特征，首要任务是界定"政治"的内涵，否则易于把政治代表概念同其他领域的代表概念混淆。目前，对于"政治是什么"仍然存在许多不同甚至相互冲突的观点和看法，但至少有一点是一致的——它是一种涉及运用权力对资源进行生产、分配和使用的活动，也就是政治学家哈罗德·拉斯韦尔所界定的"政治就是谁得到什么、何时和如何得到"。既然政治的核心问题是权力的运用，那么它就和国家、政府、权威、利益等紧密联系在一起。因此，施米特指出："在理解代表概念时，必须注意到它在国家法和政治上的特殊性，不要将它与其他概念——如委托、代理、事务管理、授权、信托等——掺和在一起，否则各种私法概念和经济技术概念就会破坏它的特殊性。"[①] 所谓在国家法或政治上的特殊性，也就是政治代表的基本特征。

（一）政治代表的法定性

所谓法定性，意指政治代表作为政治行为体，其代表地位及身份、职权范围、任期等在宪法和法律上具有明确的规定，这是政治代表的基本特征之一。

首先，政治代表的地位和身份是法定的，即它是由人民经过法定的民主程序选举产生，代表人民统一行使法定职权，同时，未经法定的法律程序，其代表职务和代表身份是不能无故被剥夺的，这是代表

---

① ［德］卡尔·施米特：《宪法学说》，刘锋译，上海人民出版社2005年版，第222页。

依法有效地履行职责的基本条件。例如，现行法国宪法第二十六条规定："任何议员不应由于行使职权时所发表的意见或所投的票，而遭受追诉、搜查、逮捕、拘留或审判。"① 从历史上看，政治代表的法律地位和身份，起初是比较模糊的和不确定的，影响了履职的积极性和有效性。政治代表在被召集参加会议之前应接受本选区选民的训令，所发表意见和投票必须遵从训令的指示，切实维护选区的利益。假如代表违背了指令，那么，他就随时可以被罢免，最典型的例子就是法国三级会议的代表。代表作为选区的代言人，维护选区利益本身并没有错，但是，如果只顾选区利益，那么，议会就彻底沦为争夺特殊利益的场所，国家长远利益也就无从谈起。如果代表的身份和地位缺乏法律保证，并不利于提高议会的权威和地位。因此，几乎所有的西方国家都在法律上明确规定代表在议会中的言行受保护，选民不得借此作为罢免代表的依据，以此维护代表的独立性。

其次，政治代表的职权是法定的，即政治代表履行职责所需要的权能有明确的法律规定。议会代表作为国家权力机关的主体，要履行好职责，体现议会的地位和作用，需要赋予相应的职权给予保障。当然，议会代表的职权并不是指议会代表个体可以行使权力——个人是没有权力的，而是必须通过会议的形式集体行使职权。尽管议会的地位和作用因国而异，如议会制国家的议会属于最高国家权力机关，而总统制国家的议会只是国家权力机关的一个分支，但是，它们都享有广泛的职权，确保其能够依法履行职责。从西方各国的情况来看，政治代表的法定职权主要涉及两个方面：就是立法权和监督权。其中，就立法权而言，主要是指制定、修改和废止法律的权力，这是专属议会及其代表的一项职权。就监督权而言，主要是财政监督权和行政监督权，前者俗称"钱袋子"的权力，就是审议和批准政府预算和决算的权力，一般专属于由人民直接选举产生的一院，如美国的众议院、英国的下议院等；后者则是监督行政机关及其工作人员行为和活动的权力，这也是政治代表的一项重要职权。众所周知，行政机关主

---

① 转引自郭华榕《法国政治制度史》，人民出版社2005年版，第545页。

要负责执行和贯彻人民的意志，确保人民的意志贯穿于政策过程的始终，这是公共政策的出发点和归宿点。要保证人民的意志能够实现，不仅有赖于行政机关自身的自觉性和主动性，而且需要从外部进行持续的监督。

最后，政治代表的任期是法定的，即政治代表执行代表职务是有明确的时间限制，法定任期内不能无故地停止议会代表的职务，只有任期届满后才能依法进行换届选举。议会代表实行法定的任期制，一方面，可以防止议会代表腐化和蜕化为一个特殊的阶层，避免议会代表脱离选区选民，确保其向选民负责；另一方面，也能够保证议会代表独立行使各项职权。在早期，议会开会的时间和方式取决于君主，因此，议会代表并没有固定的任期。随着近代议会制度的不断发展和成熟，代表任期制逐渐成为一项普遍实行的制度。对于政治代表的任期制，不存在要不要的问题，而是究竟多久的任期才是合理的。任期太短，议会代表会过多关注短期的利益以便赢得选举，难以专注于国家的长远利益；任期太长，他们又易于成为一个特殊的群体而形成自己的利益。所以，"一条很有根据的公认原则是，在没有其他情况的影响下，权力越大，权力的期限应该越短；反之，权力越小，延长权力的期限就越安全"[①]。根据统计，目前西方国家议会代表的任期大多是4—6年，最短的是2年，如美国众议院，而最长的则是9年，如阿根廷参议院。同时，实行两院制的国家，它们的任期也不相一致，但参议院普遍比众议院的任期长，这被视为制约众议院轻率鲁莽、维护政策稳定性的重要举措。尽管各国议会代表的任期有规定，但大多数没有对代表连任的次数作出规定，这就使得议会代表可以连选连任，成为事实上的终身议员，如美国已故参议员约翰·麦凯恩，他自1986年担任议会代表职务以来，连任了五次，直至去世。

（二）政治代表的公共性

公共性是政治的基本属性，它要求政治的运行应以公共利益为宗

---

① [美]汉密尔顿、杰伊、麦迪逊：《联邦党人文集》，程逢如等译，商务印书馆1980年版，第271页。

旨。政治代表"是整个共同体与其构成规范的表达，因此他就不只是一个私人个体。……他还是一个官方人物"①。作为一个官方人员，他在议会中的言行严格意义上不属于他自己，而是属于国家，包括利益的表达、政策的制定等方面，都是属于公共的行为。因此，公共性是政治代表的基本属性。施米特曾指出："代表行为只能发生在公共领域里。从来没有在秘密的、私下的条件下发生的代表行为，代表不是'私人事务'。因此，凡是本质上属于私人领域、私法领域和纯粹经济领域的概念——事务管理、私人利益的代表和代理——都被排除在外了。议会若欲具备代表的品质，就必须让人们相信，它的真正活动是在公共领域里进行的。"② 政治代表的公共性表现为以下两个方面。

一方面，政治代表的过程是公开的。政治代表作为议会的组成人员，他们商讨的都是公共议题，涉及每一位公民的利益，因而协商议事过程保持公开透明是最基本的要求，这样既有助于把政治代表的言行置于公民的监督之下，真正代表人民的利益，也能在一定程度上限制秘密政治中的利益交换活动。罗伯斯比尔指出："对众公开是美德的支柱，真理的保证，是犯罪和阴谋所害怕的灾难。把黑暗和秘密投票留给罪犯和奴隶吧！"③ 没有公开性，人民无从知晓议会代表们尤其是自己选举产生的代表究竟说了些什么、表达了怎样的立场，也就无法进行有效的监督。"公开性是代议制政府的最根本的特征。……它号召所有拥有权利的个人和行使权力的那些人，来寻找作为合法统治权的规则之源的理性和正义。公开性包含了社会与其政府之间的联系。"④ 而政治代表过程的公开性，主要表现为协商和辩论过程的公

---

① [法]让-马克·夸克：《合法性与政治》，佟心平、王远飞译，筱娟校，中央编译出版社2002年版，第45页。
② [德]卡尔·施米特：《宪法学说》，刘锋译，上海人民出版社2005年版，第222页。
③ [法]罗伯斯比尔：《革命法制与审判》，赵涵舆译，王之相等校，商务印书馆1965年版，第152页。
④ [法]弗朗索瓦·基佐：《欧洲代议制政府的历史起源》，张清津、袁淑娟译，张清津校，复旦大学出版社2008年版，第74—75页。

开，涉及协商的主题、参与人员、内容、结果等各个方面。对此，施米特指出："无论如何，只有当议会严肃接受公开辩论并加以落实时，才是'真的'议会"，"议会的本质是公开审议论证和反驳，是公开争论和公开辩论。"① 当然，政治代表过程的公开性必须是实实在在的，避免沦为一种形式和摆设，否则，议会也就失去了存在的基础和意义——人民的支持。

另一方面，政治代表的目标是公共的。政治代表是人民的代表，其行为是公共的行为，因此，追求的目标自然是公共的，而不是私人的。如果政治代表追求代表的个人利益，那代表就是失职，需要被追责，甚至在某种意义上不能被视为政治代表。政治代表的代表权或代表身份是源于固定区域选民的授权，因此，反映选区利益并向选区选民负责，是代表的基本职责。但是，如果代表只限于反映各个选区的利益，就会使议会沦为密尔所说的特殊利益争夺的场所。政治代表作为行使公共权力的人员，其必须以实现全国的公共利益——人民的利益作为其政治活动的立足点，以此体现政治代表的公共性。如果不能做到这一点，其就失去了作为代表的身份和资格。因此，布莱克斯通曾特别强调："每一名代表虽然是由某一特定地区选派的，但一旦当选，即为整个王国服务。因为他参加议会的目的并非地域性的，而是全局性的。他的目的并非仅仅是为他所在的选区谋福利，而是为了整个王国的共同利益。"② 从某种意义上讲，国家利益实际上是不同选区利益的总和，代表和维护了国家利益，也就实现了各个选区的利益。

（三）政治代表的民主性

政治代表的民主性，要求政治代表应反映人民的意见，体现人民的意志和愿望，维护和促进人民的利益，并接受人民的监督，这不仅是政治代表本质属性的内在要求——代表是法定的国家职务，而且是政治代表提升自身合法性的基本要求。

---

① ［德］卡尔·施米特：《政治的浪漫派》，冯克利、刘锋译，上海人民出版社2005年版，第162、185页。

② ［英］威廉·布莱克斯通：《英国法释义》（第一卷），游云庭、缪苗译，上海人民出版社2006年版，第180页。

一方面，政治代表的产生程序是民主的。政治代表的产生程序，经历了从不规范到规范、从不民主到民主的过程，所反映的则是人民的意愿不断提升的历程。一如上文所言，政治代表职务刚开始是一项沉重的负担，没有什么好处，很多人都选择了逃避。因此，委派就成为产生政治代表的主要方式，从而使得能够当选代表的绝大多数都是在各地享有名望的权势人物，即"所有的政治能力都几乎完全局限于不动产的终身保有者、神职人员和大城镇市民阶级之中"①。这就意味着：无论是政治代表的产生方式，还是政治代表的组成结构，都没有多少民主性可言。尔后，政治代表成为令人垂涎的一种职务，选举方式开始被逐步采用，但仍然不是特别完善，它更多的是起着一种个人能力被认可的功能，并不能体现选举人的真正意愿，难以维护被代表者的利益和要求。但到了近代，随着选举权的不断扩大，选举的功能逐渐从挑选精英的手段变为授权和问责的方式。无选举，意味着既无授权也无问责，也就难以保证代表维护和促进被代表者的利益。相反，有选举，则意味着代表获得了人民的同意，同时，人民还可以进行问责。因此，是否由选举产生，就成为衡量政治代表是否具有民主的基本标准，从而使得选举成为"政治代表程序的根本要素"②。环顾当今世界，绝大多数国家都采取了通过选举产生代表的方式，区别在于：有的国家是直接选举，有的国家则是间接选举，还有的则是混合选举——直接选举和间接选举相混合。

另一方面，政治代表的议事程序是民主的。议会作为一个议事机构，是否建立民主的议事程序显得尤为重要，它直接关系到议事的质量。如果议事程序缺乏民主性，那么，议事过程很有可能为少数人所主导，难以进行自由和充分的讨论，也就不能体现多数人的意愿。民主的议事程序，主要涉及两个层面：一是发言程序，就是保证每个人拥有平等的发言权，具有平等的机会和时间发表自己的意见，并且在

---

① ［法］弗朗索瓦·基佐：《欧洲代议制政府的历史起源》，张清津、袁淑娟译，张清津校，复旦大学出版社2008年版，第352页。
② ［法］让-马里·科特雷、克洛德·埃梅里：《选举制度》，张新木译，商务印书馆1996年版，第7页。

讨论同一议题时拥有相同的时间。只有每个人拥有平等的发言机会和时间，才能使议题得到充分的讨论，进而获得最大的共识。为此，需要议会的主持人能够保持一种中立、客观的立场。二是表决程序，就是要采取少数服从多数的原则，体现最大多数人的意愿。少数服从多数，并不是忽视或者不尊重少数人的意见，而是要在协商和辩论的过程中采纳少数人的意见，以便使他们自觉地服从多数。罗伯特指出："民主最大的教训，是要让强势的一方懂得他们应该让弱势一方有机会充分、自由地表达自己的意见，而让弱势一方明白既然他们的意见不占多数，就应该体面地让步，把对方的观点作为全体的决定来承认，积极地参与实施，同时他们仍有权利通过规则来改变局势。"[①]因此，政治代表议事程序和过程的民主性，是确保政治代表目标具有公共性的必要条件。

---

① [美]亨利·罗伯特：《罗伯特议事规则》，袁天鹏、孙涤译，上海人民出版社2008年版，第16页。

第二章　西方政治代表理论的基本内容

准确界定和把握政治代表概念的内涵演变、基本功能及其特征，是研究西方政治代表理论的逻辑起点。在此基础上，本章将重点分析西方政治代表理论的基本内容，主要包含五个方面：一是"为什么"代表，回答政治代表产生的原因及其必要性；二是"谁"代表，回答政治代表的主体及其代表权的来源；三是代表"谁"，回答政治代表的对象及其面临的困境；四是代表"什么"，回答政治代表的基础和内容的变迁过程；五是"如何"代表，回答政治代表的方式。对上述问题的回答，就构成了西方政治代表理论的基本内容。

第一节　为什么代表

从人类社会发展来看，代表的实践具有悠久的历史。美浓部达吉指出："所谓代表的观念，是无论古今东西，在人类社会上成为人类的普遍思想，似乎成为社会所常存的；这是基于人类自然的天性，是由人类的意图和人类得以自行实行其意图的范围不同而生的必然的思想。如果人类能够自己实行其所要做的事，那么，便无所谓代表之必要；不过人类所想要做的范围很宽，而又很多，都要自己一一做到，在事实上是不可能，因为要全其意图的缘故，便必然发生使他人代做之必要"，并且认为这"绝不是达到高度文化才只发生的观念；反是，在文化很低的时代，代表的观念，却比近代应用更为宽泛"①。同时，在现实生活中，代表现象也是无处不在，遍及文学、语言、艺术、宗教、商业和政治等诸多领域。例如，舞台上演员代表某个角色；企业法人代表在商业活动中代表其雇主；律师在法庭上代表其当事人，等等。但是，政治领域内的代表理念及其制度实践在古代是不存在的，而是近代以来才出现的，即"代表的观念是近代的产物；它起源于封建政府，起源于那种使人类屈辱并使'人'这个名称丧失尊严的、既罪恶而又荒谬的政府制度"②。因为政治代表的产生，人类社会的政治文明又前进了一大步，即创造了一种理想的政治统治形式——代议制民主。诚如约翰·密尔所言："既然在面积和人口超过一个小市镇的社会里除公共事务的某些极次要的部分外所有的人亲自参加公共事务是不可能的，从而就可得出结论说，一个完善政府的理想类型一定是代议制政府了。"③

一 规模因素

古希腊城邦直接民主的基本特征是：公民通过抽签的方式产生并轮流担任公职，直接参与讨论和决定城邦政治事务。公民的亲自在场，决定了民主只能适应小共和国。由于小共和国的人口少、地域小，政治事务相对简单，人民之间的同质性高，公民本人即可完成绝大多数公共事务，没有必要选派代表代替自己。诚如霍布森所言："直接性蕴含着民主制的另一个特征：它只能存在于一个小规模政治共同体中，任何规模超过古希腊城邦的领土面积，都会导致人民无法集会和审议。……民主的直接性意味着它不适用于现代国家，因为其领土和人口都远远超过了古希腊城邦国家。"④ 因此，规模因素是催生政治代表的首要因素，它主要包括人口规模和地域规模。回顾西方

---

① ［日］美浓部达吉：《议会制度论》，邹敬芳译，卞琳校，中国政法大学出版社2005年版，第56—57页。
② ［法］卢梭：《社会契约论》，何兆武译，商务印书馆2003年版，第121页。
③ ［英］J. S. 密尔：《代议制政府》，汪瑄译，商务印书馆1982年版，第55页。
④ Christopher Hobson, "Revolution, Representation and the Foundations of Modern Democracy", *European Journal of Political Theory*, Vol. 7, No. 4, 2008, pp. 465–487.

民主的发展历程可知，规模问题始终是一个重大的问题，并且受到众多政治思想家的关注。罗伯特·达尔指出："规模问题确实很重要。一个政治单位，无论是它的人数或者面积，对民主的形式都会造成影响。"① 古希腊之所以产生并实行直接民主制，人口少、地域小无疑是众多因素中最重要的一个方面。以至在很长一段时期，西方政治思想家都认为，民主只适合在小规模的政治共同体运行，大国并不适合实行民主制。例如，卢梭指出："大国中存在的最大的不便之一是超出所有不便，它导致在大国中保持自由非常困难——立法权不能像小国那样展示自己，而只能通过代表来行动。"② 德国哲学家黑格尔也说："'民主制'……只能在小国中实行。……民主政府的本质特点，在于公民直接参与公共事务、集体利益高于私人利益、以及国家疆界狭小，因此只有古希腊城邦民主才是真正的民主。"③ 18世纪末期，美国制宪人士在设计国家政治制度时，仍然有一些人援引卢梭、孟德斯鸠的论述，直言北美殖民地不适合实行民主制。因此，达尔曾说："直到最近——大概是在18世纪末，政治哲学家们对于民主制或者共和国只能建立在小国家的基础之上，还几乎没有异议。"④ 而对于大规模的政治共同体，则普遍主张实行其他形式的政体，比如君主制，即"国君制是仅仅适合于大国的"⑤。对此，巴伯指出："不管好坏，古代和现代的理论家都支持大范围领土需要一个帝国政府，或者君主制是惟一适合大规模领土的国家的制度。"⑥ 因此，自城邦民主制诞生起，它就存在一个先天的且难以根除的缺点，就是人口数量不能太

---

① ［美］罗伯特·达尔：《论民主》，李柏光、林猛译，冯克利校，商务印书馆1999年版，第114页。
② ［法］卢梭：《政治制度论》，崇明等译，商务印书馆2013年版，第66—67页。
③ ［意］萨尔沃·马斯泰罗内：《欧洲民主史》，黄华光译，社会科学文献出版社1998年版，第60页。
④ ［美］罗伯特·A.达尔、爱德华·R.塔夫特：《规模与民主》，唐皇凤、刘晔译，唐皇凤校，上海人民出版社2013年版，第4页。
⑤ ［法］卢梭：《社会契约论》，何兆武译，商务印书馆2003年版，第91页。
⑥ ［美］本杰明·巴伯：《强势民主》，彭斌等译，吉林人民出版社2006年版，第286页。

多，国家地理面积不能太大，否则，它不仅实现不了公民直接参与、亲自在场的要求，而且也不便于采取抽签轮流执政的方式。

（一）人口规模

这主要是指一个国家享有政治权利的人口数量。古希腊时期的人口包括三类：公民、外邦人和奴隶，其中，公民的范围限于有且只有父母是本城邦的自由民并且拥有一定财产的男性公民（妇女没有政治权利），他们属于特权阶级，享有参与讨论和决定城邦公共事务的政治权利，有权出席公民大会、陪审法庭和担任公职等；外邦人是非特权阶级，不享有政治权利；奴隶则毫无特权。可见，古希腊直接民主制是建立在公民资格的排他性基础之上的，具有高度的封闭性。不过，由于史料的缺失，对于古希腊城邦究竟有多少公民缺乏精确的统计，但是，享有公民权的人口数量不多应该是一个基本事实。以古希腊城邦之一的雅典为例，"据估算，在不同时期，公民的数量介于3万至6万。……在雅典全盛时代，据测算，享有充分权利的公民总数约有4万人，他们的妻儿约有5万人。……公民人数在整个人口里面的比例是比较小的，大概只有十分之一左右。"[①] 当然，享有充分权利的4万名公民，并不是全部参加公民大会，而是需要经过抽签产生，因此，真正参加公民大会的最多是5000人，绝大多数情况是2000人到3000人。公民人口数量少是古希腊民主政治正常运行的前提要求。首先，保证城邦内的每一个公民都享有平等的机会担任城邦的公共职务，能够亲自参加公民大会讨论和决定城邦政治事务。其次，保证城邦公民之间的同质性，能够经常性地进行交流，具有一致的利益，各方易于达成共识，避免了因公民之间的异质性带来的混乱。最后，在公民大会上发表演说时，其他公民能够比较清楚地听到演说的内容。没有足够小的人口规模，古希腊直接民主基本上不能正常运行。

但是，现代民族国家的诞生，其人口规模不管是总人口还是享有公民权的人数，都远超古希腊城邦，给直接民主的运行带来了冲击。

---

① 王绍光：《民主四讲》，生活·读书·新知三联书店2008年版，第4页。

一是数量众多的公民不可能在同一时间聚集在一起举行会议并讨论事务。二是不可能存在一个能够容纳数量众多公民的场地。三是在举行会议时，其他人无法听到演说的声音和内容。四是数量众多的公民聚集在一起时易于形成乌合之众的心理，难以进行审慎和理智的决断。正如米歇尔斯所说："无论是从时间上还是距离上说……经常性地举行集会是不可想象的；而从地形学的观点看……举行这样的集会是根本不可能的。即使我们可以想象有朝一日通讯技术将会比现在更发达，但如何能够在规定的时间里将这么多人集中到一个地方，而且按照政党活动所要求的那样经常性地举行？另外，从生理上讲，即使是精力再充沛的演说家，也难以使1万名听众同时听到自己的声音。……所以，代表制是必要的。"① 也就是说，当人口数量达到一定规模时，实行直接民主既不可欲，也不可行。而代议制民主——由人民选举代表代替人民行使国家权力，则是水到渠成的结果。相较于公民直接参与政治，由代表组成代议机构代替人民参与政治，具有许多优势，最大的优势便是由职业的政治家组成的代议机构，可以心平气和地进行面对面的交流、沟通和协商，尤其是在出现有争议的问题时可以开展理性的、有意义的讨论，易于达成妥协和共识。

不过，代表制的引入，也带来了一系列的政治后果。首先，削弱了人民的公共服务精神，对政治体系产生疏离感。一些政治思想家认为，直接参与政治不仅是公民作为主权者享有的一项权利和实现其自身价值的主要途径，还是公民应尽的一项义务，是政治共同体能够维系的关键。所以，"一旦公共服务不再成为公民的主要事情，并且公民宁愿掏自己的钱口袋而不愿本人亲身来服务的时候，国家就已经是濒临毁灭了"②。其次，削弱了人民的政治影响力，影响政治参与的效能感。人数越多，每个人在决策中的比重就越低，越发感觉不到自己的重要性。久而久之，公民就会产生政治参与的冷漠感和挫折感，

---

① [德]罗伯特·米歇尔斯：《寡头统治铁律——现代民主制度中的政党社会学》，任军锋等译，天津人民出版社2003年版，第22—23页。
② [法]卢梭：《社会契约论》，何兆武译，商务印书馆2003年版，第119页。

觉得参与不参与，都没有太大的意义。最后，造成人民的统治变为人民代表的统治，使代表凌驾于被代表者之上，甚至形成独立于人民的利益。朗西埃曾批评道："代议制从来就不是一种为应对人口增长而发明的制度。它并不是一种适用于现代社会与广袤地域的民主形式。准确地说，它是一种寡头统治形式，是那些有权掌控公共事物的少数人的代议制。"① 显然，这些政治后果是实行代表制不可避免的。当然，面对代表制度所带来的影响，我们要做的不是去指责代表制度，而是要考虑具体的制度设计，将上述后果的影响降低到最小。正如科恩所说："各个公民不能因其影响的减小而责备代表制度，这种减小是社会人数扩增的直接结果。在五百人的社会中，一个人在决策上所起的作用，就要比在五十人的社会中的作用要小一些。无论有无代表制度，情况都会是这样。……超过一定规模，民主社会为了听取个人意见就不得不按实际考虑来使用代表制度。我们不能因社会规模所造成的结果而责备代表制度。"②

（二）地域规模

这主要是指一个国家治理的领土面积，实际上就是实行民主制需要的地理条件，包括先天的自然环境，如一个国家的领土大小、地理位置、地形地貌等，以及后天的地理环境，如一个国家的交通便利条件。在地理条件方面，古希腊最大的优势就是每个城邦的领土面积都比较小，这是直接民主能够正常运行和存续的关键。古希腊共有150多个城邦，但是，整个城邦的面积并不大，即使是最大的两个邦——斯巴达和雅典也分别只有3000平方英里和1060平方英里，其他城邦的面积都不到100平方英里。③ 因为每个城邦的地域面积都比较小，城邦内的公民可以开展频繁的交流和沟通，进而形成一致性和整体性的利益。同时，居住于城邦内或邻近区域的公民也能够按时出席各种

---

① ［法］雅克·朗西埃：《对民主之恨》，李磊译，中央编译出版社2016年版，第57页。
② ［美］科恩：《论民主》，聂崇信、朱秀贤译，商务印书馆2005年版，第81页。
③ 杨小明、侯德贤：《从自组织观看古希腊城邦的分立史》，《系统辩证学学报》2000年第3期。

会议如公民大会。所以，顾准曾指出："直接民主制度唯有在领土狭小的城市国家中才有可能。在这些国家中，乡居的公民进城参加公民大会可以朝出暮归，人们相互间比较熟悉，一国政务比较简单，易于在公民大会中讨论和表决……所以，城邦制度和直接民主两者是互相依赖，互为条件的。"①

但是，城邦地域小也具有一些难以克服的弱点，导致城邦民主难以延续。一方面，地域面积小，会经常性地面临外部威胁如战争，而要避免在战争中失利，明智的选择就是扩军备战，结果城邦之间陷入战争，最后造成城邦的覆灭。贡斯当就说："狭小疆域的一个必然后果就是，这些共和国的精神是好战的。每个民族无休止地攻击其邻国或遭邻国攻击。这样，被彼此对抗的必要性所驱动，它们无休止地混战或彼此威胁。那些没有征服野心的国家也不可能放下武器，以防止它们自己被征服。"② 另一方面，地域面积小，城邦内部易于形成一个压迫他人的多数集团，从而分裂成两个敌对集团，最后城邦产生无休止的派系纷争和阴谋夺权，直至在内乱中覆灭。而古希腊城邦民主制的衰亡，实际上就是由上述两个因素造成的。

到了现代，绝大多数国家的面积都超过了古代城邦共和国，这给直接民主带来了理论和实践上的挑战。一方面，在理论上，直接民主意指人民自我统治，但这在大共和国中基本不可能，只能通过选派少数代表进行统治，由此实现了权力的所有者和行使者相互分离。另一方面，在实践上，直接民主意指人民亲自在场讨论公共事务，这在大共和国不具有可行性，即不可能召集全体公民聚集于一个场地讨论政治事务，即便在交通运输条件畅通、网络信息技术发达的今天，这点也很难做到。最可行也是最优的做法就是由人民选派少数代表代替其

---

① 顾准：《顾准文集》，贵州人民出版社1994年版，第73页。
② [法]邦雅曼·贡斯当：《古代人的自由与现代人的自由》，阎克文等译，冯克利校，商务印书馆1999年版，第28页。芬纳也指出："希腊城邦和苏美尔城邦之间的确有一个共同之处，那就是各个城邦之间也战乱不断……希腊的一些城邦，如斯巴达、雅典和底比斯，一直试图支配其他城邦。希腊城邦过于弱小，无法应对外来的军事打击……而这正是其致命弱点。"参见[英]塞缪尔·E.芬纳《统治史》（卷一），王震、马百亮译，华东师范大学出版社2014年版，第338页。

参加政治。

所以，代议制民主取代直接民主，主要在于直接民主在现代民族国家已经行不通、难以为继，即"直接民主无法实际贯彻，因而需要代表。代表可以说是一种延伸的直接民主，人民不是直接统治国家而是通过他们的代表。代表制是近代发现的一种法术，也是一种技术，为版图广阔无法实行直接民主的国家谋得代替品"①。如果现代有的国家面积不大，直接民主制并非没有可能继续存在，如瑞士联邦国家。美浓部达吉曾指出："如果近于村落的集合，那么，便没有代表之必要，人民全体都能够自行集会，至在大国家方面，全体国民在一处集会的事体，绝对的不可能，因此，国民的集会，只有推举代表才能做到。"② 这实际上道出了一个事实：地域规模与民主形式之间存在紧密的相关性。布莱克斯通在论及英国代议制时就说："当一国的国土范围较小，公民身份容易确定时，这种权利可由全体公民共同行使，就像希腊小共和国及处于初级形态的罗马所规定的那样。但若一国的领土范围扩大到一定程度，相应的公民数量也不断增加，那这种做法就会导致极大的不便。……因而在英国这样一个大国，我们很明智地决定，既然让每个公民亲自行使表决权是不可行的，那么就由公民选派代表来行使。"③ 从严格意义上讲，公民通过选举产生代表代替自己行使权力，已经不是直接民主，而是一种间接民主，也就是代议制民主。

代议制民主的产生，意味着大共和国民主从理论变成了现实，使长期盛行于西方政治思想界的主流观点——民主只适合于小共和国被彻底颠覆。就贡献而言，18世纪末期北美殖民地的民主实践厥功至伟。其中，托马斯·潘恩通过考察不同形式的政府体制，驳斥了大共和国不适合民主的观念，直言："那些说共和国这种政府体制不适用

---

① 应奇编：《代表理论与代议民主》，吉林出版集团有限责任公司2008年版，第18页。

② [日]美浓部达吉：《议会制度论》，邹敬芳译，卞琳校，中国政法大学出版社2005年版，第5页。

③ [英]威廉·布莱克斯通：《英国法释义》（第一卷），游云庭、缪苗译，上海人民出版社2006年版，第179—180页。

于幅员广大的国家的人,首先是把政府的职责误认为政府的体制;因为 res-public 对无论多大领土和多少人口都是适应的……问题不在于共和国的范围不能扩大,而在于它不能在简单的民主形式基础上扩大。"① 此后,联邦党人在为美国新宪法辩护时,从两个方面阐述了大共和国民主的优越性:一是在大共和国中具有更多的优秀人才,人民在选举时拥有更多的选择;二是人民在大共和国中可以参与并组建不同的党派和团体,相互之间形成一种制约,有效控制党争或派系之争的危害,尤其是防止多数对少数的压迫。正如麦迪逊所说:"惟一的补救办法,就是扩大治理范围,把整个社会划分成为数众多的利益和党派。这样,第一,多数人不大有可能在同一时间形成那种背离整体利益和少数利益的共同利益;第二,万一他们形成了那种利益,也不大可能联合起来追求那种利益。"② 实践也充分证明,只要进行合理的政治制度设计与安排,民主在大共和国就可以存续并正常运行,体现多数人的意志和保障少数人的利益。

二 成本因素

任何政治体系的正常运转,都需要付出一定的成本。假使成本过高,政治体系就难以维系,它要么走向消亡,要么选择创新并转型,这同企业的运行逻辑是一样的。古希腊城邦直接民主,是以高昂的成本作为代价,主要包括政治成本、时间成本和社会成本等。它之所以向代议制民主转型,是因为后者的成本优势更为明显,即可以避免社会泛政治化,使公民从政治中解放出来,获得个人的自由和权利,从而实现社会生活各个功能之间的平衡与协调。

(一) 政治成本

这主要包括政治统治成本和政治决策成本。一方面,从政治统治成本的视角来看,在古希腊直接民主中,每个公民自由平等地参与政

---

① [美] 托马斯·潘恩:《潘恩选集》,马清槐译,商务印书馆1981年版,第245页。
② [美] 麦迪逊:《辩论——美国制宪会议记录》(上册),尹宣译,辽宁教育出版社2003年版,第76页。

治，实行自我统治，崇尚治者和被治者的同一性，反对的是异质性和差异性，这就使得治者与被治者之间没有一个居中的协调力量。若两者具有一致的意见或利益时，政治体系就能够高效地运行。但是，一旦产生分歧，那么，政治体系很有可能陷入僵局和动荡的局面。此时，居于多数地位的公民，就可能拥有绝对的权威而享有不受限制的权力，进而对少数的意见和利益实施压迫，造成所谓的"多数暴政"，即"一旦多数被一种共同利益或共同激情联合起来，少数人的权利就会处于危险之中"①。柏克指出："每当一个民主制的政体出现像它所往往必定要出现的严重的分歧时，公民中的多数便能够对少数施加最残酷的压迫；这种对少数人的压迫会扩大到远为更多的人的身上，而且几乎会比我们所能畏惧的单一的王权统治更加残暴得多。在这样一种群众的迫害之下，每个受害者就处于一种比在其他任何的迫害下更为可悲的境地。"② 因此，直接民主的政治统治成本极其高。但是，在代议制民主中，因为代表的介入，治者与被治者之间形成适当的分离，即治者不必直接面对被治者，被治者也无须直接面对治者，两者之间有一个缓冲的力量，避免了两者之间形成直接冲突。法国启蒙思想家霍尔巴赫指出："国家有代表是符合君主的利益的。他自己的安全也要依靠这些代表：人民的爱戴是抵抗坏人暴怒的最好屏障。……如果国家没有代表，高高在上的领导又怎么能看到这一切细节呢？他在自己的宝座上，对这些只能远远一瞥，何况那些谄媚者还总是要向他隐瞒实情呢？不了解自己国家的资源和力量，国王又怎能保证它们不致被滥用呢？……一个受苦的民族会本能地依附于任何一个敢于为它说话的人：他们会默默地选择自己的保护人和'代表'；他们会赞同那些以他们的名义提出的控诉。"③ 因此，依托代表制的

---

① [美]麦迪逊：《辩论——美国制宪会议记录》（上），尹宣译，辽宁教育出版社2003年版，第75页。
② [英]埃德蒙·柏克：《法国革命论》，何兆武等译，商务印书馆1998年版，第165页。
③ 《丹尼·狄德罗〈百科全书〉》，梁从诫译，辽宁人民出版社1992年版，第322—323页。

代议制民主，可以带来稳定的政治秩序以及和谐的政治关系，确保政治统治的持续高效运行。

另一方面，从政治决策成本的视角来看，在古希腊直接民主制中，有资格参加公民大会的人数大约为3万人，而经常到会的公民约6000人。出席公民大会的人数如此之多，极大地影响了政治决策的效率和质量。萨托利就说："从直观上看，关键的变量是参与决策者的人数。一个浅显的常识是，人数越多，决策成本越高。"① 具体而言，一是参与决策的公民人数之多，造成决策过程易于被少数人操纵，影响决策的民主化，即"直接民主非但不能帮助人们对问题进行审慎的、有意义的讨论，而且使那些果敢的、精力充沛而且能够随机应变的少数人采取突然袭击有了可乘之机"②。在公民大会中，虽然每个公民拥有平等的发言机会，但实际上，大会的主角永远是那些富有演说或辩论技能的少数公民，他们主导了公民大会的议程。由于公民大会主要是以鼓掌欢呼的方式进行表决，造成少数人缺乏表达意见的渠道而容易被忽视，难以被平等地对待，他们只能被动地对作出的决策表示认同。

二是参与决策的公民人数之多，影响正常的交流与沟通，不能进行理性的协商与讨论，造成决策过程易于被非理性的情绪所支配，影响决策的科学化。麦迪逊指出："首先，一个议会无论由什么人组成，其人数越多，众所周知的是，感情就越是胜于理智。其次，人数越多，知识肤浅、能力薄弱的成员所占比例就越大。这时，少数人的雄辩和演说正好对这类人起到众所周知的有力作用。……代表性的议会人数越多，它就越是具有人民集体集会中特有的那种优柔寡断。"③ 相反，在代议制民主中，参与决策的人数少，且都是具有高超政治技

---

① [意]乔万尼·萨托利：《民主新论》，冯克利、阎克文译，上海人民出版社2009年版，第244页。

② [德]罗伯特·米歇尔斯：《寡头统治铁律——现代民主制度中的政党社会学》，任军锋等译，天津人民出版社2003年版，第21页。

③ [美]汉密尔顿、杰伊、麦迪逊：《联邦党人文集》，程逢如等译，商务印书馆1980年版，第298—299页。

能的专业人士,他们在日常的工作中比较熟悉,便于开展交流与沟通,善于通过对话达成妥协和共识,避免一些非理性的情绪支配决策过程,有助于提高政治决策的效率和质量。所以,格伦·廷德指出:"一个代表机构比一个大的民众集会更有可能进行从容不迫的、非情绪化的审议。代表们有日常的、面对面的接触,因此,他们相互之间的反感可能由于个人之间的理解而得到调和,而且,由于代表们人数少,见面多,他们之间的关系随时可以通过礼节建立起来,保护着审议的宗旨和过程。"[1] 可见,相较于直接民主,代议制民主可以有效地降低政治决策内部及外部成本。

(二) 社会成本

在古希腊时期,政治思想家普遍持有一种整体主义的观念,就是城邦优于公民个体,公民位居第二位。萨拜因指出:"最高的幸福在于参与城邦本身的生活和活动,而家庭以及朋友和财产,只有作为这种最高幸福的组成部分才能充分发挥作用而使人享有乐趣。"[2] 也就是说,公民要实现个人价值、完善个人道德,必须融入城邦活动之中。因此,经常性地参与城邦政治事务,如出席公民大会、担任陪审员等,不仅是一项权利,还是公民必须履行的一项义务。在直接民主制中,不管公民愿意不愿意、喜欢不喜欢,他都要投身于城邦活动之中,以实现个人乃至城邦的善。这就造成参与政治成为一种生活方式,即"不断行使政治权利,日复一日地讨论国家事务,争议,商谈,派别斗争的所有环境与运动,必要的鼓动:可以这样说,古代民族的生活被强制性地充满了这些必须履行的职责。对古代民族而言,没有这些职责,他们就会在无所事事的折磨下痛苦不堪"[3]。对于古希腊城邦公民而言,城邦政治就是其生活的全部,是公民的"主业"

---

[1] [美] 格伦·廷德:《政治思考:一些永久性的问题》,王宁坤译,世界图书出版公司2010年版,第127页。

[2] [美] 乔治·霍兰·萨拜因:《政治学说史》(上),盛葵阳、崔妙因译,商务印书馆1986年版,第32页。

[3] [法] 邦雅曼·贡斯当:《古代人的自由与现代人的自由》,阎克文等译,冯克利校,商务印书馆1999年版,第31页。

而不是"副业",因而"容易造成社会的过度政治化,造成政治压倒一切"①。当然,古希腊实际上不存在城邦与社会之分,两者高度重合和一体化,城邦事务也就是社会事务,这也是公民个人事务的全部,实际上就是公民个人生活的政治化。当每个公民都以政治为业时,极可能造成社会生活的结构和功能失衡,从而给社会的运行带来沉重的负担和压力,最终造成社会泛政治化,使民主制度趋于解体和崩溃。所以,古希腊直接民主制的运行造成了巨大的社会成本。

在代议制民主中,国家和社会处于相对分离的状态:前者属于公共领域,后者属于私人领域,两者具有比较明显的界限。其中,在公共领域中,公民参与讨论和决定公共事务;在私人领域中,公民自己的事务只要不涉及社会和他人,他就可以自主地决定并且独立地承担责任。公民想要实现个人的价值和幸福,不再只有参与政治这一条途径,还可以通过其他的渠道。这也就意味着绝大多数公民不必持续地参与政治,其主要的政治活动就是参与每隔几年才举行一次的选举活动,其他时间完全可以从事个人感兴趣的职业,从而把公民从政治活动中彻底解放出来。因为绝大多数公民不以政治为业,而是从事经济、文化、教育等其他方面的活动,因此,整个社会避免了泛政治化的现象,实现了社会生活各个领域的平衡。社会的运转亦因为少数专业人士的参与而具有更高的效率,避免了直接民主条件下社会运行的低效甚至无效。更为重要的是,在代议制民主中,绝大多数国家已经不再将参与政治作为一项强制性的义务,而是取决于个人的兴趣和意愿,由此造成了一定程度的政治冷漠现象。对于政治体系而言,政治冷漠现象会带来一定的负面影响,这意味着政治体系缺乏全体公民的认同和支持,但是,它对于整个社会而言,则具有一定的积极意义,有助于提高政治效能,保证政治体系的有效运转。

(三)时间成本

在古希腊城邦民主时期,公民大会作为公民直接参与城邦政治事

---

① 刘军宁:《共和 民主 宪政——自由主义思想研究》,上海三联书店2000年版,第205页。

务的主要平台，可以讨论并决定包括战争、外交、法律、宗教等城邦内各方面的公共事务。据悉，公民大会"每年至少要召开40次大会，每次的会期是5个小时……也就是说，每隔不到10天时间，雅典的公民就会聚集在一起，叽叽喳喳共商国家的大小事，并表决作出决策"①。假如每个公民在大会上都要发言，那么，每次公民大会可能都会陷于发言辩论之中而无法决策。公民大会经常性地举行，造成公民在一年中的大部分时间都消耗在城邦政治活动之中，付出了巨大的时间成本，基本上没有富余的时间从事其他活动尤其是生产活动。在这种情况下，古希腊城邦之所以能够正常运转，是因为它实行了奴隶制和排他性的公民权，很多生产性的活动是由奴隶、外邦人以及妇女来完成的，免除了要求男性公民参与政治的后顾之忧。

在现代民主政治中，随着政治事务的高度复杂化，普通公民想要参与其中并发挥作用，就需要花费大量的时间和精力去掌握相关的技能和知识，这就会影响公民其他方面的生活，造成公民在政治、经济和社会等各领域之间的时间分配比严重失衡。而由少数掌握专门政治知识和技能的代表去从事政治并以此作为职业，则可以为其他公民节省大量的时间，让他们去从事生产性的活动，为整个社会创造更多的财富和价值。同时，因为享有政治权利的公民人数规模巨大，让每个公民在代表大会上进行发言讨论和决定政治事务的做法，更是具有不可操作性。罗伯特·达尔曾作过类似的计算，即"一个由一万名公民组成的'理想的城邦'，它需要的时间如果按每个公民十分钟计，总共需要200多个工作日；如果增加到30分钟，持续的会议就需要将近两年时间。这谁也无法忍受"②。因此，通过选举选派少数代表专门从事政治活动，不失为一种明智的选择。

三 分工因素

分工是社会生产力发展到一定阶段的产物，主要目的在于实现人

---

① 王绍光：《民主四讲》，生活·读书·新知三联书店2008年版，第5页。
② ［美］罗伯特·达尔：《论民主》，李柏光、林猛译，冯克利译，商务印书馆1999年版，第116页。

尽其才，物尽其用。柏拉图曾深刻阐述了分工的必要性及其意义，强调每个人具有不同的兴趣、爱好和天赋，因而不可能从事一样的工作。如果从事的职业和工作是公民所擅长的，那就能够充分发挥公民个人的特长，有助于提高生产效率。反之亦然。因此，分工是调和个人需求多样化与天赋才能单一化的矛盾所需。同时，实行社会分工，还是城邦正义的内在要求。在柏拉图看来，"正义就是只从事自己的职业而不兼做其他职业"，"如果商人、辅助者和卫士在国家中都做他自己的事，发挥其特定的功能，那么这就是正义，就能使整个城邦正义"①。在古希腊时期，公民专职于城邦公共事务，奴隶则从事于生产性的活动，这实际上就是分工的一种表现形式——体力和脑力劳动的分工。亚里士多德曾为此进行辩护，认为之所以奴隶适合从事体力活动，源于"奴隶的体格总是强壮有力，适于劳役"；而公民之所以善于从事非生产活动（精神活动），是因为"自由人的体格则较为俊美……宜于政治生活——政治生活包括战时的军事工作和平时的事业"②。因此，古希腊时期的分工是建立在剥夺他人基本自由权利的基础之上的，以现在的眼光来看，这既不合理也不道德。

不过，在古希腊时期，奴隶制是一项被普遍接受的制度且发挥着重要作用，它被视为自然的社会分工，具有合理性和正当性，因而很少成为文学和政治作品讨论的主体。正如亚里士多德所说："世上有些人天赋有自由的本性，另一些人则自然地成为奴隶，对于后者，奴役既属有益，而且也是正当的。"③雅典公民能够有闲暇参与城邦政治事务，奴隶制功不可没，它遍及农业、手工业和采矿业等各个领域和行业，创造了巨大的物质财富，为希腊公民参与政治创造了条件。绝大多数希腊人都拥有一名奴隶，为其主人从事家务劳动、豢养牲畜以及农业生产等活动，使得希腊公民能够全身心地投身于政治。因此，贡斯当指出："如果没有雅典的奴隶人口，二万雅典人决不可能

---

① ［古希腊］柏拉图：《柏拉图全集》（第二卷·国家篇），王晓朝译，人民出版社2003年版，第409、411页。
② ［古希腊］亚里士多德：《政治学》，吴寿彭译，商务印书馆1964年版，第15页。
③ 同上书，第16页。

每日在公共广场上议事。"① 没有奴隶制，也就没有雅典城邦直接民主制，两者之间存在一种不可分割的关系。对此，芬纳也承认："奴隶制不仅增加了希腊城邦的财富，还使有闲阶级的出现成为可能，使他们可以有时间参与城邦的管理。要想实现'公民权利'和'论坛政体'，需要奴隶阶级的存在，只有这样公民才不必终日忙于劳作。当城邦像雅典那样实行民主制时，情况更是如此。"② 因此，当奴隶制解体之后，普通公民的基本需求有赖于自己亲自参加生产性活动，也就没有时间和精力参与政治活动了，自然会选择那些少数对政治感兴趣的代表去专门从事该职业，而本人则专注于感兴趣的职业，由此，代表制应运而生。

政治代表的产生，既是劳动分工的表现，也是劳动分工原理在政治领域内的体现及其应用，它们的形成逻辑在本质上是一致的。西耶斯曾指出："我不仅在商业的领域内考虑劳动分工……这是降低成本、增加生产最可靠的手段，而且我还认为主要行业和商业的分工是社会状态进步的真正原因。而所有这一切仅仅是我对个人关系中代议原则的认识的一部分。被人代表是社会繁荣的唯一源泉……这能增加满足我们需求的手段或力量，让我们能够更少工作但能够获得更多享受。这就是自由在社会状态中得到自然增长的基础。自由的进步自然而然地源于代议劳动的确立。"③ 也就是说，代表制同劳动分工一样，都是促进整个社会不断进步的重要因素：劳动分工促进经济发展，而代表制推动政治（自由）进步。在他看来，代表制的原理遍及社会、政治、经济等各个领域，整个社会就是一个被普遍代表了的社会，即"在社会状态中人人皆是代表。它无论是在私人范畴还是公共范畴到处存在；它如同自由主义和政治的进步一样，是生产性与商业性的实

---

① [法]邦雅曼·贡斯当：《古代人的自由与现代人的自由》，阎克文等译，冯克利校，商务印书馆1999年版，第30页。
② [英]塞缪尔·E. 芬纳：《统治史》（卷一），王震、马百亮译，华东师范大学出版社2014年版，第346页。
③ Keith Michael Barker, *Inventing the French Revolution*, Cambridge：Cambridge University Press, 1990, p. 246.

业之母。我还要说的是，它与社会生活的实质本身混同在了一起"①。所以，现代民主政治的发展和进步，尤其是政治运行的高效和稳定，同代表制的广泛实践具有非常紧密的联系。

第二节 谁代表

"谁代表"关注政治代表的主体问题，即"谁"有权以整个政治共同体的名义发出声音，主要涉及政治代表权的归属问题，本质上是政治统治权之争，反映了政治权力中心的位移。谁获得共同体的政治代表权，也就意味着拥有了最高主权而享有政治统治权。中世纪的教皇与国王、近代以来的君主与议会以及20世纪以来的议会与政府，都曾围绕政治代表权问题展开激烈的争夺，丰富和发展了政治代表概念的内涵。

一 教皇抑或国王

在古希腊，人民自我统治，经由抽签产生的公民大会代表整个政治共同体，不存在政治代表权之争，即"在一个纯粹民主的国家中，国家并不是由什么人来'代表'的；在那里，人民为自己保留了在由全体公民组成的全民大会中表达意见的权利"②。换而言之，即便是享有公民权的希腊公民，他们也只有作为一个整体才能代表政治共同体，至于其他经由选举产生的机构及其人员，还不能称为代表，也没有享有最高的政治权威，因而不能与公民大会分享政治共同体的政治代表权。直到中世纪，世俗统治者（即国王和皇帝）同教皇围绕"谁代表"的问题展开激烈的论争，最后以王权的获胜而告终。

教皇与国王之间的代表权（最高统治权）之争，是因教会权势的壮大而引起的。起初，国王与教皇之间是一种互相支持与合作的关

---

① [法]皮埃尔·罗桑瓦龙：《公民的加冕礼——法国普选史》，吕一民译，上海世纪出版集团2005年版，第46页。
② 《丹尼·狄德罗〈百科全书〉》，梁从诫译，辽宁人民出版社1992年版，第318页。

系。一方面，王权利用教会的神权政治理念，使其政治统治披上了合法神圣的外衣，实现了政治统治的长期性和稳定性。因为获得了神权的支持，国王被视为"是代表、是高于一切人类权力的另一种权力的主持者（牧师）；他以上帝的名义或某种一般概念的名义来说话和行动，而不以人自己的和人独自的名义来说话和行动"①。另一方面，教会凭借国王和皇帝的庇护，不断扩展特权和增加财富，成为世俗统治的重要支柱之一。总体而言，王权是属于强势的一方，而教权则处于依附或从属于王权的地位。当时教会内部的一些事项，如教会会议的召集、教会法律的颁布实施、教会职位的授予以及教会的土地和收入等，都掌控在世俗统治者手中。国王和皇帝作为政治代表者（统治者），既得到了封建世俗贵族们的支持，也获得了教皇的认可，即皇帝"是'基督的代理人'，是神圣的人物，被认为是他们民族的宗教领袖"②。同时，国王因为拥有最高权威而担负着保护王国臣民、世俗贵族以及教会利益的职责，因而又被视为"教会的卫士、王国的保护者、律法和命令的实施者以及所有臣民的司法执行者"③。此时，国王作为世俗的统治者，他的代表身份实际包含两重属性，即"私人身份是王国的一员，其公共身份是王国的首脑。他以公共身份代表着一个包括国王在内的共同体。当国王以公共身份'代表'人民时，他实际上承担着促进人民利益的责任，而这种责任源于神或自然的规定。人民并没有推举他来充当自己的代表，并借此立他为王"④。也就是说，国王作为代表者，其享有的代表权是由神赋予的，而不是源于人民的选择。

随着教会改革运动的持续推进，教皇对世俗统治者干预教会事务越来越不满，其中，买卖圣职和教士婚娶两个问题尤为突出，它们被

---

① [法]基佐：《欧洲文明史》，程洪逵、沅芷译，商务印书馆2005年版，第77页。
② [美]哈罗德·J.伯尔曼：《法律与革命——西方法律传统的形成》，贺卫方等译，中国大百科全书出版社1996年版，第105页。
③ [英]塞缪尔·E.芬纳：《统治史》（卷二），王震译，华东师范大学出版社2014年版，第293页。
④ 刘小枫选编：《施米特与政治法学》，上海三联书店2002年版，第361—362页。

认为是造成教会腐化与堕落的重要原因。为此，教皇宣称他才是教会的最高统治者，享有废黜国王和皇帝的权力，所有基督徒要接受教皇的统治。1078年，教皇格列高利发布一项教令，要求"任何一个僧侣都不应接受皇帝、国王和任何世俗男女所授予的主教职位、修道院职位或教会职位。如果他擅自那么做，那么他就应该清楚地知道，这样的授职是有失使徒权威的，他自身因此应受开除教籍的处罚，直到作了适当的苦行赎罪为止"①。教皇推进的教会改革，削弱了世俗王权对教会的控制权，因而遭到了世俗统治者的抗议。但是，由于王权的羸弱，教皇逐渐取得了对王权的压倒性胜利：不仅获得了规定教职职能、创设主管教区、调换或废黜主教等宗教领域的权力，而且同世俗统治者分享了部分统治权，可以运用"破门律"革除那些不服从教皇指令的世俗人员的教籍。此时，教皇已经不再仅仅满足于做圣·彼得的代理人，而是要求取代皇帝成为基督的唯一代理人。

在教权不断扩张的同时，西欧社会经济正发生深刻的变化，包括人口的增加、农奴制度的衰退以及工业商业的发展等，它们推动了一场以城市为中心的复兴运动。城市的兴起催生了一个新的社会集团——基于共同的利益和经验而形成的市民阶级。不同于依靠土地获得财富的农民阶级（即封建领主），市民阶级的财富来源于工业和商业，这让国王获得了新的财富来源，他可以不再依赖分封土地而获得贵族们的支持，只需通过授予城市自治特许状即可获得新兴阶级的支持，因而弱化了君主与封建领主之间的关系。与此相对应，市民阶级则获得要求国王保护城市自治权的权利和特权，包括执行自己的司法、征税、市场管理等权利，用于保证贸易的有序发展而不受领主的压迫。国王的权力因获得新兴阶级及其财富的支持而再度复兴，而封建领主与教会的财富则日渐减少，致使教会开始频繁使用特赦、特免或捐费的举措以弥补财产损失，引起了民众对教职人员生活腐化的不满，再加上教会自身的分裂，造成教皇的统治面临着越来越大的危

---

① ［美］哈罗德·J.伯尔曼：《法律与革命——西方法律传统的形成》，贺卫方等译，中国大百科全书出版社1996年版，第115页。

机。到了13世纪末期，君主在新兴阶级的支持下不断扩展王权的力量，不仅开始向教会征收财产税，而且要求本国教会必须听命于本国国王而不是教皇。此时，教会的权力渐渐走向衰弱，教权已经难以与王权相匹敌，教会组织成为王国政府内的一个社会组织，西欧国家开始步入君主制时期。诚如基佐所言："君权发展的关键时刻在……13世纪中才到来，君权的体制到那时才真正建立起来并开始在现代社会中占有它的地位。"① 此时，国王已经不再是一个象征性代表，而是享有统治权的王国代表。

中世纪时期国王与教皇的代表权之争，双方辩护的说辞——宣称是"基督的代理人"，并不是指国王与教皇要代表基督（上帝）的利益，他们所强调的是基督的化身，这意味着自身的权力获得了上帝的恩典或者说源于上帝的授权，借此凸显统治权力的神圣性，因而具有象征性的意涵。诚如有研究者所言："教权与王权之争的结果是对基督教象征代表观念的进一步强化：教权与王权在孰高孰低的问题上虽然争执不下，但是他们作为上帝尘世代理者的地位却得到了进一步的强调。"② 但是，到了13世纪以后，代表概念的内涵因普遍使用而不断丰富和扩充。尤其是当君主宣称是王国的代表时，"代表"其实已经暗含两种意思：一是象征意涵，强调君主是整个王国的象征或映像；二是"行动"意涵，强调君主要代表和维护新兴阶级的利益。也就是说，君主开始被视为人民或公共主权的代表，担负着维护公共秩序、解决社会冲突等公共职能。但总体而言，象征代表居于主导地位。代表的"行动"意涵并不是特别明显，因为此时尚未产生人民、国家、主权和民族等现代政治概念。

二 君主抑或议会

到了中世纪晚期，世俗君主在同教皇争夺政治代表权的问题上取

---

① ［法］基佐：《欧洲文明史》，程洪逵、沅芷译，商务印书馆2005年版，第150页。
② 马华峰：《中世纪西欧议会代表观念研究》，中国政法大学出版社2013年版，第122—123页。

得了压倒性的优势,并逐步巩固了政治统治地位,其政治代表身份也获得了普遍的认同。但与此同时,新兴的资产阶级开始登上政治舞台,并依托等级代表机构维护自身的权益,同国王就政治共同体的代表权问题展开了争夺,最后以议会的胜利而告终。

近代议会的前身——中世纪等级代表会议,主要是作为封建君主实施政治统治的支柱而出现的,它的性质就如其名称一样,是代表不同等级利益的机构。其中,贵族代表是代表贵族阶级的利益,市镇代表是代表市民阶级的利益。当时,王朝国家是居于主导的国家形态,尚未出现民族国家的观念,因此,等级代表会议并不是代表人民利益的机构。国王仍然是整个国家的权力中心,拥有最高的政治权力,并且被视为政治共同体的代表者。正如李宏图所言:"整个国家是以国王为中心来组织运转的,因此,反映在民众的情感上,他们把王权看作为国家的标志与象征,把国王等同于国家,或者说通过国王来认同这个国家,于是,对国家的忠诚与热爱也就集中体现在对国王的忠诚与热爱,'人们相信整个国家就是国王个人'。"①

由于王权力量的强大,贵族阶级和市民阶级代表的制约作用并不是很有效,当国王因战争导致财政困难而提出征税法案后,代表基本上会同意。因此,佩里·安德森指出:"等级会议体制是从中世纪主干中成长出来的。在中世纪全盛期,封建政体的这种'分支'并不能单向改变君主政体与贵族之间的关系。召集这类会议的基本目的是扩大君主政体的财政基础。但是,在实现此目标的同时,它们也加强了贵族集体控制君主的潜在能力。因此,不能简单地把它们看作仅是对王权的制约,或仅是王权的工具:毋宁说它们只是在一贯更为复杂和有效的框架之内再现了过去封建宗主与附庸之间的平衡。"② 也就是说,等级代表会议仍然没有成长为权力机构,并不足以担负起代表整个王国利益的职责。此时,君主或国王还是政治代表的主体,被视

---

① 李宏图:《论近代西欧民族主义和民族国家》,《世界历史》1994年第6期。
② [英]佩里·安德森:《绝对主义国家的系谱》,刘北成、龚晓庄译,上海人民出版社2001年版,第37页。

为王国的代表。正如有人所说:"在基督教权力神授观念和有机体论的背景下,国王代表王国有机体的观念占据主导地位,中世纪议会作为王权的从属机构而存在。……在实践中,中世纪议会始终未能被视做独立于王权的王国代表机构。"①

到了十五六世纪,西欧国家的等级君主制开始走向绝对君主制,在这个过程中,政治代表权的归属也发生了变化。其中,英国确立了议会主权原则,使议会成为政治代表主体,被视为国家主权的代表者,法国等国家的君主则继续拥有政治代表权,被视为国家主权的代表者。之所以会产生上述差异,源于多方面的因素,如中央集权的传统、全国性等级代表会议只顾维护地方利益等,但根源在于英国的阶级之分不是非常明显,因而"其等级会议,与其是自始即和其他各国那样严格的意义之下的特权阶级所集合,毋宁是具有近于国民的会议的性质",而"在其他各国,阶级的区别非常严重,其等级会议,是明白和其他会议区别的特别的特权阶级所集聚"②。直到18世纪中后期,受益于人民主权思想的宣扬——对君主主权理念形成了冲击以及民族国家观念的形成——驱逐了代表等级利益的王朝国家观念,议会主权代表理念才在法国等国家确立。诚如曼托所言:"根据民族代表观念,被视为一个统一单位的民族不再,或不完全由君主代表,而是由一个选举产生的国会代表。……只有民族代表所组成的会议能够代表国民的共同利益,基于这个事实,则每一位议员和整个国会都可以代表整个民族。议员被视为公益的直接发言人和解释者。根据这种学说,个别利益的代表被逐出国会之外。"③ 基于英国是首个完成政治代表权转换的国家,下文主要对其进行考察。

英国作为一个经由等级代表会议演变为近代议会制度的国家,这

---

① 马华锋:《中世纪西欧议会代表观念研究》,中国政法大学出版社2013年版,第208—209页。
② [日]美浓部达吉:《议会制度论》,邹敬芳译,卞琳校,中国政法大学出版社2005年版,第10页。
③ 应奇编:《代表理论与代议民主》,吉林出版集团有限责任公司2008年版,第15页。

个过程并不是一蹴而就的,而是在同王权的持续斗争中才胜出的。英国早期的议会同西欧其他国家的等级代表会议一样,"主要任务在于应答国王的咨问及同意其课金,而其参列于议会,不是由于其权利,乃是基于对封建的忠勤义务或从属义务"①。而在同意征收新税的同时,议会也会向国王递交所属郡或市镇的请愿书,借此对王权进行约束。其间,贵族们迫使国王陆续签署了《大宪章》(1215)和《牛津条例》(1258)等限制王权的法律,不仅树立了法律至上、王在法下的理念,而且明确了议会是一个须定期开会的法定国家机关。

随着议会召开的制度化以及郡和市镇代表参加会议的常态化,议会的性质和功能亦随之发生变化,即不再是一个代表特殊利益的机构,而是以全体人民利益为基础的公共机构。不过,议会在整个政治生活中的地位和作用仍然有限,因为"到中世纪末期时,即便在英格兰,议会作为政治共同体最高代表机构的观念也未能确立,国王与议会共同代表王国的'王在议会'观念是中世纪议会代表观念发展的顶峰"②。所谓"王在议会"理念,是指国王必须经过议会进行统治,他只有在议会中才享有最高权力,这意味着:议会已经是君主进行统治不可或缺的机构,它不仅包括了上院和下院,还包括了国王,即"上院贵族是议会的组成部分之一,代表全国平民的郡邑下院议员也是议会的成员,女王陛下亦然。这三者构成可以立法的议会机构"③。虽然"王在议会"中的国王始终居于主导地位,享有最高和最多的权力,包括议会召集权、解散权和议案批准权等,但是,这也提升了议会的政治权威和功能,让它能够同国王一道分享政治代表权。源于此,英国议会没有像西欧其他国家那样衰弱下去,反而在被国王利用的同时,积极发挥对国王的制约作用,并在地主和贵族成员的领导下逐渐形成一个具有整体意识的利益共同体,为议会获得政治代表权奠

---

① [日]森口繁治:《选举制度论》,刘光华译,廖初民校,中国政法大学出版社2005年版,第33页。
② 马华锋:《中世纪西欧议会代表观念研究》,中国政法大学出版社2013年版,第206页。
③ 转引自阎照祥《英国政治制度史》,人民出版社2012年版,第116页。

定了思想基础。

随着资产阶级力量的壮大,议会的地位日益提升,它逐渐成为新兴阶级捍卫自身利益的阵地,并在同王权的对抗中常常以全国利益代表者的角色自居,以此强化自身的政治权威。1593年,曾担任下院议长的爱德华·科克指出:"虽然议员由各个选区推选,但是一经推选出来并出席议会,他们就是为整个国家服务的。因为,正如'议会召集令'所说的,议员是出于为公众谋利益的目的参加议会的。"[①]这种观念反映了议会性质的新变化,暗含着议会代表主权的理念。议会独立性的不断增强,进一步加剧了同王权之间的冲突,以至于造成议会两度被君主解散。1640年11月,英国国王查理一世在各方的压力之下再度召开议会,这标志着英国资产阶级革命的开始。在此期间,议会尤其是下议院逐渐取得了领导权,并在1688年《权利法案》中以法律的形式确立了议会主权高于王权的事实,这标志着议会获得了政治代表主体的身份。尽管国王还保留了若干权力,但已不再被视为全体人民利益的代表者,仅被视为整个英联邦的象征。相反,议会在驱逐王权主权理念的同时,确立了议会主权原则,使得议会成为国家整体利益的代表者,它作为整个国家和全体人民的代表机关的身份得到了确认。

三 议会抑或政府

随着议会主权的确立,议会作为民意代表机构的性质逐渐成为普遍共识,它在政治生活中亦自觉不自觉地以人民的代言人自居,承担起代表人民监督政府权力、促进人民利益的重任。同时,整个社会也把议会视为代表人民利益和要求的最主要渠道。邓恩在论及美国建国初期的代表制民主政体时指出:"行政长官和参议员虽然都是由选举产生,权力来自人民,但我们可以推想,他们与人民并没有利益的关联,因而他们并不代表人民;这种代表权利只是属于名副其实的众议

---

① 刘新成:《"乡绅入侵":英国都铎王朝议会选举中的异常现象》,《中国社会科学》2008年第2期。

院，据认为它的成员才与人民有共同的利益。"① 因此，在很长一段时期，议会尤其是人民直接选举产生的下议院，作为民意代表机关的权威性几乎没有遭到质疑，而19世纪也被西方学者誉为"议会的世纪"。但是，20世纪初期尤其是"一战"之后，议会政治危机的论调一度甚嚣尘上，不仅表现在立法和监督功能上的相对削弱，"更深刻的表现可能还在于议会代议作用的衰弱，也就是说，它越来越不能表达人民的意志，不能代表公民的利益"②。究其原因，就在于政党政治、官僚政治的发展以及行政权的扩展，整个政治过程是围绕政党和政府运转，从而影响了议会在政治生活中的地位和权威。

在议会代议作用衰弱的同时，政府的代表身份开始获得认可。政府作为代理人——人民受托者的理念古已有之。卢梭曾说："什么是政府呢？政府就是在臣民与主权者之间所建立的一个中间体，以便两者得以互相适应，它负责执行法律并维护社会的以及政治的自由"，并强调"公共力量就必须有一个适当的代理人来把它结合在一起，并使它按照公意的指示而活动"③。因此，人民（即主权者）与政府的关系"完全是一种委托，是一种任用；在那里，他们仅仅是主权者的官吏，是以主权者的名义在行使着主权者所委托给他们的权力"④。当然，政府和议会作为政治代表的身份及功能是存在区别的：前者作为受托者，主要负责执行人民的意志；议会作为受托者，主要负责表达人民的意志。可见，议会作为代表者的身份在本质上和人民作为主权者是一体的。正是在这个意义上，卢梭认为："在立法权力上人民是不能被代表的；但是在行政权力上，则人民是可以并且应该被代表的，因为行政权力不外是把力量运用在法律上而已。"⑤ 这种将行政权与立法权进行区分的理念对后世产生了深远影响。例如，美国政治

---

① ［英］约翰·邓恩：《民主的历程》，林猛等译，吉林人民出版社1999年版，第115页。
② 曹沛霖：《制度的逻辑》，上海人民出版社2019年版，第95页。
③ ［法］卢梭：《社会契约论》，何兆武译，商务印书馆2003年版，第72页。
④ 同上书，第73页。
⑤ 同上书，第122页。

学家古德诺也认为，政府机关的主要功能是"执行国家意志"；立法机关的主要职责是"表达国家意志"，同时，"执行机构必须服从表达机构，因为后者理所当然地比执行机构更能够代表人民"①。也就是说，政府并不是不代表人民，只是相较于立法机构而言，其代表性偏低。

更为关键的是，在西方政治文化传统中，政府历来被视为恶的象征，认为是一种"必要的恶"，"即使在其最好的情况下，也不过是一件免不了的祸害；在其最坏的情况下，就成了不可容忍的祸害"②。因此，怎样有效限制政府权力，避免政府权力滥用就成为西方政治思想家在思考政治制度设计时试图解决的中心任务。此时，议会被视为人民利益的最佳保护者，是代表人民对政府权力进行监督和制约的最佳机构。威尔逊曾指出："严密监督政府的每项工作，并对所见到的一切进行议论，乃是代议机构的天职。它应该是选民的耳目和代言人，应能体现选民的智慧和意志。如果不是国会拥有并运用能对政府行政官员的行为和气质进行了解的一切手段，全国民众是无法知道这些官员们是怎样为他们工作的。如果不是国会对这些情况进行检查，并通过各种形式的议论进行细微的审查，全国民众对他们应该了解和给予指导的、最重要的大事，仍会是一无所知。"③ 而政府被视为人民的代表的政治理念，则是在选举权不断扩大的过程中逐渐产生的。在早期，政府首脑普遍不是由人民直接选举产生的，也没有被视为人民的代表。例如，美国总统作为政府首脑（同时也是国家元首），起初就是由选举人团选举产生的；英国政府首脑（即内阁首相）是由下议院多数党领袖担任并由英王任命产生的。

伴随着选举与代表之间的逻辑关系日益紧密——只要是选举产生的，就等同于获得了同意和授权，就可以视为政治代表。这时，绝大多数民众就会觉得，代表自己的不仅仅是议会议员，只要是经由自己

---

① [美] F. J. 古德诺：《政治与行政》，王元译，华夏出版社1987年版，第9、14页。
② [美] 托马斯·潘恩：《潘恩选集》，马清槐等译，商务印书馆1981年版，第3页。
③ [美] 威尔逊：《国会政体》，熊希龄、吕德本译，商务印书馆1986年版，第167页。

选举产生的人员都可以视为代表。"从而，美国人民日益习惯把共和国所有选举产生的部分，都视为人民的某种代表。……自然，人们会把下院的成员看作更贴近的代表，但他们不再是惟一的、完全的代表。美国政府里各级官员，任何机构，都是人民的代表。"① 另外，在英国，政府（即内阁）也以人民代表的身份自居，因为"内阁的权威来自其宣称的'于选举过程中获得民众授权'"②。事实上，英国政府首脑——内阁首相，他首先是下议院议员——这是由选民选举产生的，然后作为下议院多数党领袖身份获得英王任命。从表面上看，尽管英国人民没有直接选举产生政府及其首脑，但进行了间接性的授权。正是这一原因，造成了英国内阁和议会在英国脱欧问题上都辩护说代表了人民的意志。

政府之所以强化作为人民代表的身份，还在于连任的考虑。西方各国政府本质上都是政党政府，即政府都是代表一定党派或阶层的利益，但是，"政府不能只是被看作一个'代理人'，而把政党看作是它的'委托人'……因为政府必须把党的观点转化为公共的决策"③。换而言之，政府还要代表人民的利益，以及在国际事务中担负着代表整个国家的利益，这集中体现了政府作为国家管理者的角色或身份。因此，就政党政府的特征而言，"一方面，政府具有'官僚性'或'管理性'的来源，另一方面，从19世纪以来，政府在自由主义国家也具有'代表性'特征"④。政府的"代表性"特征，意味着政府不仅要代表其支持性政党的利益，还要代表整个社会和国家的利益。唯有这样，政府及其支持性政党才可能在下一次竞选中赢得选举。否则，将面临连任失败。另外，政府的"代表性"强弱与否，同一国的政体存在密切的关系，其中，总统制中的政府"代表性"比较强，

---

① ［英］约翰·邓恩：《民主的历程》，林猛等译，吉林人民出版社1999年版，第116页。
② ［英］菲利普·诺顿：《英国议会政治》，严行健译，法律出版社2016年版，第186页。
③ ［法］让·布隆代尔、毛里奇奥·科塔：《政党政府的性质——一种比较性的欧洲视角》，曾淼、林德山译，北京大学出版社2006年版，第11页。
④ 同上书，第12页。

因为政府首脑是直接选举产生的，而议会制中的政府"代表性"偏弱，在于政府首脑及其成员是间接产生的。

目前，我们面临的一个政治现实是：由于行政权的不断扩展，行政国家作为一种新的国家形态已经基本确立，政府已经渗透到政治生活的每个领域和角落，呈现出回应性、责任性和服务性等特征。只要遇到问题，普通民众除了向本选区议员反映之外，也会及时地向政府寻求帮助，这实际上是有助于增强人民对政府的认同和信任。不过，对于社会大众而言，不管政府与人民的关系变得多么密切，他们对于政府始终存在不信任感，而对议会的信任则不受影响，认为议会是自己的最佳代表。诚如菲利普·诺顿总结道："公共机构在数量和覆盖领域上的不断增长使得民众的受侵犯感不断加重。如果民众感到他们受到公共机构的不公正对待或未从中获得某些利益，他们就会联系选区议员，请求其出面干涉。同理，如果民众对公共机构对相关事务的处置方式不太了解，或需要在某一问题上寻求帮助，他们也会去联系议员。在民众看来，议员是'他们的'议员，他们的工作就是为民服务，这一工作是其他任何机构都无法替代的。"①

第三节　代表谁

"代表谁"也就是政治代表的对象问题。一般认为，代表既然是由固定选区选举产生的，那么，代表和促进选区选民的利益，就是其义不容辞的责任，也是其获得连任的前提。当然，政治代表作为代表人民行使国家公共权力的人员，其履职活动本质上是一种公共的行为，国家亦在各个方面为政治代表的履职提供保障。因此，维护整个国家的普遍利益同样是其基本职责。近代以来，由于政党对政治运行过程的介入，绝大多数政治代表都是以政党党员的身份竞选议会席位，从提名到竞选都可以看到政党的身影。如果没有政党的大力支持

---

① ［英］菲利普·诺顿：《英国议会政治》，严行健译，法律出版社2016年版，第190页。

和帮助，政治代表想要赢得竞选是非常困难的。所以，维护政治代表所属政党的利益，同样是职责所在。换而言之，政治代表究竟代表"谁"，并没有定论。

一 从代表"自己"到代表"他人"

顾名思义，代表"自己"就是代表者只能代表他本人，而不能代表别人。这种政治观念在古希腊就已经存在，如雅典公民大会的人员就是只能代表他自己。到了中世纪，虽然代表逐渐具有"代他人行动"的内涵，但代表实际上还是不能代表他人，只能代表他本人。因为那时的代表是基于个人权利才有权出席会议，即"每个人都以自己的名义出席会议，每个人所带去的都是自己的影响和私人利益。全体大会成了个人辩论的舞台"①。同时，也不存在所谓的普遍利益，即"那时不存在什么真正代表全体利益和吸引全国代表的思想。个别人的利益足以重要到参与政府，他们的参与仅仅基于他们自己的利益，而且各自处理自己的事务"②。即便到现在，代表自己的理念及其实践至今还存在于英国的政治生活之中。例如，英国贵族院的贵族代表，就是只代表他本人而不是代表某个地区或阶层。诚如罗伯特·罗杰斯所言："与下院不同，上院从来不具有代表性质。打从一开始，它就是以个人身份出席的议院。……就算斗转星移，上议员彼此之间还是有一点共通：除了自己，不代表任何其他人。"③

如果代表只能代表自己，必然导致大部分人无法被代表，因为一个国家的议会代表规模不能无限制地扩张。在此情形之下，代表自然而然地就具有了代表"他人"的政治意涵。所谓"他人"，最初不是指活生生的人，更不指涉具体的个人，而是一个社区共同体。后来，"他人"的意涵不断拓展，并用于人与人之间的委托代理关系，无论

---

① [法]弗朗索瓦·基佐：《欧洲代议制政府的历史起源》，张清津、袁淑娟译，张清津校，复旦大学出版社2008年版，第43页。
② 同上书，第373页。
③ [英]罗伯特·罗杰斯、罗德里·沃尔特斯：《议会如何工作》，谷意译，广西师范大学出版社2017年版，第41—42页。

是早期的等级代表，还是近代的阶级代表，两者之间的委托代理关系基本上没有发生实质性的变化。诚如森口繁治所说："议员由特权主体的贵族自身及都市的个别的代表者，变为阶级团体的代表者，又其议员的选出也基于封建君主的义务之时代，移到当作一种利益或阶级的权利来要求的时代。但其议员依然是此等各阶级的团体的代表者，在议员和其选出的团体之间，只有委任关系的法律关系，议员只可于其选出的团体所给予之委任范围内行动，且必提出和此授权同时给予之对于国王的愁诉状。"① 当然，代表与阶级之间的委托代理关系，因为由各阶级代表组成的议会被视为整个国家的代表而逐渐削弱。

近代以来，随着选举权的不断扩大，代表"他人"开始指具体的公民个人。然而，一旦具体的公民可以作为被代表的"他人"，问题就会变得比较复杂。一方面，公民并不是全体的公民，只是一部分的公民，除了有财产方面的资格要求，还有性别、教育水平、肤色等方面的要求。直到20世纪，附在公民身上的财产、性别等要求才逐步废除，最终实现了选举权的普遍性，所有的成年公民获得了被代表的权利。另一方面，作为"他人"的公民，同代表之间的关系发生了重大变化，即从过去的委任关系转为法定的授权关系。具体而言，在委任关系中，虽然也有选举的程序，但是，"选举绝不是委任权限的行为，只是指定谁为议员的行为，选举人不能由此而授予自己所有的权限"②。相反，在法定的授权关系之中，选举则是一种授权的程序，是连接代表与公民之间的重要机制：一方面，代表经由公民选举被赋予了法定的代表权，意味着其代表的资格获得了公民的同意，因而有权宣称代表国家；另一方面，公民不仅可以通过选举表达自己的意愿，还可以运用选举保证代表维护自己利益，监督代表的履职行为和过程。因此，当公民、选举、授权等若干要素都体现在代表实践之中，现代代表观念以及现代议会的产生也就水到渠成了。

---

① ［日］森口繁治：《选举制度论》，刘光华译，廖初民校，中国政法大学出版社2005年版，第32页。

② ［日］美浓部达吉：《议会制度论》，邹敬芳译，卞琳校，中国政法大学出版社2005年版，第71页。

二 代表选区

为更好地组织选举过程和统计选举结果,绝大多数国家都是将整个国家的行政区域基于一定的原则划分若干选区,然后通过选区产生代议机构的组成人员——议会代表。因此,选区"成为几乎所有自由民主国家中代议制议会选举的关键要素"[1]。据考证,经由选区产生议会代表的做法源远流长。"历史上,代议制议会的基础是从当时存在的社区中召集代表,例如英国下院的郡和教区。通过专为选举划定的边界而把国家分为不同区域的做法始于美国:在参议院选举仍依据传统原则(每个州自动成为一个选区)的同时,众议院按照新的单记名制选区原则进行选举。"[2] 由此可见,选区实际上是议会代表的权力基础和来源。如果没有选区选民的支持,即使获得政党的提名,也很难在激烈的竞选中赢得选举并成为代表。源于此,任何试图竞选议会代表的人员,都会竭尽全力去讨好选区选民,关注选区选民的利益诉求,以期获得选区选民的支持和认同而当选为议员。

选区取向的代表观最早起源于欧洲的英国托利党。作为最初意义上的政党,托利党起初是来自同一地区的议会集合,主张代表和维护本地区的利益,而不是整个国家的利益。基佐曾指出,早期郡和自治市的代表"聚集一堂,仅仅是为了保护他们自己和他们所代表的人,反对权力的极端滥用,反对对他们人身和财产的粗暴、专横的侵害。讨论向他们索要的供应品,向政府控诉国王或大贵族的代理人侵害权利的最危险的行为,这些都是他们的使命,在他们看来,是他们的全部权利"[3]。选区取向代表观的产生,是因为当时居于主导地位的是王权,国王被视为整个国家的代表,而议会及其代表只是受邀参加国王召开的会议,起着咨询作用,主要是通过国王提出的税收法案。作

---

[1] [英]韦农·波格丹诺主编:《布莱克维尔政治制度百科全书》,邓正来译,中国政法大学出版社2011年版,第148页。

[2] 同上书,第149页。

[3] [法]弗朗索瓦·基佐:《欧洲代议制政府的历史起源》,张清津、袁淑娟译,张清津校,复旦大学出版社2008年版,第398页。

为交换，议会代表一般会在同意国王征税法案的同时，要求国王解决本地区的利益。随着17世纪英国资产阶级革命的爆发，议会开始成为政治生活中的"主角"，由此确立的议会主权原则——议会代表整个国家的观念渐渐成为一种主流思想，这就使得选区取向的代表观日益不受思想家甚至议会代表的待见。英国18世纪著名的政治家柏克，当时也是一位议会代表，曾就这个问题作过非常精辟的阐述。除此之外，乔治·格伦维尔的内阁财政秘书托马斯·惠特利在出版的一本小册子中也指出，整个国家的普遍利益"应当是他关注的伟大目标，他行为的唯一准则；牺牲普遍利益以换取他所当选的地区的局部优惠，就是背离他担负的责任"①。在各方的批评声中，选区取向的代表观开始让位于国家取向的代表观。选区取向的代表观发端于英国，将其发扬光大的却是北美殖民地——美国。

选区取向的代表观在美国的实践源远流长，最早可追溯到北美殖民地时期。"在殖民地……由于移民不满意英国议会以代表全国利益为借口而干涉殖民地内部事务，他们在建立自己的议会时，便形成了另一种代表理论，即议员要代表选民和选区利益的代表观念"②。据悉，"在开始定居北美的早期年代里，马萨诸塞市镇议会对其代表出席殖民地方高等法院就开始了进行投票指导的做法，而且后来的整个一个半世纪中，每当这种做法看来还有用的时候，他们就沿用之。其他殖民属地，也有照这样做的，只是稍加变化"③。后来，在北美殖民地和母国围绕征税问题开展辩论时，选区取向的代表观得到了广泛宣传并被强化。针对英国方面提出的国家取向的代表观——实质代表观，北美殖民地的人士反复强调，议会代表代表选区的利益，不仅是源于英国自己的宪政传统，而且与殖民地自身的自治传统有密切联系。在殖民

---

① ［美］戈登·S.伍德：《美利坚共和国的缔造（1776—1787）》，朱妍兰译，译林出版社2016年版，第169页。
② 赵永红：《服务选区与代表国家：美国国会文化内在张力研究》，浙江大学出版社2016年版，第65页。
③ ［美］伯纳德·贝林：《美国革命的思想意识渊源》，涂永前译，中国政法大学出版社2007年版，第151页。

地人士看来，议会代表"是他们选区选民的受托人，专为选民处理同政府间的事务……像所有其他的代理人一样，对此种服务，直到选民发现他们所推选的代表在议会中比较成功地推销了选民的声音之时，这些议会代表们才给以报酬"①。在制宪会议期间，参会代表在讨论国会席位分配原则的时候，再次重申了选区取向的代表观，再加以直接选举、短任期制、投票记录公开制等一些制度给予保障。即使在政党主导美国政治的今天，维护和促进选区利益仍然是指导国会代表言行的重要依据。正如一位美国国会议员所说："我的第一要务是要确保连任。我在国会是代表我选区人民利益的。这也是我作为一个国会议员所持的政治见解。我认为我选区选民所信奉的好的政策对整个美国都有利，所以真正破坏国会所代表的民主制度的恰恰是那些在投票时自以为是的议员们——他们把自己的利益和国家利益混为一谈。"②

选区取向的代表观具有一定的合理性和正当性。一方面，选区作为竞选议会席位的基本单位，是议会议员获得代表权的基础。诚如上文所言，西方国家下议院的议员都是经由选区选举产生，区别在于：有的实行小选区，就是在全国划分若干个小选区；有的实行大选区，就是将整个国家作为一个选区，如荷兰和以色列。然而，不管哪种情形，要赢得选举，就必须获得选区选民的支持。如果选区选民不投票给候选人，那他肯定不能当选为议会代表。选区支持某一（政党）候选人，自然就是希望他能代表选区利益。当然，议会代表可以根据自己的判断作出抉择，但应以维护和促进选区选民的利益作为其活动的宗旨和落脚点。另一方面，选区作为普通民众进行交流和活动的场所，还是议会代表了解社情民意的主要途径。议会是法定的民意代表机关，既代表具体的民意也包括抽象的民意。其中，选区主要形成具体的民意，涉及各个方面、各个领域。议会代表通过联系选区选民，了解最真实的选民意见，然后汇集整理并反映到议会活动之中，再经

---

① ［美］伯纳德·贝林：《美国革命的思想意识渊源》，涂永前译，中国政法大学出版社2007年版，第156页。
② 孙哲：《左右未来：美国国会的制度创新和决策行为》，复旦大学出版社2001年版，第364页。

过代表的辩论产生抽象的民意。因此，没有具体的选区民意，抽象的民意也就成为无源之水。

当然，选区取向的代表观也面临一些争议。首先，选区选民因为性别、年龄、族裔、阶层、种族和宗教等因素，形成多元化甚至是相互冲突的利益诉求，很难产生普遍的共同利益。这就直接造成一个后果：选区里哪个群体的呼声大、资源多，这个群体的利益要求就更有可能被代表，因而造成利益代表的不平衡。同理，在议会里，也会出现同样的情形：假如某个选区代表拥有更多的资源和能力，那该代表所属的选区就会获得更多的资源，而一些弱势代表所在的选区则无法维护和促进本选区的利益。其次，假如议会代表都是只顾维护和促进本选区的利益，那么，整个国家的普遍利益和公共利益易于被忽视，甚至会出现以牺牲国家利益为代价维护和促进本选区的利益。最后，议会代表宣称代表选区中所有选民的利益，但实际上，这在很大程度上是一种选举说辞，旨在说服选民在议会选举时投他的票。在现实政治中，议会代表主要是代表支持他的群体的利益，并不是选区所有人的利益。尽管选区取向的代表观遭到批评，但在现实中，西方各国议会的代表仍然会为经常性地倾听选区选民的声音而设立选区办公室，并运用社交媒体与选民进行沟通和交流，以便了解选区的利益需求，更有效地处理选区事务。

三 代表国家

国家取向的代表观是相对于选区取向的代表观而言的一种理念，主张议会代表要维护国家的整体利益和普遍利益，而不是各个选区的特殊利益。就源起而言，国家取向的代表观是诞生在议会主权确立的基础之上的，即"如果国会成为政治权力的中心而非只是王权的牵制机关，则国会议员必须能够自由做他认为最有利于国家利益的事，而不只是作其选区的代理人"①。这一新的政治代表观念是由英国辉格

---

① [英] A. H. Birch：《代表——政治学的基本概念之一》，朱坚章、王浩博译，台湾幼狮文化事业公司1978年版，第30页。

党率先提出来的，它主张"国会是个审议机构，代表整个国家，其所作之决定不应只是地方要求之集结而已。……我们被选出并在本院占有席位后，至少就我们在此地的行为言，已不再依赖我们的选民了，因此他们所有的权力都移归于我们，而我们对本院面临的任何问题都唯一般公益是视，并根据我们自己的判断作决定"①。此后，国家取向的代表观在英国逐渐成为一种主流。柏克曾对此作出经典的论述，鲜明地主张议会要代表整个国家的利益。同时，一些政治思想家也特别强调："下院只能代表一种利益，即全体利益。至于与全体利益相对的那些个别利益，由于它们不应该受到关注，因此我想它们不需要代表。"② 当然，国家取向的代表观在英国只是一种政治惯例，它并没有写入具体的宪法条文之中。这一惯例后来在欧洲国家成为硬性的规定，则要归功于法国的实践。

  国家取向的代表观之所以首先在法国写入宪法，是有深刻的历史原因——深受选区代表观之害，迟迟无法确立近代代议制。法国现代议会的前身是三级会议，该会议的代表是从全国的177个大法官管辖区和431个等级中选举产生的，当选的代表持有各个选区的委托书，用于指导其在三级会议中的言行。由于受制于委托书，三级会议的代表始终无法正常议事，很难就所讨论的问题达成统一共识和作出决议，最终导致第三等级的代表直接宣布单独组成国民议会，声称"国民议会是现今情况下唯一适合于这个议会的名称，因为组成这个议会的成员是唯一合法的、公认的和审查过的代表。国民代表是统一而不可分的，任何一位代表，不论他是由哪一个等级选出的，都没有离开本议会而单独行使其职务的权利"③。尽管如此，依据委托书行事的选区取向的代表观仍然不时地困扰着代表们的言

---

① [英] A. H. Birch：《代表——政治学的基本概念之一》，朱坚章、王浩博译，台湾幼狮文化事业公司1978年版，第30—31页。
② [英] 约翰·穆勒：《约翰·穆勒自传》，郑晓岚、陈宝国译，华夏出版社2007年版，第241页。
③ 洪波：《法国政治制度变迁：从大革命到第五共和国》，中国社会科学出版社1993年版，第120页。

行,影响了国民议会的议事进程,以至于最后不得不在1791年的宪法中作出明确规定:"各郡所选出的代表并不是各个个别郡的代表而是全国的代表,所以各郡不得交给他们以任何委托。"这一条款标志着国家取向的代表观成为正式的法律规定,产生了深远影响。英国学者布奇曾高度评价道,法国"1791年的宪法……明白指出'在各部分中选出的代表,不是某一部分的代表,而是整个国家的代表,不能给他们任何指令'……此一观点的采纳,代表欧洲关于代表制的观念上一个转折点。……这一理论是法国革命对欧洲的代议制观念最重要的遗产。"① 后来,意大利(1947)以及德国(1998)② 等国家制定的宪法都作出了类似的规定,要求代表应维护和促进国家利益,这为国家取向的代表观提供了宪法依据。

国家取向的代表观之所以获得广泛认同,主要得益于议会确立了自身作为人民的代表机关的法律性质和地位,这"不仅只在政治上的目的方面使之反映国民的意向,就是在法律上的意义方面……议会的意思,在法律上,和国民的意思有同等的效力"③。对于国家取向的代表观论者而言,议会作为国家机关的组成部分,理应代表整个国家的意志。尽管议会代表是经由各个选区选举产生的,但是,这并不意味着他要代表选区利益。因为选举不是一种委托权限的行为,它不能规定选举之后议会代表的言行举止。一旦选举之后,议会代表也就是整个国家机关的代表,只能代表国家的利益。假使议会里的每个代表都致力于追求各个选区的利益,那么,这也就意味着作为国家机关的议会成为特殊利益互相竞争的场所。当然,最常见的辩护就是:国家是由各个行政区域所构成的,整个国

---

① [英]A. H. Birch:《代表——政治学的基本概念之一》,朱坚章、王浩博译,台湾幼狮文化事业公司1978年版,第41—42页。
② 意大利宪法(1947)第67条规定:"议会的每个议员均代表国家,并在履行其职务时不受强制性命令之拘束";德国基本法(1998年修改)第38条规定:德意志联邦议院议员"是全体人民的代表,不受选民的委托和指示的拘束,只凭他们的良心行事"。援引封丽霞《人大代表代表谁?》,《学习时报》2006年2月27日。
③ [日]美浓部达吉:《议会制度论》,邹敬芳译,卞琳校,中国政法大学出版社2005年版,第79页。

家的公共利益得到了代表和维护，自然而然，各个选区的利益也就得到了保障。

而国家取向的代表观面临的主要质疑在于：究竟哪些可以视为国家的普遍利益？不同于选区的具体利益，国家的公共利益是抽象的，既看不见也摸不着，主要是依靠议会代表自己的判断。所以，国家取向的代表观往往倾向于独立自主型代表。这就不可避免地产生一个后果：没有一个明确而清晰的标准来辨别哪些属于国家的普遍利益？哪些又不是？例如，2016年，英国执政的保守党决定举行脱欧公投，主要目的是在同欧盟谈判时获取更多的好处，并借此弥合党内分歧。但是，最后52%的选民投票赞成脱欧，48%的选民投票反对脱欧。那么，上述两个结果究竟哪个是国家利益所在？显然，这没有一个统一的标准。实际上，在西方国家的政治生活中，无论是执政党，还是在野党，往往都会把政党的特殊利益包装成国家的普遍利益。在这种情形下，所谓的国家利益，实际上就是政党的利益。更有甚者，还会出现以牺牲国家利益为代价换取政党利益，这点在英国保守党决定举行脱欧公投的决定上体现得尤为明显。因此，国家取向的代表观正日益受到政党代表观的强烈冲击。即便有些国家明文规定议会代表应维护和促进国家的利益，但也很难落到实处。

四 代表政党

近现代政党产生于议会，其主要活动场所也是议会。当然，早期的政党被视为政治的祸害，等同于"宗派"或"派别"，在政治生活中并不起主导作用。那时，王权是整个政治运行过程的主角，议会附属于王权。即便议会已经产生了政党，但是，议会中的政治竞争还是发生在议员个体之间。因此，议员在"代表谁"的问题上，主要纠结于代表选区还是代表国家。随着政党的发展和壮大，议会中的竞争转移到了政党之间，且政党之间的竞争贯穿于议会活动的始终。有学者指出："国会是一个合议制的机关，在立法与决策的过程中，国会议员如果不依靠政党的介入、运作、操控与协调，则议会秩序必流于混乱，各国国会议员也无法顺利地推动法案的过关。"① 从此，议会代表的政党身份特征开始凸显。对于议会代表来说，政党取向代表观的产生，意味着议会代表在代表"谁"的问题上面临三重压力：选区、国家与政党。而且，相较于选区和国家给议会代表所带来的压力，政党的约束更为明显和直接，它已经渗透到议会选举和议会议事的全过程。

政党取向代表观的产生，主要源于政党在政治过程中的地位和作用不断增强。

一方面，政党是议会选举的动员者和组织者。议会选举是一项极为复杂的政治活动，在候选人的提名、宣传、投票等各个环节，都有政党的身影渗透其中。虽然有少数人员可以通过自己的威望和资源赢得议会选举，但是，绝大多数能够赢得选举都得益于政党的大力支持，即"大量经验资料证明，议员赢得选区竞选乃是由于其所属政党之故。尽管也有一些资料证明存在个人竞选行为，但其通常难以左右选区选举的结果"②。这就意味着当选为议会的代表具有第三重属性——政党党员。既然在选举过程中获得了政党的帮助，那么，议会代表在议会中贯彻和执行政党的纲领和政策主张也就是其职责所在。可见，政党与议员代表是一种互相支持和依赖的关系：政党推出候选人，通过赢得议席多数而成为执政党，确保政党的纲领和主张得到贯彻落实，同时，政党党员依赖于政党的支持竞选议员，然后在议会中代表和促进政党的利益。当然，政党取向的代表观要最终落到实处，还需要严肃的政党纪律作保障，即一旦议会代表没有在议会投票选举中支持政党的政策动议，政党可以运用政党纪律进行处罚，如英国工党的"三线文书"制度。

另一方面，政党是议会议事活动的主导者。在西方国家，党政分开原则被视为一项普遍的政治原则，即政党通过选举向国家政权输送

---

① 盛杏湲：《政党或选区？立法委员的代表取向与行为》，《东吴政治学报》2005年第21期。
② ［英］菲利普·诺顿：《英国议会政治》，严行健译，法律出版社2016年版，第175页。

政治官员，在选举结束后，政党隐身于幕后，不能干涉议会的活动，议会代表只能以议员的身份而不是某党党员的身份开展活动。这是一种理想化的形态，在现实中并非如此。议会作为享有立法权、监督权等若干职权的国家机关之一，始终是政党进行竞争的场所。无论是议会制国家还是总统制国家，政党通过参与选举进入议会之后，普遍都在议会里设置议会党团，以便统一本党议员的立场，从而对议会活动施加影响。甚至在有些国家，它还可以参与提名议长、组织议会中设立的各种委员会等。这就意味着，如果一个政党在议会里赢得多数席位，那它就享有更多的优势和资源，如能够控制议会的立法动议权、各委员会的主席及委员的提名权等。其中，议会中的各委员会被视为"行动中的国会"，一些重要委员会的主席不仅来自多数党，而且委员会的委员也是多数党占更高的比例。例如，美国"众院民主党团一向坚持众院各委员会的两党比例要绝对保障民主党作为多数党的控制权……参院各委员会内的民主党，至少也要求要保持一席多数，两院各委员会的多数党还无一例外地掌握着该委员会主席职位，以便主宰各委员会的议事大权"[1]。因此，作为议会议员，他在议会中的言行必须时刻考虑政党的要求和利益诉求。

　　政党取向的代表观是现代政党政治发展的必然要求，具有一定的合理性。当然，它也时不时面临着责难，就是政党的利益始终被视为部分的或者说局部的利益，它有别于国家的整体利益，甚至两者之间是相互冲突的。根据政党的词根（part）可知，政党初始的含义是指部分，就是一些人基于相同的政治理念而聚集在一起的组织。因此，政党起初只是代表一小部分人的利益，这也是政党为什么在诞生初期就备受指责。虽然政党已经成为民主政治不可或缺的组成部分，但是，它往往都是被视为某个阶级或阶层利益的集中代表者，同时，代表某个阶级的利益亦成为政党最主要的功能之一。20世纪50年代以后，随着西方国家的政党逐渐去意识形态化，并转型为全方位政党，其试图代表各个阶级或阶层的利益，从而在选

---

[1] 蒋劲松：《美国国会里的委员会制度透视》，《法学杂志》1992年第3期。

举中赢得政权。但在现实政治中，很难做到这一点。即便是赢得政权的执政党或多数党，它也很难代表整个国家的利益。不过，基于选举的考虑，任何政党不仅会声称自己代表了所有人的利益，而且会强调政党所追求的利益就是国家的普遍利益。所以，怎样在政党利益与国家利益之间进行取舍和平衡，已经成为议会代表需要经常面临的一大困境。

  政治代表究竟应该代表选区、国家还是政党，目前并没有达成普遍共识，只能说是侧重于某种取向。其中，美国是倾向于选区取向的代表观；西欧国家则是倾向于国家取向的代表观。对于政党取向的代表观，无论是美国，还是欧洲国家都有所体现。从具体情形来看，西方国家的议会代表往往会试图兼顾选区、国家和政党三个方面的利益，而不是只顾某一方面的利益诉求。但总体而言，"由于选民掌握着投票的决定权，而政党则掌握着候选人提名和组织运作的资源优势，因此议员从个人利益出发都会积极维护。而对于能否代表国家的利益，则只有抽象的原则进行约束，于是议员越来越背离国家利益代表的政治家角色"①。更为重要的是，近年来，由于西方国家政党政治的极化趋势愈演愈烈，议会代表的言行体现了鲜明的党派色彩。即使在政党纪律和结构比较松散的美国，参众两院代表的投票也非常明显地按议员各自所属党派泾渭分明分成两派，从而催生了所谓的"否决"政体。这一情形在2019年美国"特朗普总统弹劾案"中得到了充分体现，即无论是众议院还是参议院，两院中的议员几乎全部是按照党派阵营进行投票。其中，众议院有231位民主党人投赞成票，仅有2人反对，而共和党194人均投反对票；参议院中的53位共和党人全部投反对票，47位民主党人则全部投赞成票②。

---

  ① 孟宪艮：《西方议员角色变化的历史演进、现实互动与发展趋势》，《比较政治学研究》2013年第2期。
  ② 2019年12月18日，美国参议院对两项弹劾条款进行表决，其中，第一项是52票反对，48票赞同，仅有米特·罗姆尼投票支持，但在表决第二项条款时，他同共和党其他成员保持一致，投票反对。

第四节 如何代表

"如何代表"就是指代表者采取哪种方式和手段反映和维护被代表者的意见和利益。起初,代表只能代表他自己而不能代表别人,因此不存在"如何"代表的问题。只有代表具有了代表他人行动的意涵,才会产生这样一个问题。诚如布赖斯所言:"大体地说,一直到了18世纪,才有人认真地提出问题,议员在思想、谈话、投票时,他们依照大多数选民见解的义务到底应该依照到哪种程度,依照个人自己的见解又可到哪一种程度。"① 无论是依照选民的意见,还是依照个人自己的见解,它所反映的是:议会代表究竟应扮演什么角色。如果选民的意见居于主导地位,代表就是一种"传声筒"(deputies);如果代表个人见解居于主导,他就是一个"代议员"(representatives)。所以,政治代表究竟应遵从选民意见还是依照个人意见,同样没有一个明确的定论。

一 委托代表制

委托代表制是指政治代表者(议员或代表)与被代表者(选区选民)之间存在一种委托关系,代表应严格遵从选区选民的指令行事,维护其利益要求。委托代表制的源起,最早可追溯至中世纪等级代表会议,即"在阶级代表制度,议员和其选出的阶级的团体之间,存有委任关系,议员依委任状而得其权限……关于授权外的问题,国王求其决议时,各代表者于其决定前,必要征求选举区的意见,而从其训令。现代的议员和其选举人之间,完全没有这样的关系"②。之所以委托代表制的实践主要应用于中世纪等级代表会议,是由等级代表会议的代表性质所决定的——它仅是其所属阶级或等级的代表者,

---

① [英]詹姆斯·布赖斯:《现代民治政体》(下册),张慰慈等译,郭旭、付俊等校,吉林人民出版社2001年版,第854页。
② [日]森口繁治:《选举制度论》,刘光华译,廖初民校,中国政法大学出版社2005年版,第35页。

并不代表整个国家或民族的利益。但是，对于近现代议会的议员是否同其选区选民存在委托代表关系，尚存较大争议。一些人坚称"无论从法理上还是从代议民主的机理上分析，代表与选民间都有一种委托关系"，因为"委托说要求代表的言论或表决要围绕选区选民的利益和意志，最大限度地代表选区选民的意志和利益。只有这样，才能使议会成为全体人民的代表"①。持相反观点的人则强调，议会代表与选区选民之间并不存在委托关系，那种把私法领域内的委托代理关系应用于政治领域，并不恰当，因为"私法上的委托关系，在理论上讲，亦实不宜存在，且不能存在于议员与选民之间。不宜存在，因为议员与选民间，如果存在此种委托关系，则实际上直接民治制度的实益与代议制度的实益，将两俱不能取得"②。委托代表制导致议会成为反映特殊利益而不是整体利益的场所，影响了议会的政治地位和权威，在18世纪后逐渐被各国所抛弃。

西方政治思想家之所以主张委托代表制，最主要的原因在于代表作为权力的行使者易于腐败，并形成特殊的利益群体而脱离人民的控制。卢梭指出："通过代表行动既有好处也有坏处，但坏处是主要的。作为整体的立法者是不可能被腐蚀的，但很容易被骗。代表难以被骗，但易于被腐蚀，而且他们很少不被腐蚀。"那么，怎样才能有效防止代表被腐蚀呢？这就需要委托代表制，它被视为应对代表腐败的重要举措，即"要求代表们切实遵循指示，并就他们在议会中的行动向选民进行严格汇报"，并且"应该非常仔细地草拟给众议员们的指示……他们应该依据这些指示，在回来后在领地议会的汇报会期上述职……正是依据他们的述职报告将决定他们的众议员资格是否被取消，或者如果他们对指示的遵从让选民们满意的话，他们将被宣布合格"③。具体而言，就是"他在议会中所说的每句话，他所采取的每个行动，都必须预先考虑他将要向他的委托人交代，也必须意识到他

---

① 温辉：《代表与选民的关系》，《现代法学》2001年第2期。
② 王世杰、钱端升：《比较宪法》，中国政法大学出版社1997年版，第197—198页。
③ [法]卢梭：《政治制度论》，崇明等译，商务印书馆2013年版，第67—68页。

们的评价将影响到他的计划的推行以及他的同胞对他的尊敬……因为毕竟这个民族派送众议员去参加议会，不是为了让他们表达自己的私人观点而是为了宣告民族的意志……即便坚持使众议员遵从指示会带来某种不便，这种不便与因此得到的巨大益处相比微不足道，这一益处就是让法律从来只是民族意志的真实表达"①。也就是说，议会代表作为受托人，如果违背了委托人的指示，不仅不是一名合格的代表，还要取消其代表的权利或资格。因此，这严重束缚了代表言行的独立自主性，影响了议会的议事效率，即"事事请示选民，固然会使代表们的发言更能表达国家的声音；但是，这将产生无限的拖延，并使每一个代表都成为其他代表的主人，而且在最紧急的时机，全国的力量可能为一人的任性所阻遏"②。当议会逐渐从等级代表会议转型为全国性的代表机构时，委托代表制就成为首先需要克服的弊端之一。

委托代表制的形式主要表现为委托书和陈情表。委托书是代表当选之后由其原所在选区选民授予的，规定了代表的权限，借此证明他获得了选民的授权。若想获得委托书以外的自由裁量权，代表需返回选区重新获得授权，因此，"议会代表更多的是人民的授权代表（plenipotentiary），而不仅仅是代议士"③。陈情表则主要表达了不同等级或选区选民的利益愿望和要求，它真实地记录了不同等级的思想感情，反映了当时普遍流行的政治思潮和观念。例如，第戎、达克斯、巴约纳和圣赛维尔、雷恩等地区的第三等级给参加三级会议代表递交的陈情表就要求："如果教士和贵族的代表拒绝共同按人头表决，代表 2400 万人民的第三等级代表可以也应该始终自称为民族大会，即使这要冒与 40 万人的代表分裂的风险；第三等级代表应与愿意采取共同行动的教士和贵族代表一起，向国王提供协助以满足国家所需，因此税收应在国王的所有臣民之间无差别

---

① [法]卢梭：《政治制度论》，崇明等译，商务印书馆 2013 年版，第 68—69 页。
② [法]孟德斯鸠：《论法的精神》（上册），张雁深译，商务印书馆 1961 年版，第 158—159 页。
③ [英]阿克顿：《法国大革命讲稿》，姚中秋译，商务印书馆 2012 年版，第 58 页。

地分摊。"① 这些内容基本上反映了法国第三等级最核心的利益诉求——第三等级需与其他两个等级承当一样的税收并享有平等的代表权,反映了法国式"无代表不纳税"的政治理念。依托于委托书和陈情表,法国各个选区中不同等级的利益得到了充分保障,但也造成"三级会议的代表制呈现着被分割的状态,每个代表只能消极地反映本选区、本等级的个别意志,而不能积极地为全民族的整体利益说话"②。诚如贝克教授所言:"三级会议的代表,是作为代理人,而非代表。就集体而言,他们并不代表整体,而是代表各个等级构成的总和;就个人而言,他们是各个地区的委托者,而非代表。"③ 由于三级会议代表只顾维护所属等级的特殊利益,致使它不能确立自身作为全国性代表机构的政治地位,因为难以实现从等级代表会议向现代议会的转型。法国议会制度的转型之路如此曲折,同委托代表制存在一定的关系。

对于委托代表制存在的不便之处,法国革命期间的有关人士已经给予了重视。例如,时任财政总监内克尔的顾问马卢埃曾指出:"你现在已经知道了法国的愿望;你知道授权指导原则,但你不认识那些议会代表。不要把所有事情都交给你不了解的人来随意决定。应当立刻将人民的要求转向制订一部宪法,赋予它们以法律的力量。在你还拥有不受约束的行动权力的时候,赶快行动。"④ 在国民议会成立之后,委托代表制的弊端进一步显现,因为国民议会不同于三级会议,它的性质就如同其称谓一样,是一个代表"国民"(即全体国民)的议会,而不是代表"三级"(即三个等级)的会议。这就要求建立与之相适应的代表制——它"虽然溯源于各个部分,却应该有责任同等地注视着全体。每一个进入(国民)议会的代表,都应该是法国的,

---

① [法]伊波利特·泰纳:《现代法国的起源:旧制度》,黄艳红译,吉林出版集团有限责任公司2014年版,第334—335页。

② 高毅:《法兰西风格:大革命的政治文化》,北京师范大学出版社2013年版,第47页。

③ Keith Michael Baker, *Inventing the French Revolution: Essays on French Political Culture in the Eighteenth Century*, Cambridge: Cambridge University Press, 1990, p.227.

④ [英]阿克顿:《法国大革命讲稿》,姚中秋译,商务印书馆2012年版,第61页。

而且是她各色人等的代表——是多数人的和少数人的，是富人的和穷人的，是大地区的和小地区的代表"①。如果把附属于三级会议的委托代表制运用于国民会议的运行过程之中，它将会影响国民议会作为具有立法性质的代议机构的政治地位。

在这个过程中，一些国民议会代表开始呼吁取消旧委托书，直言"个别的委托人不能成为立法者，因为公共的议会应考虑的并非只是他们的特殊利益，而是一般的利益。所以，任何个别的委托人都不能成为公共利益方面的立法者。……承认那种强制委托权和有限委托权制度，显然会阻碍议会达成任何决议"②。针对直接民主思潮的盛行，西耶斯指出，国民议会代表与选区选民之间并不是私法领域内的委托代理关系，后者不能向前者强加任何形式的训令和要求，因为"某个选区的代表也是全部选区的代表，是全民族的代表，所有的公民都是他的委托人"③，国民议会代表的任务"在于对委托人的意愿进行表达、倾听、协调、修改，最终大家在一起形成一种共同的意志"④。经过法国革命人士的不断批判，委托代表制的理念最终被抛弃，这也为法国现代议会的建立扫除了政治代表观念上的障碍。

委托代表制是中世纪各封建王国不同等级加强对王权的制约以及维护自身的利益诉求的重要手段，为等级代表会议运行提供了重要的制度保障。但是，委托代表制也存在一些弊端。一是过于强调选区利益的重要性，忽视了国家利益；二是强调选民意见的重要性，限制了代表的自主意识。因此，委托代表制的"最大弱点正在于其浓厚的纯理想色彩，即理想化地设定代表与选民只能存在完全的合作与一致关系。这种关系在实际的政治实践中根本就不存在，因为代表还要考虑

---

① [英]埃德蒙·柏克：《法国革命论》，何兆武等译，商务印书馆1998年版，第242页。
② 转引自高毅《法兰西风格：大革命的政治文化》，北京师范大学出版社2013年版，第49—50页。
③ 乐启良：《西耶斯的代议制理论管窥》，《浙江大学学报》（人文社会科学版）2009年第1期。
④ 转引自高毅《法兰西风格：大革命的政治文化》，北京师范大学出版社2013年版，第52页。

国家整体以及其自身的利益和意志，不可能完全按选民的训令行事。这就严重限制了它对现实的适应性"①。随着议会成为整个国家或民族的权力机关，它便要求议会代表应以代表国家利益为活动宗旨，借此强化代议机关的地位和作用，这也是很多国家在宪法中明令禁止委托代表制的原因所在。

但是，委托代表制仍然以某种变通的形式出现在现实政治生活之中——微缩代表制。微缩代表制主张：人民的意见既然无法通过代表"再现"，那么，退而求其次，人民的构成应该"再现"，即视代表为一面镜子，它要让议会成为社会的一个缩影，代表的人员结构要与社会的阶级结构形成一定比例，借此保证不同群体在议会中的代表性。因此，委托代表制与微缩代表制存在异曲同工之妙，两者相同之处都是要求代表应以维护被代表者的利益为活动目标，不同之处在于：委托代表制侧重于行动维度，即代表者的言行要同被代表者保持一致，属于政治责任层面的问题；微缩代表制侧重于结构维度，即代表者的身份特征要同被代表者保持一致，属于制度设计层面的问题。

二 独立代表制

独立代表制是指政治代表者在反映或代表被代表者的意见或利益时，要做到独立自主抉择，而不是依被代表者的意见行事。同委托代表制一样，独立代表制也承认政治代表者与被代表者之间的委托关系，但强调是一种特殊的委托关系，即被代表者不是原选区选民，而是整个国家的人民。因此，在代表选举产生之后，代表并不受原选区选民的约束，而是应该运用自己的智识去识别人民的本质利益。"凡为议员者，均应当有充分之自由，作睿智之思考，本其认识，以为全体国民最佳利益而投票。是故选举区人民虽可对彼提出种种询问，以及建议，然彼如觉其与全国人民之共同利益不符，则可全然不受选区

---

① 彭宗超：《合作抑或冲突：选民与代表相互关系理论评析》，《北京行政学院学报》2000年第6期。

人民意见之拘束。"① 依托于独立代表制，议会从一个民意代表机关转变为一个兼具代表机关和权力机关双重属性的代议机构。独立代表制中的"独立"实际上包含两个层面的含义：一方面，议会作为代表机关，它强调议会代表要独立，其发表的言论和作出的抉择应依据自己的审慎判断和理性思考，所代表的利益应是客观存在的普遍利益。另一方面，议会作为权力机关，它强调议会要独立，其行使职权应依据法定程序，如制定法律、监督行政机关等保持独立的地位，不受其他政治力量（如行政机构）的影响。其中，议会代表独立是议会独立的前提，即议会代表只有真正代表了人民的利益，议会才能获得坚实的民意基础和民意支撑，从而在履行职权时才能免受干扰；而议会独立是议会代表独立的保障，即议会只有排除其他机构的影响，议会代表才能全身心地去开展代表活动，成为人民群众利益的代言人。

独立代表制的源起，最早可追溯至18世纪中期的英国。此时，议会主权原则已经基本确立，议会作为最高国家权力机关的地位也获得了认可，但是，王权仍然试图影响甚至控制议会，主要手段包括授予特权、恩惠和贿赂等，损害了议会的独立性和权威性。正如伯克所言："一旦议会受到驱使去担当行政部门的职责，它就会完全失去当它被认为是在矫正和控制政府的行政权力时所享有的信赖、爱戴和尊崇。"② 在他看来，议会作为一个代表机构，其权力来自人民的委托，它理应密切联系人民并反映人民的利益，即"作为人民与政府之间的某种中介，下院对于与人民有关的一切事情，会比另一个较为遥远和固定的立法部门有更多的关切和更直接的注意。……议会与选民之间有某种血缘关系，有某种天然的共鸣。如果缺乏这种共鸣，它便不再成其为下院了"③。但是，议会之所以被视为代表机构，关键在于它所代表的是全体人民的普遍利益，即"使得下院成为严格意义上的人

---

① 转引自曾繁康《比较宪法》，三民书店1993年版，第197页。
② 陈志瑞、石斌编：《埃德蒙·伯克读本》，中央编译出版社2006年版，第58页。
③ 同上书，第56页。

民的代表的,并不是它从人民那里派生出来的权力。国王是人民的代表,上议院议员和法官们也是人民的代表。与下院议员一样,他们都是人民的受托人……单是起源于民众这一点绝不可能作为一个民众代表的显著特征。这同样适用于政府的各组成部分及其各种形式。一个下院的优点、精神和实质就在于它明确地体现这个民族的情感"①。可见,决定议会是否为代表机关的因素,不是取决于议会代表的权力是否源于人民的授予,而是议会代表的言行是否反映了整个民族的利益。

1774年,柏克在竞选议员成功后发表了一篇演说,详细阐述了独立代表制的内涵及其要求。他认为,议会代表的言行要把选民的意见作为参考,但不能唯选民意见是从,因为这同英国宪政传统格格不入,即"发表意见是一切人的权利,选民们的意见更是有分量的值得尊重的意见。对此,议员应当总是乐意听取,并应当总是抱着最认真的态度予以考虑。但是,把选民的意见看做权威性的指令、命令,即使它与议员自己明白无疑的信念和良知的决断相背驰,他也必须盲目地、不言而喻地服从它,投它的赞成票并为它辩护——在这个国家的法律中,根本不曾听说过有此种情形。这种想法缘于对我们的整个宪政秩序及其性质的根本误解"②。之所以议会代表不应遵从选区选民的意见,是因为议会的性质及功能已然发生改变,不再是一个反映特殊利益的会议机构,而是成长为一个代表普遍利益的权力机关,即"议会不是一个由代表各不相同的、敌对国家利益的大使们所组成的协商会……与此相反,议会是一个具有共同利益、整体利益的同一国家的决策性会议——在这里起主导作用的不该是地方利益、地方偏见,而应该是以全体人民的普遍理性为基础的普遍利益"③。在柏克看来,国家作为一个整体,始终存在一个普遍的、不以人的意志为转

---

① 陈志瑞、石斌编:《埃德蒙·伯克读本》,中央编译出版社2006年版,第56—57页。
② [英]埃德蒙·柏克:《自由与传统》,蒋庆等译,商务印书馆2001年版,第165—166页。
③ 同上。

移的客观利益，它是由各个选区利益所组成。议会代表了整个国家的利益，相应地也就代表了其所属选区的利益。当然，在代表国家利益的过程中，代表不必听从选民的意见，而应进行独立的判断。这主要源于以下两方面的因素。

一方面，人民缺乏理性的思考和审慎的判断，意见多变，只关注个人利益和眼前利益，易于犯错，因此，人民不值得信任，更不能过于迁就人民的意见。正如柏克所言："如果我们相信粗陋的民众，在缺乏更高权威或更高智慧的影响下也能行动起来，振作起来，并能沿着固定的、永恒的方向趋向某个目标，那么，就等于相信大海在没有巨风吹刮的时候也会涨潮，也会洪波涌起，惊浪滔天。"① 由于对普通民众的怀疑和不信任，他转而提出了"自然贵族"的概念，它同传统的世袭贵族存在明显的区别，即前者"主要不在于他们的出身，而在于其所具备的才能、德性及财富"②。"自然贵族"作为一个精英群体，具有教育水平高、闲暇时间多、善于思考和辩论等特征，以实现国家利益而不是个人利益为活动宗旨，包括律师、科学家、艺术家等。所以，他们作为议会代表，最主要的职责"是向人民提供咨询意见，而不是向他们寻求咨询，我们无需到他们那里求学，或从他们那里学习法律和政府原则……他们既缺乏理论上的深思熟虑，也缺乏实践经验来对其作出决断"③。

另一方面，政治事务比较复杂，既需要一定的智慧，也需要掌握一定的知识和能力，不能仅凭个人的喜好。柏克指出："如果政府只是一个尊重谁的意愿的问题，你们的意愿无疑应当处于优先地位，然而政府和立法是关乎理智和判断力而不是偏好的问题。那么，如果在讨论之前就有了决定；一些人思考问题，另一些人作出决定；

---

① [英]埃德蒙·柏克：《自由与传统》，蒋庆等译，商务印书馆2001年版，第164页。
② 张福建：《议会及议员的权责：埃德蒙·柏克代表理念的可能贡献及其限制》，《台北行政学报》1998年第29期。
③ [英]埃德蒙·柏克：《自由与传统》，蒋庆等译，商务印书馆2001年版，第172页。

下结论的那些人也许离那些倾听辩论的人有三百英里之远，这算什么理智呢？"① 遗憾的是，他的政见并不受普通民众的待见，其本人在 1780 年试图竞选连任时败选，原因就在于他支持自由贸易和天主教解禁，这同布里斯托选区的主流民意存在冲突。

到了 19 世纪，随着英国工业革命的推进，社会结构发生急剧的变化，形成了工商业资产阶级和无产阶级两大新兴阶级。此时，扩大选举权，借此获得议会的政治领导权就成为新兴阶级的利益诉求，议会改革运动便随之兴起，议会亦成为整个政治活动的中心和合法政治斗争的舞台。1861 年，约翰·密尔出版了《代议制政府》一书，提出了议会改革的思路，探讨了以议会制度为轴心的代议制政府的性质、职能、选举权等问题，对议会代表"如何"代表的问题亦展开了论述。如果说 18 世纪的柏克是以一个政治实务者基于实践的视角去思考议会代表"如何"代表的问题，那么，19 世纪的密尔则是作为一个政治理论家基于理论的角度去审视这个问题，即"议会议员应该受选民对他的指示约束吗？他应该是表达选民意见的机关呢，还是表达他自己意见的机关呢？应该是选民派往议会的使节呢，还是他们的专职代表，即不仅有权代替他们行动，而且有权代他们判断该做的事情呢？"② 在他看来，议会代表是作为一名使节还是一名专职代表属于伦理道德层面的政治责任问题，同代议制政府的制度设计安排关系不大，它"不是和代议制政府的存在有重大关系的一件事情，但对代议制政府的有益作用说来颇为重要的"③。当时，大部分实行代议政体的国家都在法律和习惯上承认议会代表可以依自己判断作出决断。但是，密尔也指出，由于代议政体中的选民直接决定着议会代表能否连任，因此，"只要选民愿意，就可以把它转变为单纯的代表团。……他们通过拒绝选举那些不保证遵从他们的意见，或甚至在表决未预见到的任何重要问题以前不同他们商量的人，就能把他们的代

---

① 陈志瑞、石斌编：《埃德蒙·伯克读本》，中央编译出版社 2006 年版，第 79 页。
② [英] J. S. 密尔：《代议制政府》，汪瑄译，商务印书馆 1982 年版，第 171 页。
③ 同上书，第 173 页。

表降为单纯的传声筒"①。对此，密尔表明了自己的立场和观点——反对议会代表扮演传声筒的角色，即"代表是使节的学说在我看来也是错误的，其实际运用是有害的，尽管在那种情况下危害会被局限在一定的范围以内"②。换而言之，密尔是一位独立代表制的倡导者，即他"始终都是'独立'代表制的拥护者……早期是伯克'实质'代表制的支持者，主张代表应该具有充分的独立性和自由裁量权"③。

同柏克一样，密尔也具有精英主义思想倾向，认为议会要履行好监督和控制政府以及表达民众意见和愿望等职能，应具备深邃的思想、丰富的经验、广博的知识和高尚的道德等，这些需要经过长期的训练或锻炼才能获得，是普通民众所缺乏的。源于此，普通民众有责任也有义务"选择比他们自己更有智慧的人作他们的代表，并且应该同意按照那个较高智慧来统治自己，这是很重要的"④。当然，他也承认，智识上的优越并不意味着可以置选民意见于不顾，选区选民有权知道议会代表的一言一行。但是，只要两者之间的分歧没关涉到选民的基本权利和根本利益的问题，那么，议会代表就应享有充分的自主权，选民也应尊重代表做出的选择。如果一味地要求议会代表放弃自己的思考而屈从于选民的意见，很可能得不偿失。密尔直言："当分歧不是涉及到政治原则的时候，不论选民在他自己的意见上是怎样坚定，他应当考虑到一个有能力的人和他意见不同，"并且"应当容忍候选人在他们的根本信条以外的不论多少事情上表达不同于他们的意见和采取相应的行动"，但同时也"应该坚持按照他根据自己的判断认为是最好的那样去行动的充分自由，而不应该同意按照任何其他条件服务"⑤。由此可见，密尔所持的独立代表制同柏克式的独立代表制存在细微差异：前者是一种比较温和的独立代表制，既不主

---

① [英] J. S. 密尔：《代议制政府》，汪瑄译，商务印书馆1982年版，第172页。
② 同上书，第181页。
③ Dennis Frank Thompson, *John Stuart Mill and Representative Government*, Princeton：Princeton University Press, 1976, p. 113.
④ [英] J. S. 密尔：《代议制政府》，汪瑄译，商务印书馆1982年版，第176页。
⑤ 同上书，第178—179、180、179页。

张赋予代表彻底的自主权,避免脱离选民的控制,也不主张赋予选民完全的控制权,避免代表降为使节;后者是一种彻底的独立代表制,主张赋予代表完全的自主权。

独立代表制的产生与确立,是近代议会制度发展的内在要求,它保证了议会代表能够充分行使代表职权,有助于发挥代表的主动性和创造性,树立议会作为国家权力机关的法律地位,因而在18世纪后期得到了许多国家的认可,并陆续在各国宪法中得到了体现,如法国1958年宪法作出了"议会的投票权属于他个人"、"任何强制委托一律无效"等相关的规定。在实践中,独立代表制面临两个问题的困扰:一是议会代表易于以独立之名摆脱选区选民的控制,进而形成一个特殊的社会群体,形成与人民不同甚至对立的利益;二是议会代表易于以国家利益之名义甚至会以牺牲选区选民利益为代价,谋取代表个人之私人利益。在这种情况下,怎样对代表进行有效的约束和问责,便成为制度设计需要考虑的一个核心问题。面对这些质疑,独立代表制并没有一个令人满意的答案,因此,如何在保证议会代表独立性的同时,又能维护国家的整体利益,是独立代表制需要解决的问题。

三 超越遵从与自主之争

"遵从与自主"的争论充分体现了"如何"代表问题或者说"代表"概念本身所蕴含的内在张力:无所谓对错,甚至在某种意义上两者都是对的,但就是无法得到解决。正如皮特金所说:"只要'遵命Vs. 独立'之争包含的是一个建立在代表含义上的概念争论,那么争论的两方都是正确的。代表概念看上去自相矛盾的含义也贯穿在我们对代表行为的要求中:被代表者必须既是在场的,又是不在场的。代表者必须真的在行为,必须是独立的;而被代表者必须是某种意义上在通过代表者进行行为。"① "遵从与自主"之争,背后隐含着某种价值分歧以及对代表角色认知的不同。其中,"遵从"的价值取向是

---

① [美]汉娜·费尼切尔·皮特金:《代表的概念》,唐海华译,吉林出版集团有限责任公司2014年版,第188页。

一种平民主义，主张代表应原原本本地"呈现"人民的意见和愿望，而不是代表自己的意愿。代表者的角色类似于外交使节或代表团。但是，如果走向极端，就发展成为民粹主义，代表会被视为毫无用处甚至是一种危险的事务，被认为是实现人民自治的障碍，法国大革命期间即是例证。"自主"的价值取向是一种精英主义，主张代表应对人民的意见和愿望进行汇集、综合与提炼，而不能消极地反映人民的意愿。代表者的角色类似于受托人。但是，现实中几乎不存在纯粹意义上的"使节"式代表和"受托"式代表，绝大多数的代表者会试图在两者之间寻求某种平衡，所扮演的角色主要是政客[①]，即主要根据议题以及特定情形来决定自己的举措。因此，需要超越"遵从与自主"之争，以便在充分发挥代表的主动性和有效维护人民的意愿之间找到某种平衡点。

第五节 代表什么

"代表什么"涉及政治代表的基础和政治代表的内容。一方面，在政治代表的基础方面，关注被代表者的单位和条件。起初，代表并不包括有生命的个体，仅限于无生命的物体，然后用于法人团体，最后推至具体的公民个体。同时，被代表者开始也需要附加一些条件，如性别、财产、肤色等要求，其中，女性、无产者、黑人等就不属于被代表者之列，直到选举权的扩大才扩至所有公民。另一方面，在政治代表的内容方面，即"什么"是代表所应代表的，主要关注利益和意见，它们代表了两种不同的代表制模式——自由主义代表制和国家主义代表制。

一 从团体到个体

早期代表的形式之一就是法人代表，包括教会、教区和行会等社

[①] Heinz Eulau, John C. Wahlke, William Buchanan, Leroy C. Ferguson, "The Role of the Representative: Some Empirical Observations on the Theory of Edmund Burke", *The American Political Science Review*, Vol. 53, No. 3, 1959, pp. 742–756.

团。可见，起初拥有选派代表权的是团体并不是具体的个人。这种以团体或等级为代表基础的代表制一度存续至18世纪（即法国三级会议）。在中世纪晚期，城市开始兴起并积累巨大的财富，并因此获得了政治代表权。但需要指出的是，城市作为被代表的对象，并不意味着组成城市的市民被代表，因为"中世纪的城市本身是一个个体，但是一个集体的个体，即一个法人"①。而作为法人团体的自治城市，它实际上"是一个虚拟的人格，一个法律上的人，其权利和义务区别于其成员的权利和义务"②。因此，作为郡或自治市的代表，他们所代表的不是每个市民，而是郡或自治市本身。这种以法人团体作为代表对象的代表制可称为团体代表制，影响亦非常深远。

18世纪北美殖民地独立之后，各州选派代表齐聚费城商讨制定新宪法，其间，代表们为了使大州与小州就国会代表权问题达成妥协，最后投票一致决定：不管州的大小，每个州在参议院都享有2个席位。显然，参议院议员代表的是州而不是各州人民，这体现的就是团体代表制。所以，约翰·麦克里兰指出："北美人重新打造州级政府与联邦政府之时，代表应该是团体代表的观念依旧活跃，连马州这样非常'民主'的州，内部也激辩代表单位应该是选区、特许市镇，还是古老的郡。"③ 到了19世纪，密尔曾在《代议制政府》一书中批评那些反对黑尔个人代表制方案的人员，因为他们仍然要求保留代表权的地方性质，即"在他们看来，国家似乎不是由人构成的，而是由地理和统计产生的拟制的单位构成的。议会所代表的必须是市镇和郡，而不是人"④。随着选举权的扩展，以固定区域或地理单位作为基础的团体代表制不断遭到冲击，逐步让位于个人代表制。但是，团体代表制的理念及其实践并未彻底消失，即使到现在，它仍然盛行于

---

① ［比利时］亨利·皮雷纳：《中世纪的城市》，陈国樑译，商务印书馆2006年版，第115页。

② ［英］F. W. 梅特兰：《英格兰宪政史》，李红海译，中国政法大学出版社2010年版，第37页。

③ ［英］约翰·麦克里兰：《西方政治思想史》，彭淮栋译，海南出版社2003年版，第479页。

④ ［英］J. S. 密尔：《代议制政府》，汪瑄译，商务印书馆1982年版，第117页。

一些国家尤其是联邦制国家。例如，德国联邦议会中的参议院就是代表各州，其议长由各州州长轮流担任，而参议会议员的主要职责是维护各州的利益。

在中世纪团体代表制发展的同时，以公民个体为代表基础的个人代表制正孕育而生，这主要得益于中世纪城市的兴起。其间，城市自由民开始形成一股重要的力量，不同于中世纪庄园制下的自由农，城市自由民可以"自订税赋，自选行政长官，自行审判和惩罚，并召开大会商讨自己的事务。全体市民出席大会；他们为了自己的利益向他们的领主宣战；他们有民兵组织。总而言之，他们自我管理，自为主宰"①。在参与城市治理的过程中，自由民逐渐获得了选举权、司法权和审判权等政治权利，这标志着现代意义上的人民或公民权概念的诞生。当然，自由民距离成为一个自由和平等的公民还需要经历一段很长的时间，它还是一种抽象意义上的集体概念，即"所有的城市中市民都组成一个社团——全城公会、共同体、公社，其全体成员相互依赖，构成一个整体中不可分离的各个部分"②。但是，以城市自由民——人民视为被代表者的思想，却为个人代表制的形成奠定了基础。从形式上看，它仍然属于一种团体代表制，但是，这同以郡或自治市为代表对象的代表制形式存在本质上的差异：前者是以地域为代表基础；后者则是以有生命的人为代表基础。

经过文艺复兴、宗教改革以及启蒙运动的多重因素影响之后，尤其是洛克同意思想、卢梭人民主权思想的传播，抽象意义上的"人民"概念逐渐变得具体化，它已经"不是一个精神上的'人民'，而是一个实际的由'公民'组成的'人民'"③。至此，以个人权利为基础的公民权概念应运而生，这意味着以个体公民为代表对象的个人代表制的正式形成。正如麦克里兰所言："前近代世界充满政治代表制

---

① [法]基佐：《欧洲文明史》，程洪逵、沅芷译，商务印书馆2005年版，第133页。
② [比利时]亨利·皮雷纳：《中世纪的城市》，陈国樑译，商务印书馆2006年版，第114—115页。
③ 应奇编：《代表理论与代议民主》，吉林出版集团有限责任公司2008年版，第17页。

观念，但近代世界才发现应该被代表的是个人。"① 到了18世纪后期，个人代表制逐渐取代团体代表制，并成为居于主导地位的政治代表制模式。不过，个人代表制仅仅是指个体有可能成为被代表者，并非指每个人都可以被代表。要想享有代表权，还需若干的附加条件，最重要的便是财产尤其是不动产。贡斯当指出："凡有代议制议会的国家，至关重要的就是应该由有产者组成那些议会，而不管它们如何去组织。……多数有产者是热爱秩序、正义和保守的。"②

中世纪城市自由民起初都享有若干政治权利，后来此项权利及相关义务缩小至土地保有者。只有拥有了不动产的土地，才能享有相关的政治权利和义务。正如汤普逊所言："中世纪的政治概念是：财产和社会势力授给人们统治的权利。行政服务和占有土地之间有着密切的关系。土地财产决定了政治。……财产附带着对社会义务的履行并使责任和特权联在一起。"③ 启蒙思想家约翰·洛克也指出，财产不仅是维护自由不可或缺的要素，而且是政治社会形成的基础，保护财产是政治社会和政府的首要任务，即使是"最高权力，未经本人同意，不能取去任何人的财产的任何部分"④。这成为公民要求在立法机构中享有政治代表权最有力的辩护。有产者坚称，如果没有自己的代表，那么，自己的财产将处于不安全的境地，很有可能被剥夺。所以，从表面上看，被代表的对象是公民个人，但实际上它所代表的是财产和地位。1670年，弗吉尼亚仿效英国的立法制度确立了拥有一定数额的财产作为参加选举的必要条件：只有"动产和不动产拥有者"享有选举权，"他们才是与公益事业利害相关的人"。后来，选举权又有了进一步限制，把土地租借人的终身佃户排

---

① ［英］约翰·麦克里兰：《西方政治思想史》，彭淮栋译，海南出版社2003年版，第478页。
② ［法］邦雅曼·贡斯当：《古代人的自由与现代人的自由》，阎克文等译，冯克利校，商务印书馆1999年版，第106页。
③ ［美］汤普逊：《中世纪经济社会史》（下册），耿淡如译，商务印书馆1963年版，第329页。
④ ［英］洛克：《政府论》（下册），叶启芳、瞿菊农译，商务印书馆2004年版，第86页。

除在外；1699年之后，只有"不动产持有"人，即确实拥有土地的人才有选举权。① 在很多人看来，只有拥有不动产的土地才能称得上是真正的公民，那些没有财产的就不能划归为公民，他们也不应该获得代表权。

有产个人代表制的理念，主要基于两方面的认识。一方面，有产者因为拥有个人的财产，会比那些没有财产的人更加关心自己的切身利益，具有较高的参政意愿和需求，以此保护自身的财产，即"不动产终身保有者和公民的重要地位，使他们拥有了干预公共事务的权利。……由于他们不能亲自行使这一权利，他们就选举代表。……从根本上说，这种代表制是基于同样的原则——即选举人对有关自己的事务进行辩论、赞同的权利"②。另一方面，有产者可以在参与政治活动时保持独立人格和自由意志而免受诱惑，作出审慎的抉择和理性的判断，相反，那些无产者，如学徒、仆人、欠债的或租房的等易于受到诱惑或被其他人所掌控，最后丧失自主性、独立性和公正性。布莱克斯通指出："要求选民在财产方面具备一定资格的真正原因，是为了在选举中排除那些地位极其卑微因而被认为不具有独立意志的人。这样的人如果也有选举权的话，那他们必会受这样或那样有碍公平的影响的驱使而随意行使他们的权力。"③ 正是基于财产对于公民乃至整个国家的重要性，柏克认为："如果不代表一个国家的财产以及才能，就不是一个国家妥善、充分的表现……大宗财产方面必须同样得到代表，否则，便不能得到公正的保护。"④ 可见，有产者才能被代表的观念根深蒂固，并且延续了相当长的一段时期。

即使到了18世纪末期，有产者享有代表权仍然是主流的观点。

---

① ［美］丹尼尔·布尔斯廷：《美国人——开拓历程》，中国对外翻译出版公司译，生活·读书·新知三联书店1993年版，第113页。

② ［法］弗朗索瓦·基佐：《欧洲代议制政府的历史起源》，张清津、袁淑娟译，张清津校，复旦大学出版社2008年版，第363页。

③ ［英］威廉·布莱克斯通：《英国法释义》（第一卷），游云庭、缪苗译，上海人民出版社2006年版，第191页。

④ ［英］埃德蒙·柏克：《自由与传统》，蒋庆等译，商务印书馆2001年版，第53页。

例如，美国制宪代表迪金森认为："财产所有者是自由的最佳卫士；给予他们选举权是防范那些既无财产又无原则的危险民众的必要措施，而我们国家不久就会充满了这样的民众……如果选票仅限于财产所有者，哪怕是小财产所有者，那么，公共财产权就有了保障。"① 因此，一些州在选举参议院议员时，有意让其代表财产，认为这样可以带来智慧和稳定。杰斐逊就写道："在美国的某几个州，众议员和参议员是按照前者代表人，后者代表州的财产的方式选出的。"② 马萨诸塞州制定的州宪法更是明确主张财产应该在立法机构中得到体现和保护，认为上院（参议院）的宗旨就是要代表财产，即"立法权必须由议会两院分开掌握，一院代表'人身'，另一院代表'财产'"③。可见，此时的财产观念仍然是"从政治的角度视作个人的支配权：一种所有政治上重要的人物，即社会中的'人民'，所拥有的支配权。财产并不是个人权利的对立物，而是个人权利的一部分"④。

在美国制宪会议期间，代表权是否需要一定的财产也成为一个焦点。一些代表指出，应该"对选民资格加以限制，只给予拥有土地的自由人"⑤，如果"把选举权给没有财产的人，他们就会卖给有钱的人，后者也买得起选举权"，同时，"把选举权交给这个国家的自由持有土地者……这些人是公民权利的最佳保护者；把选举权限制在他们手中，是必要的，可以对付大量没有财产、没有原则的人的危险影响"⑥。例如，佐治亚州代表鲍德温提出："第二院应该是财产的代表，因此组成第二院时，要考虑选民的财产资格，采取马萨诸塞建立

---

① ［美］沃浓·路易·帕灵顿：《美国思想史》，陈永国译，吉林人民出版社 2002 年版，第 205 页。

② ［美］托马斯·杰斐逊：《弗吉尼亚笔记》，朱曾汶译，商务印书馆 2014 年版，第 64 页。

③ 转引自李剑鸣《美国革命时期马萨诸塞立宪运动的意义和影响》，《历史研究》2004 年第 1 期。

④ ［美］戈登·S. 伍德：《美利坚共和国的缔造（1776—1787）》，朱妍兰译，译林出版社 2016 年版，第 209 页。

⑤ ［美］麦迪逊：《辩论——美国制宪会议记录》（下册），尹宣译，辽宁教育出版社 2003 年版，第 461 页。

⑥ 同上书，第 463 页。

参议院时的原则。"① 这些提议也遭到了有力的驳斥,认为"对选举权加以限制,只给予自由持有土地者,这个想法,实在不值得推荐。它会在人民中间制造鸿沟,所有被排除在外的人中,都会产生敌意"②。马里兰州代表路德·马丁就认为:"如果因为某人更聪慧、更有力量或财产更多而被赋予更多的代表权,这将与他人的自由和权利不相符合,并将他人置于受奴役的地位……代表权的不平等,或诸如基于财富的考虑而给予一个人比他人更多代表权的做法,与自由原则背道而驰。"③ 最后,为避免制定统一的标准而引起各州代表的争论,制宪代表一致决定交由各州自行处理这个问题。细读美国制宪会议代表们的发言可知:他们对财产的认识已经有了根本性的变化,即财产不再被视为获得代表权的附属条件,而是一种人人可以追求的物质财富,财产权同其他基本权利一样,是一项普通的权利,不是一种需要优先保护的天赋权利。

同时代的欧洲,法国革命人士也围绕有产者代表制的观念展开激烈辩论。霍尔巴赫在撰写百科全书"代表"词条时强调:"任何拥有土地的公民,他的工作为满足社会的需要作出了贡献,维持了社会的生存,他是纳税者,因此必须有自己的代表,没有人比他更关心公共福利了。土地是一个国家的物质和政治基础;国家的一切利益和不幸都会直接、间接地落到土地所有者头上。作为一个公民,他在国民会议中的意见的份量,应当和他的财产所占的比重相当。"④ 这种代表理念是社会的主流声音,影响了法国革命人士的代表理念。杜邦曾直言:"行政事务涉及所有权、对穷人的救助,等等。只有有产者对此怀有兴趣,而如果人们只有插手他们自己的事务的权利,且如果只有当他是有产者时才有属于他的事务,那么只有有产者能够充当选举

---

① [美]麦迪逊:《辩论——美国制宪会议记录》(上册),尹宣译,辽宁教育出版社2003年版,第244页。
② [美]麦迪逊:《辩论——美国制宪会议记录》(下册),尹宣译,辽宁教育出版社2003年版,第466页。
③ 姜峰、毕竞悦编译:《联邦党人与反联邦党人:在宪法批评中的辩论(1787—1788)》,中国政法大学出版社2012年版,第83页。
④ 《丹尼·狄德罗〈百科全书〉》,梁从诫译,辽宁人民出版社1992年版,第325页。

人。那些没有财产的人还不属于社会。"① 就其观点而言，这种代表理念沿袭的是洛克的有产个人概念——财产是个人关注普遍利益的根本原因。1789年宪法作出了将公民以财产为标准划分为积极公民和消极公民的规定，前者的必备条件之一是"在王国内任何一个地方，至少已经缴纳了相当于三个工作日价值的直接税，并须提出纳税收据"②，这成为限制公民代表权的最重要条件。该条款的内容曾引起了激烈的争执，但是，最后的文本获得通过亦表明：以财产作为代表权基础的观念仍然是普遍共识。正如巴纳夫所说，选举大会需要三大保证，即智慧、公共事务的利益和财产的独立，其中，"财产的独立"能够"使个人不愁温饱，并或多或少地使其摆脱可能会对他产生诱惑的腐败手段"③。虽然1793年宪法删除了有关条款，但是，有产者代表的观念没有被彻底根除，1795年宪法又恢复了公民代表权的财产资格要求，即成为法国公民应缴纳一种直接税、土地税或个人税。直至1848年宪法，选举权的财产资格限制才被取消。

二 利益还是意见

代表内容关注代表者应代表"什么"，即在政治代表过程中，代表者要反映或呈现被代表者哪些方面的东西。利益是代表首要的代表内容，涉及国家利益、所属政党利益和选区利益。同时，也有主张意见是代表的内容，因为这样恰恰能够发挥议会代表的辩论功能。在上述两种不同的主张背后，反映的是对代表性质及其功能方面的认知差异——代表在政治过程中究竟应扮演什么样的角色存在不一致的看法。

（一）利益代表

政治代表活动的目的或者说政治代表行为的本质就是促进被代表

---

① ［法］皮埃尔·罗桑瓦龙：《公民的加冕礼——法国普选史》，吕一民译，上海世纪出版集团2005年版，第37—38页。
② 吴绪、杨人楩选译：《十八世纪末法国资产阶级革命》，商务印书馆1989年版，第56页。
③ ［法］皮埃尔·罗桑瓦龙：《公民的加冕礼——法国普选史》，吕一民译，上海世纪出版集团2005年版，第63页。

者的利益，这没有太大争议。争议的焦点在于代表哪种利益，即到底是主观利益还是客观利益；是整体利益还是局部利益；是国家利益还是选区利益抑或政党利益，等等。"从词源学上看，interest 这个词源于拉丁文中的 interesse，后经法文演化而来……interesse 在拉丁文中就已经具有了双重的意思：既指在客观上'to make a difference'，也指在主观上'to make a difference'"。① 可见，利益概念本身就具有双重特性——既具有客观性也含有主观性。其中，利益的客观性强调利益是不隶属于任何个体和群体的感情或情感，是一种客观存在的事物，如国家利益就是一种客观利益。一些属于某个群体的利益也有可能是客观的，如马克思主义所言的无产阶级利益。无论是国家利益，还是无产阶级利益，它们的存在都是不以某个人或群体的意志为转移，代表者的首要职责是去发现并且维护这些客观利益。因此，客观利益代表论者认为，不同个体或群体都有各自的具体或特殊利益。但是，在这些具体利益的背后，还存在一种普遍利益，而这又是被代表者难以认识到的。只有具有丰富知识、高超智慧和审慎理性的代表者才能辨别，并运用自身的判断去识别并且实现被代表者的普遍利益和根本利益。因此，客观利益代表论者比较倾向于独立代表制。

利益的主观性则强调利益是依附于某个个体或群体的感情，是一种主观存在的事物。这就意味着：每个人或群体都有不同的利益，且是自己利益的最佳判断者，其他任何人包括代表者也无法知道他们的利益所在。因此，代表者要做的就是去反映或维护被代表者的利益，而不是去代表他所认为的正确利益。同时，既然每个人都有自己的利益，那么，代表者本人自然也有自身的利益。因此，当代表者以自己所认为的正确利益行事时，很有可能是在维护代表者自己的利益，而不是在促进被代表者的利益。正如皮特金所言："没有一名代表者可以在违背你的愿望的同时而为你的 interest（利益）行事。无论如何，代表者是不会为你的 interest（利益）而行事的，因为他是由自己的

---

① [美]汉娜·费尼切尔·皮特金：《代表的概念》，唐海华译，吉林出版集团有限责任公司 2014 年版，第 192 页。

interest（利益）所驱使的……因此，代表者只能遵从你的明确指示才会为你的 interest（利益）行事。任何违背你的意愿强加给你的东西都不可能是符合你的 interest（利益）的。"① 可见，主观利益代表论者比较倾向于委托代表制模式。即使双方都认同利益是代表的内容，但因对利益的界定和理解不同，形成了不同的政治代表制模式。

利益代表论作为一种比较普遍的代表制模式，也面临着两个方面的困境。一方面，如何保证代表者能够忠实地代表和实现被代表者的利益。代表者与被代表者两者处于不同的社会地位，具有不同的知识背景和生活经历，因而对利益的看法也不一样。一些在被代表者看来是正确的利益，但在代表者看来却可能不是；也有在代表者看来是正确的利益，但在被代表者看来却可能不是。面对这种冲突，代表者究竟应该代表被代表者所认为的正确利益，还是代表者自身认为正确的利益，就成为任何一名代表者不容回避的问题。假如代表者坚持自己的判断去行事，那么，如何保证他所认为正确的利益就是被代表者所想要实现的利益，抑或是代表者自身的利益？利益代表论者并没有一个满意的辩护。

另一方面，如何平衡被代表者之间，即国家、选区与政党之间的利益。在政党诞生之前，政治竞争的主体是代表个体，即作为选区选举产生的代表，其代表权利源于选区的授予，因而维护选区利益是代表的责任和义务；同时，作为国家权力机关的代表，其代表职务具有公共性，维护国家利益也是代表的职责之一。因此，代表者面临的利益冲突主要在选区（局部）与国家（整体）之间。在政党政治时代，政治代表者基本上是属于某个政党的成员，只有维护所属政党的利益，他才可能成为代表者。但是，政党利益本质上是一种部分的特殊利益，它同普遍的国家利益和选区利益都可能存在冲突。所以，政治领域内的利益冲突就成为政治生活中的一种常态。那么，如何在三种利益之间寻求平衡，成为政治代表者需要解决的问题。正如美国学者伯恩斯

---

① ［美］汉娜·费尼切尔·皮特金：《代表的概念》，唐海华译，吉林出版集团有限责任公司2014年版，第196页。

所说:"代表为谁讲话?为地区及其眼前利益?为政党?为国家?为某些特别委托人?还是凭他或她的良心?议员如何确定他们的代表作用,一直是政治学中的主要问题之一,而这是完全有道理的。"① 应该说,代表者究竟以哪种利益为重,是有多种因素的影响,包括代表自身的认知、选举制度、政党纪律等。

总体而言,西方国家的议会代表基于连任的压力,选区利益往往会居于其他利益之上,尤其是在美国,国会议员竞选能否取得成功,主要取决于议员自身的努力,同政党的支持与否关系不大。西欧议会制国家因为政党纪律较为严格,对议员能否当选具有决定性作用,因而政党利益易于居于首位。

(二) 意见代表

意见作为代表内容,是指对某种事物所形成的看法或想法,即"任何关于各种事情是什么或者应当是什么的判断或者信念,以及依据这些判断或者信念所产生的政治判断"②。意见代表论者认为,利益代表可能让代表者打着维护被代表者利益的幌子谋取个人私利,因而背离了代表的初衷。相反,如果被代表的内容是意见,那么,则可以避免出现类似问题。而且,代表意见也正好与现代议会的性质及其功能相吻合,即议会是法定的民意代表机关。正如密尔所说,代议制议会"既是国民的诉苦委员会,又是他们表达意见的大会……不仅国民的一般意见,而且每一部分国民的意见,以及尽可能做到国民中每个杰出个人的意见,都能充分表达出来并要求讨论。在那里,这个国家的每个人都可以指望有某个人把他想要说的话说出来,和他自己说的一样好或者比他自己说得更好——不是专对朋友和同党的人说,而是当着反对者的面经受相反争论的考验"③。也就是说,国民的各种意见,无论是一般意见,还是部分意见,只有得到充分表达和辩论,

---

① [美] 詹姆斯·M. 伯恩斯等:《美国式民主》,谭君久等译,中国社会科学出版社1993年版,第484页。
② [美] 艾丽斯·M. 杨:《包容与民主》,彭斌、刘明译,江苏人民出版社2013年版,第169页。
③ [英] J. S. 密尔:《代议制政府》,汪瑄译,商务印书馆1982年版,第80—81页。

才能分辨出哪些意见是对的，哪些意见是错误。换而言之，多数人的意见并不会因为是多数就是正确的，而少数人的意见也不会因为是少数就是错误的。

在现实中，一般意见（或者说主流意见）也可能是错误的，而部分意见（或者说异端意见）则可能是对的。此时此刻，就需要议会代表们展开充分的讨论或辩论，从而让正确的意见脱颖而出。正如密尔所说："在生活中一些重大实践问题上，真理在很大程度上乃是对立物的协调和结合问题……只有通过交战双方在敌对旗帜下展开斗争的粗暴过程中才能做到……就是说，在人类智力的现有状态下，只有通过意见分歧才能使真理的各个方面得到公平比赛的机会。"① 从表面上看，意见代表论对代表者的角色要求就是消极被动地反映被代表者的意见和要求，但在实际上，它对代表者的知识和技能有比较高的要求，所扮演的是类似于"过滤阀"的角色。

意见代表论没有因为对意见的认知差异而产生不同的代表制，但是，它却遭到很多人的批评。首先，被代表的意见是不确定的，即不能准确地了解意见究竟是什么。一些人指出，每个人对同一事物会形成不同的意见，即使是同一个人，也有可能因为信息掌握得不充分或者说外在环境因素的影响，对同一件事情在不同的时期会具有不同甚至相反的意见。因此，代表者要确定其所代表的正是被代表者的意见，显然不是一件容易的事情。例如，在制宪会议期间，麦迪逊就强调："如果说人民的观点是我们的指南，那就很难说我们应该采取怎样的进程。制宪会议的代表，无人能说出他的选民们此刻是什么观点；如果他们的选民了解代表们在此所掌握的信息和光明，选民会怎样想，就更难说了；要问再过6个月或12个月选民们会怎么想，能预料的就更少。"②

其次，人民的意见由于信息不足易于受到误导，因而是不可靠

---

① ［英］约翰·密尔：《论自由》，程崇华译，商务印书馆1959年版，第50—51页。
② ［美］麦迪逊：《辩论——美国制宪会议记录》（上册），尹宣译，辽宁教育出版社2003年版，第111页。

的。一些精英主义人士认为，虽然人民普遍比较短视、自私，经常犯错，但作为代表者，还是要关注人民的意见，因为"根据人民的见解并欣然遵照人民的利益来进行统治，这是政府伟大而光荣的目标"①。关注人民的意见是一回事，是否依照人民的意见作出判断是另外一回事，因为人民的"意见往往是草率的、激情的、偏颇的，起伏很大又短暂；时间的流逝会修正许多意见上的偏差……我是想听取你们的意见；但你们和我的意见必须已经有五年的时间。我不会去听取只有一天便一闪而过的意见"②。

最后，意见可能是个人私利的反映。在一些精英主义人士看来，意见代表是可遇而不可求的，因为被代表者的意见是多变和不可靠的，不仅不同的人会形成不一样的意见，而且同一个人在不同的时间也会有不同的意见。相反，利益是可靠不变的，理应成为代表者代表的内容。正是基于意见代表论的不可行性，美国"建国之父"提出了意志代表论，强调应代表被代表者的意志，这实际上是利益代表论的另一种表现形式。

---

① ［英］埃德蒙·柏克：《自由与传统》，蒋庆等译，商务印书馆2001年版，第170页。
② ［美］汉娜·费尼切尔·皮特金：《代表的概念》，唐海华译，吉林出版集团有限责任公司2014年版，第222页。

第三章　西方政治代表理论的基本问题

政治代表问题既是一个理论层面的问题，也是一个实践层面的问题。首先，作为一种观念的代表，它的初始含义是什么，适用哪些领域，在政治领域内的含义有哪些，和民主的结合带来哪些影响，这些问题涉及代表与民主的关系，成为当前最受关注的一个议题。其次，作为一种制度安排的代表（制），怎样产生才具有合法性和代表性，怎样才能有效地对被代表者的利益诉求作出回应，被代表者如何对代表者进行制度性的监督和问责等，这涉及代表与选举的关系。再次，作为近年来不断兴起的协商民主，协商与政治代表的内在逻辑是什么，协商民主与代议制民主存在何种关系，这也需要作进一步的研究。最后，在现行政治体系中，弱势或边缘化的群体怎样有效地维护和促进自己的利益，尤其是在身份政治日益凸显的当下西方政治中，更是成为一个热门议题，这涉及少数群体的代表性问题——群体代表制。因此，本章着重厘清代表与民主、选举以及协商之间的关系，提炼并分析群体代表制的主张及其面临的挑战，从而更好地把握西方政治代表理论的演进逻辑。

第一节　代表与民主

代表与民主是政治学领域中两个耳熟能详的普通概念，它们两者之间的有机结合催生了代议制民主——这被誉为伟大的政治发明之一。安德鲁·海伍德曾指出："现代民主理论与代表紧密联系在一起。……当市民不再直接统治的时候,民主就开始建立在要求政治家充当人民代表的主张之上。"① 因为代表与民主之间的关系过于密切,以至于在很长一段时间里,代表几乎被等同于民主,无代表不民主,造成两者之间的逻辑关系没能得到深究。通过对政治代表概念及其内涵的梳理和解析可知,不管是作为一种理念还是一种制度,代表同民主两个概念是毫不相关的,甚至是"相互冲突的"②。究其原因,在于代表强调治者与被治者的异质性,民主则要求治者与被治者的同一性。后来,英、美、法等三国民主革命相继爆发,不仅引发了政治思想家对政治代表问题的广泛关注,而且在革命结束后对代议制的实践带来了巨大的影响,尤其是同民主结合而成的代表制民主,"堪称过去多年中最重要的政治现象"③。如果没有嫁接代表制,民主要么消亡,要么仍然停留在直接民主阶段;同理,如果不同民主结合在一起,代表也就是代表而已,不会出现如此多的争议。正如莫妮卡·维埃拉所言:"'代表制民主'说法的普遍使用,反映了一个常识,就是无论好坏,政治代表没有民主的支撑什么都不是,也就是说,没有民主,代表仅仅是一个词汇。"④ 民主与代表之间的结合,实际上是互相成就对方,让双方都受益,实现了自身价值的最大化。

一 民主概念的源起与演变

"民主"一词"是由希腊语的 demos(人民)和 kratia(统治或权威)派生出来的,意为'由人民进行统治'"⑤。就字面含义而言,"由人民进行统治"的表述简单明了,没有太多的歧义。但是,民主的两个构成要素——"人民"和"统治"的含义则比较复杂。其中,

---

① [英]安德鲁·海伍德:《政治理论教程》,李智译,中国人民大学出版社2009年版,第257页。
② Hanna Fenichel Pitkin, "Representation and Democracy: Unesay Alliance", *Scandinavian Political Studies*, Vol. 27, No. 3, 2004, pp. 335–342.
③ 欧树军:《代表与民主的新盟约》,《国外理论动态》2017年第11期。
④ Monica Brito Vieira, David Runciman, *Representation*, Malden: Polity, 2008, p. 60.
⑤ [英]韦农·波格丹诺主编:《布莱克维尔政治制度百科全书》,邓正来译,中国政法大学出版社2011年版,第174页。

对于"人民"概念的界定，分歧在于谁是人民——"人民"的范围或外延。在人类不同的历史发展阶段，"人民"的范围并不是一成不变的，而是在不停地发生变化。例如，在公元前5世纪，"民"意味着结合为ekklesía（人民的集会）的雅典（或类似的）社会。但是民既可被视为整体，也可被视为polloí——许多人，或ploeíones——多数人，或óchlos——暴民（退化了的含义）。① 公元前7—前6世纪，亦即民主政体出现之前，人民一词所指的人群范围似乎比它在公元5世纪所指的人群范围要更为严格。② 此后，人民的范围始终没有明确的界限，存在性别、财产乃至肤色等各种条件的限制。赫尔德曾指出："在很长的历史时期里，人们都企图将'人民'的外延仅限于某些集团：如有财产的人、白人、受过教育的人、男人、具有特殊技能和职业的人、成年白人、成年人等。"③ 直到20世纪以后，人民的范围才趋于稳定，并扩充至全部成年的公民，即"不管是过去还是现代，'人民'从来都不是数人头，不是所有的自然人都属于'人民'，只有'公民'的人头才算数"④。换而言之，民主概念中的"人民"和我们日常生活中常常使用的"人民"，它们并不是一回事，前者是指享有政治权利的公民，后者是指一个国家的全部成员。

而对于"统治"的理解，分歧在于如何统治——统治的方式和统治什么——统治的范围。就民主的初始含义而言，统治的方式是直接统治——"人民在统治他们自己——他们参与制定安排其生活及决定社会命运的重大决策"⑤。直接性是民主的本质属性。但是，由于地域的扩大和人口的增加，直接统治已经不具有可操作性。民

---

① [意]乔万尼·萨托利：《民主新论》，冯克利、阎克文译，上海人民出版社2009年版，第34页。
② [英]韦农·波格丹诺主编：《布莱克维尔政治制度百科全书》，邓正来译，中国政法大学出版社2011年版，第175页。
③ [英]戴维·赫尔德：《民主的模式》，燕继荣等译，王浦劬校，中央编译出版社2004年版，第3页。
④ 王绍光：《民主四讲》，生活·读书·新知三联书店2008年版，第3页。
⑤ [英]安德鲁·海伍德：《政治学》，张立鹏译，欧阳景根校，中国人民大学出版社2006年版，第87页。

主走到了生死存亡的关键时刻：要么选择转型实现涅槃重生，要么选择消亡退出历史舞台。此时，政治代表制的引入，摆脱了直接统治面临的规模困境，推动了城邦民主向民族国家民主的转型。民族国家民主已经不是人民的直接统治，而是人民选举代表进行间接统治，其中，统治的主体不再是人民而是代表，这是一种新的政治统治形式。至于统治的范围，也存在一定的分歧：自由民主主义者主张应该局限于公共政治生活领域，就是所谓的"政治民主"，不能延伸至其他领域；而社会主义者则认为应延伸至社会和经济领域，因而要求"社会民主"或"经济民主"，甚至还有女权主义者要求家庭或私人领域内的民主。由于对"人民"和"统治"两个概念的理解存在比较大的分歧，民主也就成为政治学领域中一个歧义颇多的词汇。

民主作为一种人民直接统治的形式，因其赋予了人人平等的政治参与权，被视为一种比较理想的统治方式。但是，人民又往往等同于贫穷的多数人，因而民主又被视为暴民的统治。柏拉图直言："民主制度以轻薄浮躁的态度践踏所有这些理想，完全不问一个人原来是干什么的，品行如何，只要他转而从政时声称自己对人民一片好心，就能得到尊敬和荣誉……在这种制度下不加区别地把一种平等给予一切人，不管他们是不是平等者。"① 这种对民主嗤之以鼻的态度以及将民主政治等同于"暴民政治"的消极看法，影响了后人对民主的认识和理解。自诞生起，民主就饱受批评和指责，反民主的思想同民主的思想一样源远流长。据悉，"到了17世纪，这个词才最终开始摆脱了这些负面的含义，被慢慢地而且是满怀疑虑地用来卫护当时的政治措施，证明其正当性，或者用来为采取新的政治措施的主张而张目"，但总体而言，民主"可以说仍然是个被鄙视的词"②。实际上，"直到19世纪中期，甚或更晚些时候，民主还被看作危险的、不稳定的政

---

① [古希腊]柏拉图：《理想国》，郭斌和、张竹明译，商务印书馆1986年版，第336页。
② [英]约翰·邓恩：《让人民自由——民主的历史》，尹钛译，新星出版社2010年版，第58、75页。

治形式"①。由于民主不受待见，它并未成为关注的焦点，因而在大众话语中出现得比较少，仅有少数人在文章和书信中提及，在政治文献中则只是作为一种习惯用语和分析工具。

民主成为政治生活讨论的中心议题，主要得益于18世纪后期爆发的两场民主革命：美国革命和法国革命，前者被视为代议制共和制的起源，后者则被视为现代民主的起源。苏珊·邓恩指出："18世纪的这两场姊妹革命，对我们当代的民主进程具有无可估价的教训意义。它们不仅照亮了我们的政治设想、信仰和观念，还为我们的政治文化把脉量温，诊断疾病，开写治疗药方。"② 在两国革命期间，美、法两国革命人士在设计国家政治制度时，都遇到了比较棘手的政治代表问题。具体而言，美国制宪人士在是否实行代议制的问题上，没有出现太大的争议，争执主要涉及代议制的具体制度安排。相反，法国革命人士则在这个最根本的问题上缺乏共识，在直接民主与代议制民主之间纠结不清，既想试行直接民主又想践行代议制，凸显了民主与代表的紧张性。在反复试验各种政体的过程中，法国革命人士逐渐意识到代议制民主是不可逆的。霍布森指出："在法国革命期间，民主与代表这两个相互对立的概念最终紧密地结合在一起。由此，人们才认真思考现代民主的概念及其理论。"③ 由此可见，民主与代表之间的融合过程，并不是一个简单的过程，而是在漫长的历史过程中受到多种因素共同作用的结果。

通过梳理民主和代表两个概念的变迁史可知，两者的历史源起并不相同，甚至是毫无关系，即"代表制在起源上具有特权属性，它将社会大众排斥在政治过程之外，本来和民主政治并无关联"④。

---

① ［美］特伦斯·鲍尔等编：《政治创新与概念变革》，朱进东译，译林出版社2013年版，第67页。
② ［美］苏珊·邓恩：《姊妹革命》，杨小刚译，鲁刚校，上海文艺出版社2003年版，第23页。
③ Christopher Hobson, "Revolution, Representation and the Foundation of Modern Democracy", *European Journal of Political Theory*, Vol. 7, No. 4, 2008, pp. 465–487.
④ 高春芽：《在代表与排斥之间：西方现代国家建构视野中代议民主发展的路径与动力》，《政治学研究》2107年第1期。

从词源学的角度看，代表和民主存在明显的紧张性：一方面，代表即代替表达，意味着人民不是亲自行使政治权力，而是选举其他人代替自己进行政治决策，出现了权力的所有者和行使者的分离——代表和人民分别是统治者和被统治者；另一方面，民主即民治，意味着人民亲自参与制定一切有关全社会的政治决策，保证了权力的所有者和行使者合二为一——人民既是统治者也是被统治者。可见，代表和民主的初始含义是互相背离的，把代表等同于民主的观念，本质上是"混淆了民主的实质与实现民主的手段"①。从代议制民主的历史来看，代表也不是民主的产物，而是作为一种反民主的制度设计而出现的，即"代议制度……的历史并不光彩。……最早并不是一种民主的做法，反而是非民主政府（主要是君主制）所采用的手段，目的是为了得到它迫切需要的收入和其他资源，以便应付战争"②。海因茨·尤劳也指出："就一种技术性发明而言，代议制度似乎是限制公民参与政府的一种设计，而不是要扩大公民参与。"③ 因此，代表与民主之间的演进历程，实际上是从互相对立走向有机融合的过程。

二　从民主代表制到代表制民主

汉娜·阿伦特指出："代议制有两种情形：一种是作为人民直接行动单纯的替代品，另一种是人民代表对人民实施的大众化控制式统治。"④ 这两种情形可以分别概括为民主代表制和代表制民主，两者之间具有密切的关系：代表制民主是从民主代表制的基础上逐渐演变而成的。由民主代表制过渡到代表制民主，既是代表制民主化的过程，也是现代民主确立的过程。

---

① ［美］科恩：《论民主》，聂崇信、朱秀贤译，商务印书馆2005年版，第81页。
② ［美］罗伯特·达尔：《论民主》，李柏光、林猛译，冯克利校，商务印书馆1999年版，第112页。
③ 应奇编：《代表理论与代议民主》，吉林出版集团有限责任公司2008年版，第29页。
④ ［美］汉娜·阿伦特：《论革命》，陈周旺译，译林出版社2007年版，第222页。

所谓民主代表制,就是要求代表制是民主的——体现人民的权力或意愿,是民主与代表制的简单组合。民主代表制的基本内涵包括三个方面:首先,代表是由人民直接选举产生,反映人民的意见和要求;其次,代表的角色是选民的传声筒,严格按照选民的指示行事;最后,代表的构成是社会结构的缩影,即每个阶层都要有代表,保证其利益被代表。因此,民主代表制所追求的目标是民主,代表制是实现民主的一种权宜之计,是民主所附带的一个可有可无的技术装置,主要用于摆脱因人口规模过多而带来的不方便。假如存在一种优于代表制的替代物,那么,代表制亦可不需要。这种观念在18世纪末是非常普遍的。例如,法国革命人士佩蒂翁曾说:"为什么各国人民要选举代表?这是因为让人民自己行动几乎总有无法克服的困难;因为要是人民的大会能够以便于行动的和有规则的方式建立的话,代表就毫无用处甚至是危险的了。"① 这一论述实际上隐含了如下观点:代表制不仅仅区分了统治者和被统治者,更为重要的是,它易于使代表滥用人民委托的权力,并追求代表自身可能存在的特殊利益,最后造成形式上是人民统治,实质上则是代表的专制。正如维克多·康斯德雷所说:"如果人民将自己手中的主权权威授出,那将意味着他放弃了这一权威。人民将不再是自己管理自己;而成为被管理者……你的主权将被你的女儿——代表所吞噬。"② 因此,在民主代表制中,代表制是问题所在——导致人民主权无法实现,而不是解决民主的办法,两者可以说是貌合神离。

民主代表制的关键在于落实"民主"理念,规避"代表制"的问题。为此,美、法两国民主革命人士提出了不同的思路和建议。其中,美国制宪人士的主张包括三个方面:首先,缩短代表任期、经常轮换并较少授权,避免代表滋生独立性并形成特殊利益,实行任期制和轮换制,这"不仅可以强迫议员要向选民严格负责,而且还可以保

---

① 转引自高毅《法兰西风格:大革命的政治文化》,北京师范大学出版社2013年版,第51页。

② 转引自[德]罗伯特·米歇尔斯《寡头统治铁律——现代民主制度中的政党社会学》,任军锋等译,天津人民出版社2003年版,第32—33页。

护各州的利益并维护其主权"①。其次，实行小选区制，避免大选区制造成的代表"贵族化"——只有那些声名远扬的人当选代表，他们远离选民，不了解选民的利益。最后，扩大议会代表的规模，提升代表与人民之间的同质性，保证每个阶层的利益都能通过自己的代表得到反映和维护。而法国革命人士的建议包括三点：一是主张沿袭传统做法——选民向代表呈送委托书和陈情表，实行强制委托代表制，运用陈情表、紧急授权指令、请愿、选举和罢免等方式约束代表的独立性，确保代表始终属于人民的"仆人"或"代理人"。二是主张议会议事公开化和透明化，要求代表的一言一行、一举一动都要在人民的眼皮底下进行，接受人民的监督。三是授予人民解散议会的权力，并对议会无限制的权力进行约束，即"如果不对代议制权力施加限制，人民的代表将不再是自由的捍卫者，而是暴政的候选人，而且，一旦暴政得以建立，很可能会证实一切都更为可怕，因为暴君更为众多。只有在国民代表服从约束的制度下，包括国民代表在内的全体国民才是自由的"②。从美、法两国民主革命人士提出的制度设计理念可知，他们并不信任人民选举产生的代表，试图通过人民的力量来限制代表的权力。

可见，民主在18世纪的含义仍然停留在古典时代，意指由人民自己统治的政府。诚如邓恩所言："在十八世纪的英美世界，民主的含义一如既往，表示由人民治理的政府。……那时，民主还不是信仰，不是意识形态，不是伦理价值；它只是政治科学的一个技术术语，用以表示民众对政府的参与，它使用的方式与古希腊没有太大的差别。"③ 但是时过境迁，这一观念日益遭到质疑，并且产生了一种新的论调：民主是造成社会动乱的根源。正如美国制宪会议代表格里

---

① Cecelia M. Kenyon, "Men of Little Faith: The Anti-Federalists on the Nature of Representative Government", *The William and Mary Quarterly*, Vol. 12, No. 1, 1955, pp. 4–43.

② [法] 邦雅曼·贡斯当：《古代人的自由与现代人的自由》，阎克文等译，冯克利校，商务印书馆1999年版，第81页。

③ [英] 约翰·邓恩：《民主的历程》，林猛等译，吉林人民出版社1999年版，第111—112页。

声称:"我们所经历的罪过,都是源于民主过于泛滥。"① 在一些有识之士看来,民主政治制度设计的重点不是落实民主,而应考虑如何限制民主,防止民主带来社会骚乱。在此背景下,代表制民主应运而生。

何谓代表制民主呢?即"立法、行政和司法权威的运用,被授予挑选出来的人,他们真正是、而非名义上是由人民选择出来的……这种民主最有可能是幸福、正规和持久的"②。代表制民主的最本质特征是:立法权、行政权、司法权都是由人民选举代表来行使。因此,代表制民主是把代表制嫁接到民主之上而生成的产物,两者不是简单地组合,而是一种有机组合且相辅相成的关系。代表制民主的基本要义包括以下内容:首先,代表是由直接或间接选举产生,包括立法代表、行政机构代表和司法机构代表。其次,民主不是指人民直接参与,而是强调人民的意见要被反映和吸收。再次,代表的角色是代理人而不是传声筒,其言行应依自己的判断而不是遵从选民的意见。最后,代表所代表的是国家利益或者说长远利益,而不是地区利益或者说选民眼前利益。可见,代表制民主的侧重点是代表制而不是民主即人民的统治。更为重要的是,此时的代表制已不再是民主的问题所在,反而是解决民主问题的一把钥匙,使民主能够在更大范围的民族国家中运行。在代表制民主中,民主和代表制的含义及其价值发生了根本性的转换:民主不再是指人民的直接统治,而是指人民挑选代表,经由后者提炼自己的意见和要求,然后反映到公共政策之中;代表(制)也不再是一种可有可无的简单技术装置,而是一种必要的利益和意见的过滤器,即"代表制并不是一种落实人民主权的权宜之策,而是一种替代人民主权的更为可取的制度"③。所以,代表制民主并非不重视民主或者说人民的意见,而只是强调人民的意见不能直接主导政府的统治,因而需要发挥好代表"减压阀"和"稳定器"

---

① [美]麦迪逊:《辩论——美国制宪会议记录》(上册),尹宣译,辽宁教育出版社2003年版,第27页。
② 转引自李剑鸣《美国革命时期民主概念的演变》,《历史研究》2007年第1期。
③ 李剑鸣:《美国革命时期关于代表制的分歧与争论》,《史学月刊》2014年第11期。

的作用。

可见,当时的一些政治思想家已经意识到:不仅不能实行古希腊式的直接民主,而且必须尽可能限制表达人民意见的机构,约束它可能带来的激情和动荡。因此,在美国制宪期间,作为体现民主的立法机构之众议院就成为众矢之的,它因为人民"总是受到假装爱国的人蛊惑"而被认为"轻率鲁莽、变化无常、行为过火"[1]。怎样约束和限制民主就成为立宪建国的重中之重。为此,美国革命人士采取了两大举措:一方面,对立法权进行分割,充分发挥参议院的制衡作用,即"各邦议会里出现的民主放肆,证明必须设立一个稳固坚定的参议院,这个第二院的目的,就是要控制全国议会里民主的第一院"[2]。另一方面,赋予行政机构和司法机构制衡立法机构,分别是总统否决权和联邦最高法院司法审查权。

因此,北美制宪人士在设计国家政治制度时,体现的是代表制而不是民主制的原则和理念,即"美国……最可使侪之处,乃在于代表制原则;这一原则是美国据以行动的枢纽"[3]。意大利学者萨尔沃·马斯泰罗内也指出:"美国制度的突出的政治特点是代议制:地方机构中的代表制,联邦机构中的代表制,国会两院中的代表制。"[4] 正是因为成功嫁接代表制,美国不仅创建了代议制共和政体,而且实现了民主概念的"现代化"。戈登·伍德指出:"代表制是美国人创造一种全新政治制度的手段和方法,让他们对民主有了一种全新的理解。"[5] 所谓全新的理解,就是不再把民主视为人民自己统治自己的政体,而是由人民直接选举代表行使权力的政体。至此,代表制完成了从简单的

---

[1] [美]麦迪逊:《辩论——美国制宪会议记录》(上册),尹宣译,辽宁教育出版社2003年版,第27、260页。

[2] 同上书,第116页。

[3] Alexander Hamilton, James Madison, John Jay, *The Federalist Papers*, New York: Penguin Group, 1961, p. 384.

[4] [意]萨尔沃·马斯泰罗内:《欧洲民主史》,黄华光译,社会科学文献出版社1998年版,第23页。

[5] Gordon S. Wood, *Representation in the American Revolution*, Charlottesville: The University Press of Virginia, 1969, p. 82.

技术装置向复杂的过滤器的转型，即"经过美国革命的改造，代表制变成了纯粹的'民主'机制，在'民主'的框架中完成了'脱胎换骨'。……'代表制民主'概念的形成，乃是'代表制'和'民主'相互作用、推动对方转化的结果。'代表制'弥补了'民主'不可行之于大国、容易造成'混乱无序'的缺陷；而'民主'则使代表制脱离了等级制衡的轨道，而成为完全代表'人民'的机制。这个相互改造的过程，同时也是两者结合的过程，其结果是促成了一种新的政体观"①。因此，代表与民主两个互不相干甚至存在冲突的政治理念最后联姻成功，最大的功劳要归功于18世纪的北美有识之士。

三 代表之于民主的价值

代表制民主的产生和形成，是民主发展的转折点，不仅丰富了代表的内涵，而且实现了民主的再生。罗伯特·达尔曾高度评价道："对于沉湎于古老传统之中的人来说，代表制和民主制的结合有时看似一个神奇和划时代的发明。……民主与代议制的结合引发的民主理论与实践的转型产生了深刻的后果。……最重要的后果是，人民政府不再限于小型国家，而是几乎无所限制地扩大到包括大量人口的区域。"② 当然，代表制民主的形成也引发了一个长期争论不休的话题：把代表（制）嫁接到民主之上，民主还能称"民主"么？换而言之，代表（制）之于民主，究竟是起着正面作用（促进民主，让民主成为可能）还是负面作用（限制民主，让民主产生异化）？概括而言，主要形成了以下两种观点。

第一，代表（制）限制了民主。持此类观点的研究者可以称为"民主主义者"。他们指出，民主的原意是人民自我统治，即"真正的民主只能是直接的和面对面的"③。人民自治，充分体现了人民作

---

① 李剑鸣：《美国革命时期民主概念的演变》，《历史研究》2007年第1期。
② [美] 罗伯特·A. 达尔：《民主及其批评者》，曹海军、佟德志译，吉林人民出版社2006年版，第28—29页。
③ [美] 艾丽斯·M. 杨：《包容与民主》，彭斌、刘明译，江苏人民出版社2013年版，第10页。

为主权者的身份，有助于人民提升自身能力和维护自身利益。但是，代表制民主造成了主权与治权的分离，即人民作为主权者反而成为被治者，而人民选举产生的代表则成为权力的行使者，两者实际上是居于不同的地位，决定了各自的价值追求不一样，易于形成相互冲突而不是一致的利益。因此，赫尔德声称："所有的人都声称代表共同体的利益，但事实上，所有的人都只代表自己，他们不过是为了自己所渴求的权力而已。"① 尤其是随着政治事务日益复杂化和专业化，以及普通民众对政治的兴趣日益下降，导致代表在政治中逐渐脱离选民的控制，尤其是常常以人民的利益掩盖其自身的欲望，进而使人民被代表所控制。因此，为了防止代表形成一个特殊的阶层，民主主义者普遍要求加强对代表的监督、控制和问责，如实行选举制、轮换制、任期制、罢免制等制度，试图尽可能地让代表体现人民的意愿、维护人民的利益。20世纪70年代以来，由于现代科学技术尤其是网络信息技术的发展和进步，一些西方民主理论家开始倡导以参与为核心的民主模式如强势民主、协商民主、电子民主、统合民主等，试图弥补代表制民主的缺陷——忽视人民的意愿和排斥公民的参与。在他们看来，民主既不是人民的统治（大众政治），也不是代表的统治（精英政治），而是公民的自治和参与，这有助于培养公民的意识和能力，实现自由、平等和社会正义等政治价值。而代表与自由、平等和社会正义等政治价值不相容，它们的缺失造成了公民"变成了代表们的消极选民，代表们远没有重构选民的目标和利益，而是侵夺选民的公民功能和歪曲他们的公民能力"②。因此，只有重塑公民的身份和培育公民的自治精神，才能实现民主的理念和价值。

第二，代表（制）促进了民主。持此观点的研究者可以称为"精英主义者"或者说"熊彼特主义者"。一方面，现代社会的人口

---

① ［英］戴维·赫尔德：《民主的模式》，燕继荣等译，王浦劬校，中央编译出版社2004年版，第38页。
② ［美］本杰明·巴伯：《强势民主》，彭斌等译，吉林人民出版社2006年版，第177页。

及地域规模已经使直接民主变得不可能，必须选派代表代替人民行动，即"人民永远都不可能聚到一起将自己塑造成一个有效的政治行为者。要行动的话，它必须被代表。一个经过挑选的分立出来的群体——它小得足够有效地合作且能够运转——必须依据人民的利益行事"①。如果实行人民直接参与，要么可能陷入非理性的冲动而导致多数人的暴政，要么受到野心家的操纵而出现专制的暴政。另一方面，政治是一门需要花费大量时间和精力、接受专门训练并熟练掌握专业知识的职业，需要具备理性思考和审慎判断的能力，这些是普通民众所欠缺的。通过选举代表去统治，这样既可以避免多数人直接参与带来的危险，还可以提高对公共事务的治理绩效，因而是一种更为明智的选择。西耶斯就认为，政治领域的代表制可以提升整个民族的文明程度和政治成熟度，促进整个社会和个人自由地发展，进而"增加满足我们的手段或力量，使我们能够享受更多，工作更少"②。密尔表达了相同的观点，主张"选民应该选择比他们自己更有智慧的人作他们的代表，并且应该同意按照那个较高智慧来统治自己，这是很重要的"，并强调"由这样的人作代表较之由声言在许多问题上和他们意见一致的人作代表对他们来说是有着大得多的意义的"③。因此，代表之于民主，具有积极的促进作用。

20世纪70年代以来，代表的价值因为参与民主理论的兴起遭到越来越多的质疑。为此，大卫·普拉克特于1997年刊文指出，"代表的对立面不是参与，而是排斥，参与的对立面是缺席。代表与民主并不矛盾，而是具有一致性。民主与代表问题的关键在于代表关系是否公平、有效和公开"④。这一论证使人们从过去二元对立的逻辑思维

---

① [英]约翰·邓恩：《让人民自由——民主的历史》，尹钛译，新星出版社2010年版，第122页。

② Keith Baker, *Inventing the French Revolution: Essays on French Political Culture in the Eighteenth Century*, Cambridge: Cambridge University Press, 1990, p. 246.

③ [英] J. S. 密尔：《代议制政府》，汪瑄译，商务印书馆1982年版，第176、181页。

④ David Plotke, "Representation is Democracy", *Constellations*, Vol. 4, No. 1, 1997, pp. 19 – 34.

困境中解脱出来，并对代表（制）的价值进行重估。因此，协商民主的兴起，为进一步挖掘代表的价值提供了丰富的理论资源。伯纳德·曼宁、纳迪亚·乌尔比娜蒂等研究者相继从协商民主理论的角度阐述代表（制）的价值[1]，指出代表制有助于促进公民协商的广泛开展、拓展公民的协商范围、提升公民协商的能力、保证公民之间的理性协商、提高公民协商的质量，等等。

总而言之，无论是代表制民主的批评者，还是拥护者，都不得不承认代表（制）的必要性，即"代表制与民主其实并不一定互相排斥，它们在现代民主政治中完全可以互相支持，现代民主政治是离不开代表制的"[2]。两者之间的区别在于：批评者主要从消极的视角看待代表制；而拥护者更多是从积极的视角审视代表制。源于此，克里斯托弗·霍布森指出："从历史的角度看，代表制起到的巨大作用既不是完全进步，也不是完全负面，而是模棱两可。它的双面性遗产是我们今天仍然需要面对的：限制还是拓展民主潜力的战斗还未有穷期。"[3]

第二节 代表与选举

代表和选举是现代民主产生的必要条件，也是组成代议制民主的基本要素，两者缺一不可。"没有选举，也就没有公民的委托行为，也就没有代表。不形成代表制，代议民主制也就失去了存在的基础。选举对代议民主制的关键意义在于他使选举出来的代表成为公民意志

---

[1] Bernard Manin, *The Principles of Representative Government*, Cambridge: Cambridge University Press, 1997; Nadia Urbinati, "Representation as Advocacy: A Study of Democratic Deliberation", *Political Theory*, Vol. 28, No. 6, 2000; Stefan Rummens, "Staging Deliberation: The Role of Representative Institutions in the Deliberative Democratic Process", *The Journal of Political Philosophy*, Vol. 20, No. 1, 2012.

[2] 段德敏：《民主理论的代表制转向？——对西方代表制理论研究的梳理》，《国外理论动态》2016年第4期。

[3] Christopher Hobson, "Revolution. Representation and the Foundation of Modern Democracy", *European Journal of Political Theory*, Vol. 7, No. 4, 2008, pp. 465–487.

的合法代表，使得由代表组成的代议机构成为形成和表达国家意志的合法机关。有了合法的代表和合法的代议机构，代议民主制也就能正常地运转。"① 一方面，代表的产生，意味着不再需要每个公民亲自参与讨论和决定公共事务，他可以投身于自己感兴趣的职业，在其他领域实现自己的价值；另一方面，选举的引入，则意味着政治统治是建立在人民的同意和授权的基础之上，具有了政治合法性。但是，并不是有了代表或选举，就意味着代议制民主的产生，只有当代表具有"代表他人行动"的政治内涵以及选举具有"授权和问责"的含义时，方可认为是代议制民主的产生。正如巴克所说："必须承认，选举是一回事，代议又是另一回事。任何机构，即便是直接选举出来的，也仅当享有了代议权，或者换句话说，仅当有权在其责权范围内作为普遍意志的代言人来审议和决定事务，才是真正的代议机构。"② 换而言之，选举和代表仅仅是现代民主的必要条件，但并不是全部，即"选举和代表虽然是大规模民主的必要手段，但它们也是它的阿基里斯之踵。授权者也能失去权力；选举未必是自由的；代表也未必是货真价实的"③。而代议制民主的代表要具有合法性或者说货真价实，有且唯一的途径便是通过选举的方式产生，即民主政治选举第一，这是代议制民主的基本要求。

一 选举、抽签与代表

所谓选举，"意为挑选，它是一种具有公认规则的程序形式，人们据此而从所有人或一些人中选择几个人或一个人担任一定职务"④。在论及代表与选举的关系时，人们普遍认为代表是经由选举产生，甚至觉得这应该是政治学的一个基本常识，即"对于代表过程与选举和投

---

① 林尚立：《选举政治》，三联书店（香港）有限公司1993年版，第35页。
② [英]厄奈斯特·巴克：《希腊政治理论——柏拉图及其前人》，卢华萍译，吉林人民出版社2003年版，第48页。
③ [意]乔万尼·萨托利：《民主新论》，冯克利、阎克文译，上海人民出版社2009年版，第42—43页。
④ [英]韦农·波格丹诺主编：《布莱克维尔政治制度百科全书》，邓正来译，中国政法大学出版社2011年版，第199页。

票有着内在联系这一点上,却有普遍共识"①。但是,梳理政治代表的概念史可知,"起初,无论是代表的概念还是代表所应用的制度,都与选举或民主无关,代表也没有被视为一种与权利有关的事情"②。选举被视为代表过程不可或缺的环节和要素,则是在18世纪以后才产生的。

在古希腊,公民大会的成员并不是经由选举产生,而是通过抽签选出的。据考证,抽签的运用始于梭伦的改革之后,"最初它大概具有宗教性质:抽签就是相信神的选择"③。而敬畏和顺服神意是古希腊政治文化的重要特征,在他们看来,神是公平公正的,不会厚此薄彼,不论出身高低贵贱、贫穷富有,都有机会被神选中,即"抽签时,人人的条件都是相等的,而且选择也并不取决于任何人的意志,所以就绝不会有任何个人的作用能改变法律的普遍性"④。除此之外,还有一个重要的原因,就是古希腊人信奉每个公民在政治上是平等的,参与城邦政治生活是每个公民的责任和义务,只有这样,才能实现个人乃至城邦的善。而要保证每个公民都能参与政治,最有效的手段莫过于抽签。这就使得抽签方式得以广泛运用于古希腊政治生活中,包括大部分行政官员、五百人议事会成员和民众法庭的陪审员等,都是通过抽签的方式产生,"抽选不仅在五百人议事会的运作中至关重要,它也是产生其他官员的主要途径。负责司法的约500位评审员是抽选出来的,负责行政的约700位执政官中的600余位也是这么产生的。除了将军、司库等少数需要专门技能的官员由公民大会选举产生外,其他所有官员均需从年满30岁的公民中抽签选出,不设经验、技能或财产资格方面的限制"⑤。相较于选举,抽签的优势主要体现在两个方面:一方面,保证了每个人拥有平等的机会担任职务并

---

① [英]安德鲁·海伍德:《政治学》,张立鹏译,欧阳景根校,中国人民大学出版社2006年版,第273页。
② [美]汉娜·费尼切尔·皮特金:《代表的概念》,唐海华译,吉林出版集团有限责任公司2014年版,第3页。
③ [法国]雅克琳娜·德·罗米伊:《希腊民主的问题》,高煜译,译林出版社2015年版,第9页。
④ [美]卢梭:《社会契约论》,何兆武译,商务印书馆2003年版,第139页。
⑤ 转引自王绍光《失而复得的民主利器:抽选》,《开放时代》2012年第6期。

参与城邦事务的讨论,有助于实现人的价值,体现了直接民主的"直接性"属性;另一方面,避免了职业政治家的出现,尤其是防止一些人长期占据公共职务,这样就能使城邦的职务不再变得人人垂涎。

古希腊实行抽签制的同时,并没有完全排斥选举制的实践。如果说抽签是相信神的选择,那么,选举也就是相信人的选择,这不仅可能出现阴谋和幕后操纵,而且特别有利于那些有知识、能力和富有的人物脱颖而出。例如,氏族部落时期选举首领时,就是取决于"个人的勇敢、处理事务的机智、或在会议上的雄辩口才……总是才能出众的人物"①。古希腊人意识到:抽签不能无条件地用于任何职位,对于少数需要专业技能的职位必须采用选举而不是抽签的方式。苏格拉底曾反讽道:"用豆子拈阄的办法来选举国家的领导人是非常愚蠢的,没有人愿意用豆子拈阄的办法来雇用一个舵手、或建筑师、或奏笛子的人、或任何其他行业的人,而在这些事上如果做错了的话,其危害是要比在管理国务方面发生错误轻得多的。"② 相较于抽签的广泛运用,选举的适应范围比较窄。"有100多名行政官不是使用抽签而是通过选举方式产生,这些行政官包括所有将军、负责训练青年准公民的全体教官、最重要的财务官员以及一些神职人员,如厄琉息斯秘仪委员和供水系统总监。……一些新设立的财务官职务,尤其是军费基金委员会和戏剧基金委员会的司库职位,均由选举而不是抽签产生的人员担任。"③ 所以,选举主要是"留给那些需要专门技术的,或者品格和能力十分关键的职位"④。对于其他的不需要专门技术或技能

---

① [美]路易斯·亨利·摩尔根:《古代社会》(上),杨东莼等译,商务印书馆1997年版,第70页。
② [古希腊]色诺芬:《回忆苏格拉底》,吴永泉译,商务印书馆1984年版,第8页。
③ [丹麦]摩根斯·赫尔曼·汉森:《德摩斯提尼时代的雅典民主》,何世健等译,华东师范大学出版社2014年版,第324—325页。亚里士多德也指出:所有经常的行政官员,除军事基金司库官、戏剧基金管理官以及水井监督官外,都由抽签任用;这三个官吏则用举手选举,他们的任期从一次泛雅典娜节到下一次。所有军事官吏也用举手选举。参见[古希腊]亚里士多德《雅典政制》,日知、力野译,商务印书馆1959年版,第54页。
④ [英]塞缪尔·E.芬纳:《统治史》(第一卷),王震、马百亮译,华东师范大学出版社2014年版,第375页。

的职位，需让位于抽签。卢梭指出："当选举与抽签两者并用的时候，凡是需要专门才能的地方，例如军事职务，就应该由选举来任用；而抽签则适宜于只需要有健全的理智、公正与廉洁就够了的地方，例如审判职务，因为在一个体制良好的国家里，这些品质是一切公民所共有的。"① 当然，古希腊时期那些因特殊技能而被选举产生的公职人员，还不能称为代表，因为那时尚未产生代表的理念及其制度。也就是说，不能因为有了选举，就认为是代表，这点完全不同于现代的观念。

到了古罗马共和国时期，抽签仍然还在使用：它在古罗马人民大会中扮演重要角色（尽管比较有限），同时，中世纪意大利共和国和文艺复兴时期也是经常运用抽签选择执政官；在佛罗伦萨，采取抽签选择执政官是其共和政体的一项关键制度；在威尼斯，直至它在1797年沦陷时还在使用抽签。不过，古罗马人采取抽签的方式并不是源于其内在的平等性，而主要是中立性——可以排除人为主观的影响，即主要目的"在于排除阴谋诡计和行贿贪污"②。对此，伯纳德·曼宁也指出："和古希腊人不同的是，古罗马人使用抽签并不是基于抽签的平等特征，而是因为抽签主要影响到投票和促进政治共同体的团结，尤其是有产阶层和其他人民形成一个整体。"③ 尽管如此，选举已经在古罗马时期居于绝对的主导地位，如同威尼斯一样，后者被17—18世纪的思想家视为选举共和国的典范。据考证，古罗马共和国的"所有国家官吏均须通过它（指公民大会）选举产生。执政官、行政长官和监察官等重要官员通过百人团大会选举产生，财务官、营造司、部分军团长以及一些低级官员则在特里布斯大会选举产生"④。可见，罗马共和国时期的选举范围和对象都得到

---

① ［法］卢梭：《社会契约论》，何兆武译，商务印书馆2003年版，第140页。
② ［比利时］亨利·皮雷纳：《中世纪的城市》，陈国樑译，商务印书馆2006年版，第128页。
③ Bernard Manin, *The Principles of Representative Government*, Cambridge: Cambridge University Press, 1997, p. 51.
④ 陈可风：《从宪政视角看罗马共和时期的立法、司法和行政》，《河北法学》2007年第2期。

了极大的扩展，它已经成为产生官员的主要方式，同时，它作为一种优于抽签的挑选官员的方式，已经成为一种共识并深入人心。古罗马时期及其中世纪教会的选举实践，为近代选举制度的形成积累了丰富的经验。

早期的选举呈现三个特征。首先，选举的制度和程序还不完善，如选举日期不固定、选举权缺乏普遍性、选举过程缺乏竞争性等，其主要作用在于对具有特殊技能或能力的人员进行确认或认可，彰显的是选举的象征性和仪式性功能，有助于巩固精英的政治统治。基佐曾说："因优势而获得的权力，无论是什么优势，是能力、财富还是勇气……它强迫那些能够评判它的人来认可它的头衔。这种认可的方式就是选举——在所有初期的政府之中都可以发现它。"[1] 其次，选举的适用范围是有限的，主要限于行政官员和一些专业人员，尚未扩展至类似公民大会的人员，因为这不需要专业的技能，一个普通的公民都能履行好这些职权。最后，选举产生的人员并不具有代表性，主要是一些富有的、拥有社会地位的少数人员，它同选举者之间并不存在授权和问责的关系，当选者没有承担代表被代表者利益的义务，更无须承担问责的压力。可见，就源起及其演变而言，选举的理念及其实践先于代表概念产生，它们之间并无多大的关联性。同时，代表起初也并非必须经由选举产生，亦可以通过指派、委任或抽签等方式产生，即"代表制或代议制却不必然意味着这些代表是由被代表者选举产生的，实际上他们可能是由公共官员挑选或由抽签决定的"[2]。究其原因：一方面，代表参加议会是一项义务而非权利；另一方面，实行选举比较繁琐，没有抽签或委任便利。

二 选举、同意与代表

代表的选举实践始于英国的郡。"选举的原则，在郡开始被要求

---

[1] [法] 弗朗索瓦·基佐：《欧洲代议制政府的历史起源》，张清津、袁淑娟译，张清津校，复旦大学出版社2008年版，第74页。
[2] [英] F.W. 梅特兰：《英格兰宪政史》，李红海译，中国政法大学出版社2010年版，第49页。

选举代表出席议会之前很久就一直在发展。比如，1194年验尸官首度设立；要求选举3名骑士和1名文员以主持国王之诉。这些掌管验尸事务的官员或验尸官，起初是为了制约郡长的，他们就是由郡民众大会选举产生的。"① 当然，选举程序并不完善，其他的方式如指定、委任等还在使用。例如，当国王决定临时召开紧急会议时，而郡法庭又没有时间召开全体会议，此时，郡长要么是亲自充任代表，要么就是指定亲朋好友充任代表。基佐指出："可能的情况是，通常数量很少的选举人当着郡长的面就他们所委任的代表达成一致意见；郡长以文件的形式将这一任命通知大法官法庭。有关这一选举方式的唯一重要的情况是持续至今的公开投票。没有人对自己的选择予以足够的重视，从而需要匿名投票。"② 随着郡和自治市代表获得直接请愿权，他们就利用请愿权向国王反映本郡的问题，要求国王在征税案批准之前必须先行解决问题，如果国王无视所提的要求，便拒绝批准赋税。其间，郡和自治市代表逐渐"产生两种功能性的意义：分摊税赋及为地方争取权益，这些代表因而成为地区的代理人且领有薪俸，在返回地方后，他们有义务向地方交待他们在议会的所言所行"③。可见，郡或自治市代表还是一种委托代表，即作为郡或自治市的代表前往议会要争取地方利益。只要能够为本郡或自治市争取好处，无论代表是由选举还是委任产生，都不太重要。因此，选举并未含有授权或同意的政治涵义。

16、17世纪以后，新兴资产阶级登上政治舞台，在同王权的斗争中逐步确立了议会主权原则。议会主权原则的内涵集中体现为两点：一方面，议会取代国王成为最高政治权威，不再是一个依附于王权的辅助机构；另一方面，议会被视为全体国民的代表，所代表的是

---

① ［英］F. W. 梅特兰：《英格兰宪政史》，李红海译，中国政法大学出版社2010年版，第30—31页。
② ［法］弗朗索瓦·基佐：《欧洲代议制政府的历史起源》，张清津、袁淑娟译，张清津校，复旦大学出版社2008年版，第343—344页。
③ 张福建：《代表与议会政治——一个政治思想史的探索与反省》，《行政暨政策学报》2007年第45期。

全国的利益而不再是各个选区的利益。诚如锡德利所言:"选出派往国会任职的议员,并不是为了这些地方,而是为了整个国家。虽然他们……聆听其选民的意见作为其判断依据的资料,也为了使其发言更具有份量。……但严格而正确的说,除了他们所服务的国家整体……他们无义务对他的行为向任何人负责。"①可见,议会代表实际上还是扮演传声筒的角色,即"这些重要准则实际上没发生多大效应。一直到柏克的时代,国会议员似乎仍被看成是代理人——是一种代表与被代表间的关系,跟一般法律上的代理关系没有两样"②。为回应新兴城镇和郡的选举权诉求,柏克提出了实质代表制的理念,即"受托人虽非由人民选出,但是以人民的名义做事,于是受托人和人民之间存在着共享的利益,一致的感情与愿望"③。也就是说,尽管新兴城镇或郡没有选派代表,但是,它们的利益同其他城镇或郡的利益是一样的,因而相应地被代表了。在实质代表制中,代表之所以为代表,关键不在于他是否由选举产生,而在于他是否代表了共同利益。如果他代表了普遍利益,即使某个选区没有选举权,他也可被视为该选区的代表。从某种意义上讲,选举"只是发现自然贵族分子的一个方法,任何其他的选择办法如果能够同样有效地选出自然贵族分子,大概也是可采纳的"④。可见,18世纪初期的选举之于代表,还是一种手段与目的的关系,选举主要体现了工具价值。

但是,实质代表制在同北美殖民地进行的政治辩论中遭到了质疑。为抗议英国议会颁布的征税法案,北美殖民地人士提出了"无代表不纳税"的口号,声称:"非经他们自己的亲口同意,或者由他们的代表表示同意,是不能向他们课税的……唯一能代表这些殖民地人

---

① [英] A. H. Birch:《代表——政治学的基本概念之一》,朱坚章、王浩博译,台湾幼狮文化事业公司1978年版,第30—31页。
② 应奇编:《代表理论与代议民主》,吉林出版集团有限责任公司2008年版,第40页。
③ [加拿大] C. B. 麦克弗森:《柏克》,江原译,中国社会科学出版社1989年版,第88页。
④ [美] 汉娜·费尼切尔·皮特金:《代表的概念》,唐海华译,吉林出版集团有限责任公司2014年版,第210页。

民的是那些由他们自己在殖民地选出的人，除非经由他们各自的议会，谁也不曾向他们征过税，也不能够合乎宪法地向他们征税。"①在他们看来，征税须经人民自己或其代表同意，已经是一条公认的宪政原则。北美殖民地既然在英国议会里没有代表，那就表明英国议会的征税既未经北美殖民地人民的同意也未得到他们代表的同意，因而有权拒绝纳税。对此，英国当局依托实质代表制进行辩护，直言"在议会担任议员的每一位议会成员，不是作为其自己选区的代表，而是代表大不列颠全体人民的、令人敬畏的议会的一名代表。虽然代表自己可能受其所属自治市镇一般部署的影响，但是全体人民的权利和利益应该是代表们关心的重要对象，并且还应该是其行为的惟一准则"。②他们指出，尽管北美殖民地没有选派代表参加议会，但是，它们的利益作为不列颠整体利益的一部分，实质上已经被代表了，它与北美殖民地是否拥有选举权或代表权关系不大。无选举并不意味着没有被代表，同样，有选举也并不意味着就代表了，选举与代表之间没有必然的联系，因为"选举是代表程序的一个附带品"，"选举本身并没有赋予议员代表的权力"③。显然，这种论调难以令北美殖民地人士信服，因为他们拥有不一样的政治理念和实践，即只有经由亲自选举，方可视为自己被代表，这就是实际代表制。

所谓实际代表制，是指"立法者必须是本地区的……自由人；他应该短期掌权，在掌权期间接受选民对他的行为的审查；最后，一个地区与总人口应该是按人均分配的关系"④。实际代表制主要强调三点：首先，代表必须居住在本地，保证其利益与选民利益具有一致性；其次，代表必须由选举产生，这是代表获得授权的途径；最后，

---

① [美]纳尔逊·曼弗雷德·布莱克：《美国社会生活与思想史》（上册），许季鸿等译，商务印书馆1994年版，第189页。
② [美]伯纳德·贝林：《美国革命的思想意识渊源》，涂永前译，中国政法大学出版社2007年版，第152—153页。
③ Gordon S. Wood, *Representation in the American Revolution*, Charlottesville: University of Virginia Press, 2008, p. 4, 7.
④ [美]沃浓·路易·帕灵顿：《美国思想史》，陈永国译，吉林人民出版社2002年版，第167页。

代表必须以争取选区利益作为宗旨，并接受选民的监督。概括而言，就是"代表的职务并不是天生的，而是由于他是选举产生的。投票过程与代表之间不是偶然相合，而是其核心之所在。代表完全是基于人民的自由选举"①。就代表的利益取向而言，实际代表制实际上是中世纪委托代表制的复归，但两者的区别在于：选举的价值或意义不同。具体而言，就是在实际代表制中，选举是一种授权的过程，是必要条件；在中世纪委托代表制中，选举是一种挑选精英的工具，不是必要条件。北美殖民地人士认为，北美作为一个多元利益的社会共同体，每个人都有不同的利益，只有人人都参与选举代表，并能够监督代表，才能够保证自己利益得到代表。既然英国议会里没有北美殖民地的代表，那么，他们的利益又如何能够代表呢？在他们看来，议会代表不是代表全国利益，而是代表选举人的利益，因而是否拥有选举权至关重要。正如朱伯利所说："议会中的每一名代表，他们不是全国的代表，只是代表当初选举他们的特定地方。如果被选出的代表可以代表多个地方，那么他们在选举时只能选择其中的一个地方……议会代表只能够代表已选举他的地方，他们不能够代表所有地方；如果没有当选，他就不能代表这些地方，那就当然不能以这些地方代表的身份许诺什么事情了……代表制完全产生于人民的自由选举。"② 通过辩论，实际代表制的理念深入人心，不仅推动了选举权的不断扩大，而且使代表与选举紧密联系在一起。对此，戈登·伍德就指出："实际代表制这一概念的逻辑最终也决定了除非有选举权，否则没有任何人能够在政府中拥有代表。……选举变成了代表制的唯一标准。"③ 至此，代表与选举的关系就成为一个硬币的两面，无选举则无代表，有代表则须选举。依托于选举代表制，美国确立了代议制共和政体。

---

① Gordon S. Wood, *The Creation of the American Republic* 1776 – 1787, Chapel Hill: The University of North Carolina Press, 1969, p. 182.
② 转引自［美］伯纳德·贝林《美国革命的思想意识渊源》，涂永前译，中国政法大学出版社 2007 年版，第 155 页。
③ ［美］戈登·伍德：《美国革命的激进主义》，傅国英译，北京大学出版社 1997 年版，第 268 页。

三 代表与选举"联姻"的评析

当选举被视为代表过程不可或缺的程序和环节时,政治代表就产生了,这是代议制民主形成的关键一步。对此,周叶中就指出:"产生代表是代议制度建立过程中最首要的环节,尽管在历史上,代表的产生方式有任命、世袭等许多种,但选举则是最重要的、也是影响最深远的一种。……如果代表不是由选举而是由任命或世袭等其他方式产生的,那么,这些代表也就没有得到人民的权力委托,由此而形成的所谓代议制度就绝不是实现民主的基本形式,其政权实际上还是专制政权。"① 而政治代表经由选举产生的做法,则赋予了政治代表新的内涵及其特征,进而影响了代表的运行逻辑。

首先,选举有助于提升代表的合法性。合法性集中体现在对政治共同体的信任和认同以及对政治权力的自愿服从。而要获得合法性,可以有多种途径,包括选举、世袭、武力、宗教、巫术等,即"从历史上看,权力的合法性并不都是通过选举程序赋予的:传统首脑常常借助武力、阴谋或巫术强加于人……事实证明,最稳定的政权并非通过武力强加,而是建立在意识形态、巫术和宗教的束缚之上"②。但是,到了近代,最根本的途径则是选举,因为它体现了人民的意志和要求,意味着人民的同意和授权,还使得人民握有问责的手段。没有选举,意味着人民同意的缺失。所以,"一切现代政治制度——独裁的与民主的,资本主义的与共产主义的——都举行选举……通过选举民主政府将取得更大的合法性;通过民主选举产生的执政者能宣布其施政活动合法化。他们的法律应该被遵守,因为人民参加了选举"③。就政治代表而言,它的产生方式同样多种多样,包括抽签、委任、世袭和选举等,其中仅有选举是人民意志的体现,由此使得代表具有了

---

① 周叶中:《代议制度比较研究》,武汉大学出版社2005年版,第127页。
② [法]让-马里·科特雷、克洛德·埃梅里:《选举制度》,张新木译,商务印书馆1996年版,第1页。
③ [美]托马斯·R.戴伊、L.哈蒙·奇格勒:《美国民主的嘲讽》,张绍伦等译,河北人民出版社1997年版,第199—200页。

合法性，其言行能够获得人民的服从，而其他方式，要么体现少数人的意愿，要么就根本没有体现民意（如抽签）而只是依靠个人运气。因此，贡斯当曾说："只有直接选举才能赋予国民代表实实在在的力量，使其深深植根于舆论之中。用其他办法任命的代表，到处找不着认同他的声音，没有哪个阶层的人民会承认他的勇气，因为他们的选票在一系列迂回曲折的事件中，或是改变了性质或是没了踪影，已使他们丧失了信心。"①

其次，选举有助于改善代表的代表性。代表性是代议机构的基本属性之一，它表现为两个维度：一是形式维度，强调代表的人员构成要准确反映社会结构，代议机关就是整个社会结构的缩影，即社会各个群体的代表应与他们在整个人口中所占的比例相匹配。但是，完美的代表性只能是一个理想，难以落到实处，因为"在每一个民主国家，议员的情况相对于整个社会而言是没有代表性的：没有哪个立法机关是社会的缩微。民主国家的议会仍然由受到良好教育的中年白人所支配"②。二是实质维度，强调议会的立法要反映和体现多数人的意志，切实履行好民意代表的角色。这两个维度并不是相互排斥的，而是具有一定的关联性：如果代表能够准确反映社会的结构，那么，社会各阶层的意见也就能最大限度地反映到议会的立法之中。应该说，无论是形式层面的代表性，还是实质层面的代表性，选举都能发挥一定的作用。要提高议会代表的代表性，必须从议会代表的入口着手——改革和完善选举制度：一是增强选举的公正性和竞争性，即不同社会群体均有资格参与竞选，确保他们的利益被代表；二是重新划分选区制度，保证边缘群体或弱势群体的利益被代表；三是实行比例代表制，保证社会所有不同群体的利益被代表；四是采用固定配额制，保证少数群体（如妇女）的利益被代表。

最后，选举有助于增强代表的回应性。回应性是现代民主政治

---

① ［法］邦雅曼·贡斯当：《古代人的自由与现代人的自由》，阎克文等译，冯克利校，商务印书馆1999年版，第90页。
② Rod Hague, Martin Harrop, *Comparative Government and Politics An Intruduction*, New York: Palgrave Macmillan, 1998, p. 196.

的基本特征,意指对民众的利益诉求要作出及时的回应和答复,它既表现在行政机关的政府,也体现在立法机关的议会及其代表,这是衡量政府是否为责任政府、议会是否为民意代表机关的重要指标。梳理议会的发展历程可知,它起初是以民意代表机关的身份登上政治舞台,因此,反映民众意见和要求是议会代表的首要职责。就此而言,回应性是议会代表的首要属性,其最基本要求就是"我是什么想法,我就有理由期待我的代理人会有相同的想法,终归她要在适当的层面了解我的想法"[1]。虽然对代表职务的敬畏、尊敬以及带来的荣誉等能促使代表主动回应民众的呼声,但是,这些软性的约束并不能保证代表及时回应,仍然需要建立制度化的机制和手段,这就是选举。正如汉密尔顿所言:"所有这些保证如果没有经常的选举加以限制,仍然是非常不够的。"[2] 显然,代表回应性的强弱,主要取决于代表能否被有效地问责,就是当代表没有尽职地代表和促进被代表者的利益和愿望时,被代表者能否对代表进行罢免。如果回答是肯定的,那么,代表就会具有很强的回应性,反之亦然。因此,选举作为监督和约束代表的最后选项,可以有效增强代表的回应性,反映选民的愿望和要求。

第三节 代表与协商

代表与协商是当代西方民主理论的两个重要概念:前者是代议制民主的核心,无代表只能是小国寡民的直接民主,而不可能是代议制民主;后者是协商民主的关键,无协商亦不能称为协商民主。尽管如此,代表与协商之间并不是毫无交集,而是具有密切的关联性:代表是协商的重要主体,协商是代表的基本职责。不过,代表与协商的关系经历了一个从互斥到融合的过程。

---

[1] [爱尔兰]菲利普·佩迪特:《代表:回应与标示》,欧树军译,《开放时代》2012年第12期。
[2] [美]汉密尔顿、杰伊、麦迪逊:《联邦党人文集》,程逢如等译,商务印书馆1980年版,第292页。

一 从公民协商到代表协商

所谓协商,从概念上讲,就是共同商量的意思,其含义简单清晰。如果论及民主政治领域内的协商概念,它的含义就变得丰富起来了,即"协商是一种政治过程,其中,参与者自由、公开地表达或倾听各种不同的理由,通过理性、认真的思考,审议各种理由,或者改变自身偏好,或者说服他人,进而做出合理的选择"①。可见,作为一种过程的协商活动,其侧重点在于参与、理性、公开等要素,旨在确保公共决策能够体现多数人的意志和愿望,反映多数人的利益和要求。

协商的实践最早可以追溯至雅典时期的公民大会,在那里,所有成年的雅典男性公民聚集在一起,就城邦的公共事务进行讨论并作出决策。对于雅典直接民主的实践而言,协商是一个必经程序和环节。诚如伯利克里所说:"我们雅典人自己决定我们的政策,或者把决议提交适当地讨论;因为我们认为言论和行动间是没有矛盾的;最坏的是没有适当地讨论其后果,就冒失开始行动。这一点又是我们和其他人民不同的地方。"② 当然,雅典公民有机会参加公民大会讨论城邦公共事务是一回事,公民之间的讨论和协商能否起作用则是另外一回事。诚如约·埃尔斯特所言:"在这种规模的集会中,'协商'最多能意味着少数在听众面前发表演讲的人之间的讨论,而不是该集会中所有成员之间的讨论。"③ 源于此,雅典民主时期涌现了很多著名的演说家,其中大部分也是政治领袖,他们主导着雅典公民大会的议事活动,"不仅常常行使参加选举或是提出法令和法律提案的公民义务,而且经常在政治大会上中发起倡议"④。对于绝大多数人员而言,他们是公民大会的聆听者和旁观者。麦迪逊指出:"在古代共和国里,

---

① 陈家刚:《协商民主引论》,《马克思主义与现实》2004 年第 3 期。
② [古希腊] 修昔底德:《伯罗奔尼撒战争史》(上册),谢德风译,商务印书馆 1985 年版,第 132 页。
③ [美] 约·埃尔斯特:《协商民主:挑战与反思》,周艳辉译,中央编译出版社 2009 年版,第 2 页。
④ [丹麦] 摩根斯·赫尔曼·汉森:《德摩斯提尼时代的雅典民主》,何世健等译,华东师范大学出版社 2014 年版,第 383 页。

全体人民亲自集会，那里通常可看到一个演说家或一个手腕高明的政治家左右一切，好像独掌大权一样。"① 因此，雅典直接民主中的协商并没有达到预期效果，反而起到一种反效果，即导致职业政治家的出现以及权力高度集中于少数人手中，由此遭到后人的批评——雅典公民大会为追求形式上的民主，最后造成实质上的不民主。

雅典时期的公民协商，是建立在两个基础之上的。一是有资格参与协商的人口少，以及地理规模小，这就使得公民协商成为可能。如果人口数量大，公民协商尤其是有理性和深度的协商，在现实中是几乎不可能的。即便当代西方协商民主论者谈及的公民协商，也不是全体公民或者说大部分公民的协商，而是少数公民的协商。二是存在同质性的政治共同体，这使得公民协商能够比较容易达成共识。所谓同质性，就是指大家具有相似的背景、经历和价值等，这样，在协商的过程中，即便有争论，仍然能够达成某种共识。但是，在现代民族国家，复杂、多元、多样是现代社会的基本特征。即便在一个政治共同体内，也会存在某些相互冲突的价值观。因此，协商注定只能是少数人的事业。诚如博曼所言："协商好像只能在持有很多相同的价值观和信仰的相对同质的团体中发挥作用。……现代社会的大规模和复杂性好像使得对于协商的大部分思考变得不切实际，如果不是离奇古怪的话。"② 可见，雅典时期的公民协商，同古希腊直接民主一样，存在先天的不足，它在现代民族国家产生之后既不可欲也不可行。虽然雅典民主退出了历史舞台，但直接民主中的协商精神并未消失，它和民主理念一样被传承下来。这从议会的定义可知，即"议会一词本身相对来说是一个现代词汇。它源自法语，表示议会成员们聚集在一起进行讨论的场所"③。所以，即便是代议制民主，也仍然含有协商的

---

① ［美］汉密尔顿、杰伊、麦迪逊：《联邦党人文集》，程逢如等译，商务印书馆1980年版，第298—299页。
② ［美］詹姆斯·博曼：《公共协商：多元主义、复杂性与民主》，黄相怀译，中央编译出版社2009年版，第2页。
③ ［英］威廉·布莱克斯通：《英国法释义》（第一卷），游云庭、缪苗译，上海人民出版社2006年版，第168页。

理念。

通过梳理代议制民主的发展历史可知，协商的价值一直受到重视。例如，18世纪的柏克就声称，议会在本质上是一个协商大会，议会代表的职责就是运用自己的智识和理性去协商和讨论各类复杂的政治事务，而不是单纯地反映人民的意见。后来，美国的"建国之父"麦迪逊、19世纪英国政治思想家约翰·密尔等，也从不同角度论证了协商之于代议制民主的价值。所以，伯纳德·曼宁指出："尽管商讨在代议制政府发明人的配方中没有获得其在19世纪所具有的重要性，但毋庸置疑，自代议制政府诞生起，代表的理念就是和商讨联系在一起的。"① 不过，雅典时期的公民协商是全体公民，代议制只是少数人的协商——人民选出的代表。也就是说，协商的主体发生了革命性的变化，即公民协商转变为代表协商。对于这种转变，形成两种相互对立的看法。

一种是持肯定的态度，认为这是形势发展的必然之举，是一种进步。一方面，在大规模的民族国家，必须由少数人进行协商，即"在一个大的政体中，在真正的民主协商中必须有人作为他们的代表"②；另一方面，源于对普通公民直接参与协商公共事务的担忧和不信任，认为人民易于情绪化和非理性，不能审慎地讨论政治事务，这点又常常以雅典公民大会为例。另一种是持反对的态度，指责代表代替人民协商是倒退，背离了人民自治的理念和原则，疏离了公民与政治共同体之间的亲密关系。正如卢梭指出："不管怎样，只要是一个民族选举出了自己的代表，他们就不再是自由的了；他们就不复存在了。"③ 而卢梭对公民参与和协商的呼声，则为20世纪80年代以来参与式民主、协商民主理论的复兴提供了丰富的资源。

协商理念的复兴以及协商民主的产生与发展，引发了人们对当代

---

① Bernard Manin, *The Principles of Representative Government*, Cambridge: Cambridge University Press, 1997, p. 184.
② [美] 詹姆斯·菲什金、[英] 彼得·拉斯莱特主编：《协商民主论争》，张晓敏译，中央编译出版社2009年版，第58页。
③ [法] 卢梭：《社会契约论》，何兆武译，商务印书馆2003年版，第123页。

民主政治理论的反思。一是对公民协商价值的再思考。以往,人们对公民协商的认识和评价主要是以雅典公民大会协商为例,这在某种程度上造成公民协商被污名化。更重要的是,根据主流的精英民主理论,"少数精英的参与才是关键的,缺乏政治效能感的冷漠的、普通大众的不参与,被看作是社会稳定的主要屏障"①。受到诸多因素的影响,公民协商始终难以获得正面的肯定和评价。因此,对于协商民主论者而言,首要任务就是全面阐述公民协商的价值。

首先,就协商者本人而言,参与协商是一次民主实操训练,有利于培养其作为公民所需的素质和能力,如妥协、理性、自主等品性。在协商过程中,要么是自己说服别人改变立场,要么是自己被别人说服改变观点,这样在反复的交流和对话之中,可以有效提高参与者的协商能力。

其次,就协商的内容即公共政策而言,有助于增强公共政策的合法性。公共政策,旨在解决公共问题,这就会涉及多数人的利益。在这种情况下,如果让受公共政策影响的个体或群体亲自参与协商,将使公共政策能够最大限度地反映各方面的利益和要求,真正体现政策的"公共性"特征。诚如詹姆斯·博曼所言:"当政策通过公共商讨和辩论的途径制定出来,且参与其中的公民和公民代表超越了单纯的自利和有局限的观点,反映的是公共利益或共同利益的时候,政治决策才是合法的。"② 即便最后制定的政策没有吸收参与者的意见,他们也仍然会有一种自豪感和参与感,这同样有助于提升公共政策的正当性。

最后,就整个政治体系而言,有助于提升普通民众对政治共同体的认同感。对于普通民众而言,长期以来在政治生活中居于旁观者的位置,其作为政治共同体成员尤其是主权者的认知,主要是通过每隔数年的选举获得。如果在日常的生活中,他们能够持续地直接参与公

---

① [美]卡罗尔·佩特曼:《参与和民主理论》,陈尧译,上海人民出版社2006年版,第98页。
② [美]詹姆斯·博曼:《公共协商:多元主义、复杂性与民主》,黄相怀译,中央编译出版社2009年版,第4页。

共事务，则能有效提升公民对政治共同体的忠诚度和信任感。

二是对政治代表与协商之间关系的再审视。目前，西方协商民主理论已经发展到了第三代①，他们对政治代表在协商民主中的认识和评价，经历了一个从排斥到接纳的过程。其中，以哈贝马斯为代表的第一代协商民主理论家，主要是在批判代议制民主的基础上，为协商民主理论构建知识大厦。哈贝马斯指出，政治代表与协商之间存在一种内在的紧张性，即"一方面是代议团体的社会限制，另一方面是代议性商谈由于其交往前提而原本就要求具有的自由开放性"②。由于两者之间的内在矛盾无法协调，因此，他们对政治代表普遍持一种负面的评价。

在以艾米·古特曼、丹尼斯·汤普森等为代表的第二代协商民主理论家看来，尽管协商"不能舒适地与政治代表制相结合"，但对于协商而言，政治代表"不仅是必须的而且也是可欲的"，因为"代表制使得更好或者更为持续的协商成为可能"。当然，他们也承认，在协商民主中引入代表制，亦需要付出一定的代价，即"它可能产生一个特殊的政治协商者阶层。代表成为协商专家，而公民则成为旁观者"③。因此，对于第二代协商民主理论家而言，尽管没有一味地拒斥政治代表，但也不是全面的肯定，仅仅将政治代表视为权宜之计。

直到以斯特凡·鲁门斯等为代表的第三代协商民主理论家的出现，政治代表在协商民主中的地位才发生根本性变化。在他们看来，政治代表既是可欲的也是可行的，尤其是对于大规模的协商实践而言，政治代表更是不可或缺。如果没有政治代表的介入，协商只能是小规模的，大规模的协商是一个遥不可及的理想。就协商而言，政治代表的作用主要在于"保证了民主体制中宏观协商的质量，使协商结

---

① Stephen Elstub, "The Third Generation of Deliberative Democracy", *Political Studies Review*, Vol. 8, No. 3, 2010, pp. 291 – 307.

② ［德］哈贝马斯：《在事实与规范之间：关于法律和民主法治国的商谈理论》，童世骏译，生活·读书·新知三联书店2011年版，第221页。

③ Amy Gutman, Dennis Thompson, *Democracy and Disagreement*, Cambridge: Harvard University Press, 1996, pp. 131 – 132.

果中的偏见呈现出来……为政治辩论提供了叙事结构，从而使政治过程易于让更多的听众所见……确定负责任的政治行动者并追究他们的责任"①。因此，尽管政治代表与协商存在一定的冲突性，但两者在本质上具有互惠性。总而言之，"代表制不一定只是协商民主过程中的权宜之计，它事实上应该而且可以是其中的关键要素"②。

二 协商的代表性与代表的协商性

目前，绝大多数协商民主论者指出，协商及协商民主的实践要取得实质性的成效，必须推动协商与代表两者之间有机地融合起来。这需要解决两个问题：一是怎样产生协商者，这主要涉及协商主体的代表性问题；二是怎样开展协商，这就涉及代表的协商性过程。只有将协商的代表性与代表的协商性统一起来，才能充分发挥协商民主的优势。如果没有协商的代表性，协商的观点就会比较单一，无法反映多数人的意见；如果没有代表的协商性，协商过程就会陷入各说各话，难以达成共识。如果说协商的代表性体现的是一种结构取向，那么，代表的协商性则是属于过程取向，两者相辅相成，缺一不可。

代表性是协商的基本属性，已经成为现代民主理论的核心问题。波斯纳指出："为什么代表性应该位于民主理论的中心。一个理由是……当政府没有广泛代表性时，政治稳定性就有被颠覆的危险。由于缺乏政治声音，未被代表的人就会转向破坏。……更为通常的情况是，缺乏代表性会导致疏离（心怀不满）：会造成未被代表的人要比他们的利益如果在政治过程中得到了代表更少为社会出力——更不努力工作，更少与他人合作，不遵守法律，除非对不遵守的制裁严厉到了足以强制遵守的地步。"③ 无论是代议制民主，还是协商民

---

① Stefan Rummens, "Staging Deliberation: The Role of Representative Institutions in the Deliberative Democratic Process", *The Journal of Political Philosophy*, Vol. 20, No. 1, 2012, pp. 23–44.

② 段德敏：《重新认识代表制在协商民主中的地位和作用》，《国外理论动态》2014年第9期。

③ [美] 理查德·A. 波斯纳：《法律、实用主义与民主》，凌斌、李国庆译，中国政法大学出版社2005版，第199—200页。

主，代表性都是不可或缺的要素。对于协商民主而言，代表性是协商成功的必要条件，它主要包含两个方面的内容：协商主体的代表性和协商观点的代表性。

一方面，协商主体的代表性，这主要是从统计学意义上来讲的，要求参与协商的公民或代表来自不同的地区、阶层以及族群，甚至不同的年龄、性别，等等。简而言之，就是在协商某项公共政策时，既要有城市的，也要有农村的；既要有高收入阶层，也要有低收入阶层；既要有男性，也要有女性，等等。只有这样，公共政策才能体现其"公共性"的属性，体现多数人的意见和要求。在这一点上，协商民主同代议制民主的诉求存在相似性，两者之间的区别在于：代议制民主的代表性重点关注边缘或少数群体；协商民主的代表性则不仅仅是关注边缘或少数群体，而是整个社会群体。协商民主论者认为，代议制民主是建立在选举的基础之上，这有利于那些掌握优势资源的群体在竞选中脱颖而出，而边缘或少数群体很难赢得选举，也就难以发出自己的声音。因此，代议制民主的"代表性"不足是一个无解的难题，这主要是由其先天"入口"的不平等性所造成的。对于协商及协商民主而言，因为实行抽签制，即"入口"环节的平等性，确保了每个人都能平等地获得参与协商的机会，从而最大限度地实现协商主体的代表性。当然，就现实状况来讲，无论是协商民主还是代议制民主，完全的代表性几乎是一个不可能实现的目标，充其量只是程度上的差异而已。

另一方面，协商观点的代表性，这主要是指协商者反映的问题具有普遍性、提出的意见具有合理性，从而使政策能够体现多数人的利益，即"只要所有合理的观点都表现在代议机构中，人们就可以希望代表的决定会产生充分反应性的政策"[1]。一些协商民主论者指出，"如果协商对于政治决策而言是核心所在，那么，重要的是各种观点而不是所有人得到完全代表。……只要所有的观点都得到了代表而决议是完全通过理性的争论所作出的，那么人数的多少是无

---

[1] 陈家刚选编：《协商民主》，上海三联书店2004年版，第211页。

关紧要的。"① 换而言之，协商主体的代表性固然重要，但更重要的是协商观点的代表性。当然，它们两者之间存在一定关联性：协商主体的代表性可能有助于提升协商观点的代表性，但并不是绝对的。反过来讲，没有协商主体的代表性，则一定不会有协商观点的代表性。因此，协商主体的代表性对于协商观点的代表性而言，是必要而非充分的条件。例如，在制定一项公共政策时，尽管有的参与者具有代表性，能够代表某个地区或阶层，但是，他的观点不一定就具有代表性，因为其协商的观点很可能会夹杂着个人私利，而不是公共利益。那么，代表性的协商观点怎样判断呢？第一，它是理性思考的观点。在协商过程中，参与者基于不同的经历和立场，会形成不同的观点，既有感性的，也有理性的。但很显然，公共政策并"不需要对公众的所有观点都做出回应，而只需要对那些经过公共讨论和协商过的合理或深思熟虑的观点做出反应"②。只有进行理性的思考并提出建议，才能使协商取得成效。第二，它是有说服力的观点。在参与协商之前，一般会有支持的观点，同时也会有反对的观点。不管是属于哪一方，只要能够说服对方，促使其改变协商之前的立场和观点，那就证明这个观点具有代表性。

协商的代表性只是协商及协商民主的一个方面，还有一个方面是代表的协商性，这是协商的关键环节。所谓代表的协商性，就是代表们在参与制定公共政策时，进行面对面的交流和讨论，开展理性的对话和公开的辩论，确保各方的观点能够充分阐述，最后让各方能够自愿接受协商结果，而不是强迫性地去接受。从实践来看，提升政治代表的协商性，具有三方面的意义。首先，它意味着政策是经过充分考虑而制定的，保证了政策的科学性。其次，它可以有效避免有些人以公共政策之名促进私人利益，维护了政策的公正性。最后，它能使公共政策体现少数人的利益，提升了政策的合法性。因此，政治代表的

---

① ［美］约·埃尔斯特主编：《协商民主：挑战与反思》，周艳辉译，中央编译出版社 2009 年版，第 16 页。
② 陈家刚选编：《协商民主》，上海三联书店 2004 年版，第 193 页。

协商性，是相对于政治代表的聚合性而言的一种属性，它呈现出以下特征。

首先，协商性意味着合作性。协商的目的旨在达成共识，这有赖于协商者之间不断进行合作。所谓合作性，就是指参与协商的代表应具有合作的意愿和精神，相互信任、相互尊重，愿意围绕公共政策进行面对面的讨论，然后在不断互动的过程中纠正自己的观点和立场，最后达成共识。为此，协商者首先要按时参与协商，遵守协商的程序和规则，心平气和地坐在一起进行讨论，即便各方之间在讨论中发生激烈争论，也要仔细倾听并认真思考对方的观点，然后再反思自己的观点并作出理性的抉择，绝不能不尊重其他人的发言甚至无理地打断别人的发言。如果协商者之间不愿意合作，相互之间缺乏起码的尊重，再怎么协商也都是毫无意义，因为最后不可能达成协商。因此，合作性是代表开展协商的基本前提。

其次，代表的协商性意味着平等性。詹姆斯·博曼指出："如果决策过程根据商讨和辩论来界定，那么每个公民都必须拥有同样的机会来发表见解和采用其他任何人都可以采用的表达方式；每个人也必须拥有同样的进行辩论和商讨相关领域问题的权利，并在决策过程中拥有同等的地位和机会。"[1] 因此，代表的协商性，要求代表之间的平等性：不仅指获得协商机会的平等，这属于程序平等，还包括协商过程的平等，这是实质平等。对于前者，协商民主采用协商民意测验、抽签等手段解决，保证公民拥有平等机会成为协商者。至于协商过程的平等，则主要是赋予协商者平等的发言机会和时间，确保每个协商者能够充分发表自己的意见。协商民主论者承认，在协商政策的过程中，那些在经济和社会领域居于优势地位的群体更有意愿发表意见，也更能清楚地阐述自己的观点，从而造成无形之中的不平等，相反，"社会处境相对不好的公民缺乏有效的参与或足够的公共技能……社会不平等会减小处境相对不好的协商者的效力和影响力：由

---

[1] ［美］詹姆斯·博曼：《公共协商：多元主义、复杂性与民主》，黄相怀译，中央编译出版社2009年版，第32页。

于他们缺少发展各种公共能力的文化资源和机会，他们更难使他们的理由具有公共性说服力，他们的需要和主张很难体现在决策中"①。为此，就需要有意识地对协商者进行培训，动员协商者参与各类协商，使他们在参与协商的过程中提高协商能力和技能，而不能一味地排斥他们。只有这样，协商才能取得成效。

　　再次，代表的协商性意味着公开性。无论是代议制民主还是协商民主，公开性都是基本特征之一。例如，有些国家就规定，议会代表的投票记录要对外公开，以便选区选民及时了解选区代表的态度，为其下一次投票选举代表提供参考。对于协商民主而言，公开性主要体现在两方面：一是协商主体及其条件——谁可以参与协商、协商的时间及地点——什么时候协商及在哪儿协商、协商内容及其程序——协商什么及怎样协商等内容，应及时公开。二是协商过程及其结果应及时对外公开，这尤为关键。詹姆斯·博曼指出："协商过程的公开性使决策的理由更理性，结果也更公正。讨论中提出并最终被公民接受的理由必须首先满足公开性条件，也就是说，其理由必须让所有公民信服。"② 只有公开代表协商的过程及结果，公众才能充分了解代表在协商过程中的具体表现——支持还是反对：如果是支持，理由是什么？如果是反对，理由有哪些？除此之外，代表们怎样达成共识，最后的政策究竟采纳了哪些人的意见，又有哪些意见没有被采纳，原因何在？等等。通过公开性，普通民众可以有效监督协商者，避免协商者将私人或特殊利益渗透至公共利益之中。因此，公开性是保证协商结果公正性的前提条件。

　　最后，代表的协商性意味着争论性。协商本质上就是一种争论，它主要是观点之间的争论。争论性是协商民主的基本属性。在参与协商之前，每个协商者持有不同的立场，然后提出不同的观点。在这种情形下，要说服其中一方转变其立场和观点，可以采取很多举措，如

---

　　① ［美］詹姆斯·博曼：《公共协商：多元主义、复杂性与民主》，黄相怀译，中央编译出版社2009年版，第92页。
　　② 陈家刚选编：《协商民主》，上海三联书店2004年版，第142—143页。

威胁、讨价还价，或者开展争论或辩论，等等。如果从实施的效果来看，威胁和讨价还价也许最为有效，但是，它们从严格意义上讲并不是协商，甚至违背了协商的理念和原则，因为它们依靠的是外在的强力或资源迫使对方改变自己的立场，而不是心悦诚服地接受。只有通过争论或辩论，摆出事实和论点，让各方的观点在争论中得到澄清，这样才能让其中一方主动地改变自己的偏好，并且自愿认同协商的结果。也许争论不是最有效的方式，因为它需要付出一定的成本，如时间或精力等，但从最后的产出来看，这种付出是值得的。所以，约·埃尔斯特指出："协商民主依赖争论，这不仅在它依靠争论而展开的意义上是如此，而且在它必须通过争论而获得正当性的意义上也是如此。争论或许并不必然是作出集体决议的最佳途径。"[1]

三　代表与协商结合的政治意义

代表与协商的紧密结合，带来了两方面的政治影响。一是促使人们重新审视标准版本政治代表理论中的代表角色及代表模式，推动了当代西方政治代表理论的发展。从上文的分析可知，政治代表的角色及其作用，历来就是政治代表理论关注的焦点。起初，人们主要的争执点是政治代表究竟是一面"镜子"还是"过滤器"。在早期选举权尚未扩大的时候，人们普遍持后一种看法，尤其在代议制精英民主理论产生之后，政治代表的角色及作用被进一步强化。20世纪中叶以后，伴随着协商及协商民主理论的产生，政治代表的角色被重新审视。人们开始意识到：政治代表在政治中扮演的角色是多重的而不是单一的，既要汇集和反映人民的偏好和诉求，也要形塑甚至改变人民的偏好和诉求。至于政治代表的模式，协商及协商民主对公民参与、政治平等、公共理性的诉求，促使人们开始反思以选举为基础构建起来的选举代表制，指出了这一代表制模式的弊端，即加剧了社会和政治不平等。因此，在协商民主理论的推动下，

---

[1] ［美］约·埃尔斯特主编：《协商民主：挑战与反思》，周艳辉译，中央编译出版社2009年版，第11页。

包括微型代表、公众代表、网络代表等新的政治代表模式开始涌现，它们在一定程度上弥补了选举代表制的不足，丰富了普通民众利益诉求表达的渠道和途径。

二是重新挖掘了协商民主的实践价值。协商民主是对参与式民主的继承和深化，它们都重视发挥公民的角色及其作用。但是，公民直接参与制定政策的实践始终面临规模的困境，超过一定规模只能遴选少数代表代替人民参与政策的制定与协商。所以，协商民主面临着理想与现实的两难选择：如果一味地坚持公民直接参与才是真正的民主，那么，协商民主就只有理论层面的价值。相反，如果协商民主不仅追求理论价值，还要体现其实践价值，那它就需要引入代表。没有代表，协商民主理论仅仅是理论而不能实践。由此可见，政治代表是协商民主从理论变为现实的关键之举，也是发挥协商民主实践价值的重要依托。也许代表的介入，使得协商民主往后退了一步，但同时也拓展了协商实践的空间。

第四节　群体代表制

在西方民主国家代议机构中普遍存在的一个问题是：少数或弱势群体的政治代表性严重不足，即"几乎没有人会否认，在大多数当代民主社会中，那些拥有较少权利的结构化的社会群体的成员是没有被充分代表的"①。一般而言，这些没有被充分代表的社会群体主要是指妇女、少数族裔等群体，他们在议会中的代表数量同其在总人口中所占的比例是不对等的。根据2017年"各国议会联盟"公布的数据可知，英国、法国、美国等国家的女性在议会席位中所占的比例分别是30%、38%以及20%，然而，这些国家的女性人口占该国总人口的50%左右，两者之间的比例并不对等，由此影响了她们反映和维护自己的意见和利益。这个现象不仅引起学界的重视，而且也受到政

---

① ［美］艾丽斯·M.杨：《包容与民主》，彭斌、刘明译，江苏人民出版社2013年版，第176页。

界的关注，其中，前者注重从理论层面论证提升群体代表性的必要性与合理性，提出了群体代表制理论；后者注重从实践层面探讨提升群体的政治代表性，为此推行了选区制度、配额制度等方面的改革与创新。群体代表制理论是对西方政治代表理论的丰富和发展，它为妇女、少数族裔等边缘性群体争取和扩大自身在代议机构以及社会团体中的代表权提供了重要的理论支撑。

一 群体代表制的由来及其内涵

群体代表制起初表现为微缩代表制（microcosmic representation）、镜像代表制（mirror representation）、描述代表制（descriptive representation），它们主张代议机构中的人员应来自社会的不同阶层和行业，其构成是整个社会结构的一个缩影，即"它应当是广大人民的精确缩影。它应当像他们一样思考、感受、推理和行动"①。不过，微缩代表制主要是从社会经济政治地位出发来考虑某个阶级、行业的政治代表权，强调议会代表的结构要同整个社会结构具有对应性——代议机构的代表构成要准确复制整个社会的结构。例如，针对女性群体没有选举权的问题，密尔曾指出："在无论什么样的情况下，在无论什么限制内，允许给男人有选举权，在同样情况下，不允许妇女有选举权是毫无理由的。"② 与微缩代表制不同的是，群体代表制主要从性别、种族、宗教等因素考虑政治代表权。尽管如此，两者的目的却是一致的：都主张代表者与被代表者之间要具有某种相似性或者说同质性，唯有如此，代表者才能想被代表者之所想、思被代表者之所思，反映和促进被代表者的意见和利益。在现实中，微缩代表制不具有可操作性，因为不可能每一个行业或阶层在议会中都获得代表。正如汉密尔顿等指出："由各阶级的人真正代表所有阶级人民的想法；是完全不切实际的。除非宪法明文规定，各行各业得派出一名或一名以上的代

---

① ［美］戈登·S. 伍德：《美利坚共和国的缔造（1776—1787）》，朱妍兰译，译林出版社2016年版，第159页。

② ［英］玛丽·沃斯通克拉夫特、约翰·斯图尔特·穆勒：《女权辩护、妇女的屈从地位》，王蓁、汪溪译，商务印书馆1995年版，第303页。

表,这种事情实际上是永远办不到的。"① 这在西方国家代议机构的人员结构中得到了佐证,即议会主要是由白人男性组成的。尽管如此,微缩代表制的若干主张还是具有一定的现实意义,其中有些内容甚至还得到了群体代表制的继承和发展。

目前,在西方国家居于主导地位的是自由主义个人代表制,它主张每一个公民都应该平等享有表达自己意见和利益的政治权利,有权自由组织起来去维护和促进自己的利益诉求,强调的是以个人权利为本位,在制度层面表现为"一人一票"的选举制度。然而,"一人一票"的选举制度无法保证女性、少数族裔等群体获得与其人口数量相当的代表,西方议会仍然是白人男性公民占据主导地位,女性和少数族裔的代表数量比较低。以美国为例,众议院于1917年首次选举产生1位女性代表,到1941年为10人,占1.9%,2013年突破100人达到101人,占19.1%,2018年为104人,占19.4%;参议院于1922年首次产生1位女性参议员(仅任职1天),1931年再次出现1位女性参议员,2018年为23人,占23%。而截止到2018年,美国参众两院一共有154名黑人代表,包括144名黑人众议员和10名参议员;2018年共有49名黑人代表,分别是众议员47人和参议员2人。这一状况不利于女性、少数族裔等群体在政治过程中发出自己的声音,进而影响他们实现自己的利益和要求。自20世纪60年代以来,随着以性别政治、族群政治等为表现形式的身份认同政治的兴起,以个人代表制为基础的代议制民主遭受到了巨大挑战。在此背景之下,群体代表制理论应运而生。

所谓群体代表制,就是指为那些处境不利、边缘化和受压迫等少数或弱势群体的代表权进行辩护的代表制理论,它是"建立在这样一种认识之上,那就是:只有来自某一特定群体的人才能真正地表达该群体的利益。代表意味着为他人代言,或是以他人的名义说话,如果代表对他们所代表的人群没有亲近的个人知识,就不可能

---

① [美]汉密尔顿、杰伊、麦迪逊:《联邦党人文集》,程逢如等译,商务印书馆1980年版,第169页。

做到这一点"①。简而言之,就是某个群体要维护和促进自身的利益,就必须从该群体中而不是其他群体中选出代表作为代言人,否则,这个群体的利益就不能得到代表。要实现这样一个目标和任务,最有效的手段和方式就是让他们在代议机构中拥有特殊代表权。现有研究成果表明:议员性别和肤色在议会制定政策过程中的确具有较强的相关性——女性代表和少数族裔代表有助于维护其所属群体的利益,提高女性和少数族裔的认同感。②群体代表制是建立在集体权利的基础之上的,所追求的是群体集体政治权利而不是群体成员的个人权利,因而反映的是一种集体主义的政治观,其基本内涵包括以下内容。

首先,对于群体代表制而言,"谁"代表——代表者具有的属性和特征远比代表说了什么、做了什么——代表者的代表行为和代表结果更为重要。究其原因,在于群体代表制秉持这样一个观点:每个群体具有不同的历史和经历,因而会形成不同的利益、见解和观点,只有属于这个群体的成员,才有切身的体会和感受,其他群体的成员则无法感知。因此,要使一个群体的意见得到反映、利益得到保障,就必须由该群体的成员担任其代表。只有这样,他才会代表和维护其所属群体的利益。相反,如果代表不是来自该群体,那他就无法了解该群体的真实利益所在。因此,在群体代表制中,"谁代表民主公民是更重要的"③。就此而言,群体代表制论者是属于结构主义者,即结构决定行为,认为代议机构的代表组成结构会影响议会的具体行动。

其次,群体代表制主张被代表的是一个群体而不是具体的个人。该群体"并非人们的简单集合,而是与人们认为属于自己的身份存在

---

① [英]安德鲁·海伍德:《政治理论教程》,李智译,中国人民大学出版社2009年版,第263页。

② Richard E. Matland, "Women's Representation in National Legislatures: Developed and Developing Countries", *Legislative Studies Quarterly*, Vol. 23, No. 1, 1998, pp. 109 – 125; Katherine Tate, "The Political Representation of Blacks in Congress: Does Race Matter?" *Legislative Studies Quarterly*, Vol. 26, No. 4, 2001, pp. 623 – 638.

③ Suzanne Dovi, *The Good Representative*, Malden: Blackwell Publishing, 2007, p. 27.

一种更基础性的勾连。……是一种特定的集体性"①。简而言之，就是代表与被代表者之间具有某种集体属性或集体认同感，有相似的成长经历、生活方式和风俗习惯等。在现实中，特指妇女、少数族裔等群体，他们在历史上遭到政治体系的压迫，并且至今还处于不利的社会境地，集中表现为在代议机构中的代表性不足，进而影响其利益的表达和维护。在现行的个人代表制中，每个人在形式上是平等的——"一人一票"，但在实质上是不平等的，因为有些群体永远是代表过度，而有些群体则始终代表不足。究其原因，在于那些代表不足的群体在社会和经济领域内占有较少的资源，很难在选举过程中赢得议席，因而无法在政治上发出自己的声音，造成他们到现在仍然遭到结构性的压迫。而要避免这些群体受到特权群体的持续性压迫，就要把他们视为一个整体，并赋予特殊代表权，保证其声音和利益在公共政策中能够反映而不被忽视。

再次，群体代表制主张代表的内容是一种社会视角而不是意见或利益。所谓社会视角，就是指"那些处于不同境况中的人具有来自他们所处境况的各种不同的经验、历史与社会知识"②。它不同于意见或利益，前者相对稳定，相互之间不会冲突，后者具体且多变，易于发生冲突，主要区别表现为"在决策制定过程中，代表某种利益或者意见通常必然会促进某些特殊的结果。……代表某种视角通常意味着促进某些讨论的起始点"③。社会视角在本质上就是一种观察、思考、分析和解决问题的角度和方式，是专属于某个社会群体，而不是所有群体所共享的。在群体代表制论者看来，任何一个群体都是特殊的，他们有自己独特的历史和经历，处于相同的社会境况、社会结构之中，因而产生一样的经验和体验，自觉不自觉地形成相似的观点和见解。不同的社会群体，拥有不一样的社会视角，这些只有同属一个群

---

① ［美］艾丽斯·M. 杨：《正义与差异政治》，李诚予、刘靖子译，中国政法大学出版社2017年版，第50—51页。
② ［美］艾丽斯·M. 杨：《包容与民主》，彭斌、刘明译，江苏人民出版社2013年版，第170页。
③ 同上书，第175页。

体的成员才能充分感知，其他群体是无法理解的。因此，如果专属于某个群体的社会视角被代表，也就意味着某个群体的见解和观点被其他群体所聆听，由此保障了该群体的利益。

最后，在群体代表制中，代表是一个替代品，即代替某个群体参加代议机构，要求代表与被代表者具有某种相似性，相应地，由代表组成的代议机构就是一个复制品。代表的作用和功能主要是"代指示"，就是将被代表群体的意见原原本本地反映和呈现到代议机构之中，而不是"代行为"，即代表为代表群体作出决策和行为。诚如皮特金所言："进行代表不是带着权威去行事，也不是被问责前行事，甚至根本就不是一种行事。相反，进行代表依赖于代表者的特性，取决于他是什么或像什么，进行代表与其说是要做什么行为，不如说是要成为什么事物。代表者不是代他者去行为，而是借助自己与他者的一致或关联、对他者的相似或反映，从而对他者进行'代指示'。"① 所以，虽然群体代表制没有明确的倾向，但是，从对代表性质的理解及其主张来看，实际上是倡导委托代表制。

二　群体代表制面临的质疑及其回应

群体代表制及其主张遭到自由主义个人代表制的批评和质疑，认为它不仅不符合民主价值，即直接影响其他群体的利益而产生新的不公平，违背了政治平等原则，而且也是不切实际的，即不能确定哪些群体可以享有特殊代表权，因而难以在实践中进行操作。假使依照群体代表制的原则及其主张选举产生议会代表，很有可能会出现傻子代表，影响代议机构的审议质量和效率。

第一，质疑群体代表制存在"本质主义"（essentialism）倾向。所谓"本质主义"，就是强调某一群体拥有一些不可改变的本质特征或属性，如性别、肤色、种族、宗教、语言，等等，它们让某些群体共享一种身份，形成了与其他群体不同的利益和要求。简·曼斯布里

---

① ［美］汉娜·费尼切尔·皮特金：《代表的概念》，唐海华译，吉林出版集团有限责任公司2014年版，第73页。

奇指出，"本质主义"就是"假定某个特定群体的成员拥有一种本质性的身份，且它只为这个群体的成员所共享，其他人都不能享有。比如坚持要女性代表女性、黑人代表黑人，其实暗含了一种该群体所有成员共享的女性和黑人所具有的本质属性"①。可见，群体代表制的"本质主义"倾向实际上暗含了这样一个逻辑：代表者的行为取决于代表的身份特征或属性。但是，一些研究人员发现，议会中的女性或黑人代表并不会因为自己是女性或黑人，就代表女性或黑人群体的利益，实际上两者之间没有太大的关联性。例如，卡罗尔·斯维因通过调查发现，美国国会黑人议员数量的增加，在现实中并没有给黑人带来更多的利益。议会代表的种族特征并不是必要条件，国会中的白人议员同样能够平等和有效地代表和维护黑人选民的利益。②而且，那种主张女性或黑人代表会代表所有女性或黑人群体利益的逻辑，实际上还忽视了女性或黑人群体内部存在的差异，如女性里面包括亚裔和拉丁裔、中产阶级女性和贫困阶级女性，同样，黑人群体亦包括非洲的黑人群体和美洲的黑人群体（即早期殖民者从非洲贩运去的黑人后代），等等。也就是说，即使是同为女性或黑人，因为每个人具有不同的成长背景、社会地位、宗教信仰以及政治理念等，他们的利益也不是铁板一块，有的甚至还可能是相互冲突的。因此，赋予某个群体特殊代表者，这不仅可能造成处境不利或边缘化群体内部之间一种新的压迫，而且易于制造社会的分裂和冲突，致使代表致力于追求其所属群体的利益而不是国家的普遍利益。

第二，质疑"群体代表权"的划分标准不够明晰。这实际上涉及两个层面的内容：一方面，群体代表制究竟依据什么标准来确定某个群体有权享有特殊代表权，而其他群体则无权享有特殊代表权。这直接关系到特殊代表权能否真正用于那些有需要的弱势或边缘群体身上。如果标准过于宽泛，那就意味着很多群体都有权声称自己没有得

---

① Jane Mansbridge, "Should Blacks Represent Blacks and Women Represent Women? A Contingent 'Yes'", *The Journal of Politics*, Vol. 61, No. 3, 1999, pp. 628 – 657.

② Carol Swain, *Black Faces, Black Interests: Representation of African Americans in Congress*, Cambridge: Harvard University Press, 1993.

到充分代表而要求享有特殊代表权；如果标准过于苛刻，那就意味着有些群体本该拥有特殊代表权而无法享有。在实践中，群体代表制论者主要聚焦两类群体：女性、黑人等弱势群体和少数族裔，他们在历史上被长期剥夺选举权而被政治体系所压迫，以至于到现在仍然是处于代表不足的群体。因此，赋予他们特殊代表权，并没有太大争议。但是，据此标准，同性恋者、残疾人群（如精神病患者、智障人士等）等群体同样符合上述条件，那他们为什么不能享有特殊代表权？对此，群体代表制论者没有给出满意的答复。因为缺乏可供参考执行的标准，每个群体都可以声称自己没有被代表而要求赋予特殊代表权，由此导致特殊代表权的滥用。另一方面，假如已经确定某个群体享有特殊代表权，那么，依据什么标准来分配议会席位。简而言之，是应依据该群体在总人口中的比例来分配议席还是设置一个最低数量，这也是具有很大的争议。如果按比例分配席位，那就要求议会中有一半的女性代表，这不仅在现行选举制度下不可能实现，而且落入了微缩代表制的套路，不具有可操作性。如果是设置一个最低数量，那最低的限度是多少？在现行各国代议机构普遍实行少数服从多数原则的议事规则下，少数几个席位并不能发挥太大的作用，更多的是一种点缀，其象征意义更大一些。

第三，质疑群体代表制会背离民主政治所蕴含的问责理念及其原则。群体代表制的核心论点就是要求代表者与其所代表的群体共享同一种身份特征或属性，这样代表者才能切身体会到其所属群体的利益和要求。至于代表者如何当选以及如何行动——代表的当选程序及其代表能力，则不是群体代表制论者关心的重点。一些研究者指出，如果要实现群体代表制的要求，就不得不放弃选举而改由抽签挑选代表的方式，因为选举主要考虑代表者的特殊品质或能力，这样易于让那些富人或社会名流当选。对于那些弱势群体而言，他们既不可能通过选举当选代表，也不可能选举自己的代表。诚如亚历克斯·扎卡拉斯所言："选举不能产生一个描述性代表议会，也就是说，它没有让议会中的政客从总体上反映人口的实际结构。有些特征的群体（最突出的是财富和社会特权）得到过多的代表，而穷人、不享有社会特权的公民的代表则（经常是严重）不足。"① 如果采用抽签的方式，则能让代表体现人口结构的总体特征，即每个群体都能获得一定数量的代表，这可以避免一些占有社会经济特权的阶层享有更多的代表，保证了代表的代表性。但问题在于：如果代表是经由抽签的方式产生，那么，被代表者与代表者之间就不存在权力授受关系。这不仅会削弱代表者对被代表者的责任，而且还使得被代表者缺乏有效控制代表者的手段，造成代表者可能忽视或者不愿意回应被代表者的利益和要求。假如没有问责机制，寄希望于女性或黑人代表能够维护其所属群体的利益，那很可能是一厢情愿。

面对上述质疑，群体代表制论者进行了强有力的辩护，强调它不仅在理论上没有背离自由主义民主的价值和理念，而且在实践中也的确维护了弱势群体的利益，具有一定的合理性和正当性。

首先，对"本质主义"倾向的回应。群体代表制论者指出，现代民主政治既具有差异性，也具有普遍性。其中，差异性不仅体现在个人之间和群体之间（包括群体内部）的差异，还表现为性别、民族、种族、宗教等方面的差异。在群体代表制中，同样存在差异性，主要存在于代表与被代表群体之间。但是，强调两者之间的差异性，并不能掩盖其普遍性，或者说它们就没有相似性。正如杨所言："群体之间存在差异，并不意味着没有经验的重叠，或没有任何共同点。"② 例如，在面对男女平等权问题时，无论是男性代表群体，还是女性代表群体（包括群体内部），都会形成不一样的看法。但是，作为一个整体，女性代表在男女平等权的某些具体问题上，如工作期间的怀孕、分娩的权利问题，这是女性所独有的经历而不能被男性所感知，因而，女性群体代表的看法会形成一致性。同样，在面对种族歧视问题时，黑人群体代表的感受和经历也是不同于白人群体代表。因此，我们不能简单地认为群体代表制的理论隐含了"本质主义"的倾向。

---

① Alex Zakaras, "Lot and Democratic Representation: A Modest Proposal", *Constellations*, Vol. 17, No. 3, 2010, pp. 455–471.
② [美] 艾丽斯·M. 杨：《正义与差异政治》，李诚予、刘靖子译，中国政法大学出版社2017年版，第208页。

在他们看来，赋予妇女、少数族裔等弱势群体特殊代表权，主要不是因为代表与其所代表群体具有一样的外在特征——这是微缩代表制的主张，关键在于他们各自具有不一样的经验、知识等，这是其他群体所不能感知的。在代表进行辩论的过程中，妇女、少数族裔等群体的观点、见解、思路等可以被其他群体的代表所了解并分享，借此保障和促进群体的利益。

其次，对划分标准不够明晰的回应。群体代表制论者指出，要享有群体代表权，必须符合一定的要求和条件，即"代表权只有在下列情况下才应指派给这个群体：当某个群体的历史及社会处境能为某一议题提供一个特定的观点，当它的成员利益受到特别的影响以及当在没有这种代表权的情况下其认知与利益就不大可能获得表达的机会"①。可见，并不是任何群体都有权享有特殊代表权。在他们看来，假如某个群体拥有充分的利益表达渠道，能够把其意见反映到公共政策之中，那么，这个群体就不能享有特殊代表权，即"只要各种群体在公共讨论中能够表达他们的文化或者由于他们的特殊性而获得承认，那么，他们就不应当在各种包容性的决策制定团体中接受特殊代表权"②。据此标准，群体代表制论者认为有权享有特殊代表权的群体主要包括两类：一类是弱势或边缘群体，主要是那些因为性别、种族、宗教等因素处于弱势地位的群体，包括妇女、黑人、亚裔美国人等，他们曾在历史上遭到制度性的歧视；另一类是少数民族，即那些希望保持自己民族文化和统一性的族群，如澳大利亚的原著居民、加拿大魁北克省的少数民族等。其中，前一类群体的特殊代表权有助于反映和代表他们的意见和利益，后一类群体的特殊代表权有助于保障和落实他们的自治权。不过，少数民族的特殊代表权，享有的前提是它不会成为少数民族寻求独立的手段，进而破坏民族国家的统一。尽管如此，在究竟哪些群体应该享有代表权的问题上，群体代表制论

---

① Iris Marion Young, "Polity and Group Difference: A Critique of the Ideal of Universal Citizenship", *Ethics*, Vol. 99, No. 2, 1989, pp. 250–274.
② [美]艾丽斯·M. 杨：《包容与民主》，彭斌、刘明译，江苏人民出版社2013年版，第182页。

者的辩护仍缺乏一定的说服力，以至于连倡导群体代表制的金利卡教授都承认："哪些群体应该有代表权？我们如何决定哪些群体应该赋予以群体为基础的代表权呢？群体代表制的许多批评者认为这是一个无法回答的问题，或者确切地说，任何答案都将是武断的，无原则的。"①

最后，对代表问责缺失的回应。群体代表制论者指出，问责是民主代表的基本要素，它能促使代表回应被代表者的利益诉求，并向被代表者负责，维护和促进被代表者的利益诉求。而群体代表制中的代表是否具有可问责性，主要取决于我们如何理解和界定代表的角色及其责任。如果把代表理解为被代表对象的"受托人"或者说"代理人"，那么，代表就理应维护被代表对象的利益，如果没有做到这一点，那就可以对代表进行问责。但是，在现实政治生活中，"并不存在一种既让代表对选民负责同时又不是纯粹的受托人的代表模式；也不存在一种能让代表作为代理人可以代表其选民意见及其利益的代表模式"②。因此，与其注重代表的行为及结果，还不如关注代表的过程及效果。在他们看来，代表的角色及其责任不是仅限于反映被代表者的意见和促进被代表者的利益，而是要引导被代表者参与政治，其角色表现为一个引领者、倡导者等。"代表的责任并不仅仅是表达某种命令和要求，而是参与讨论并且与其他的代表进行辩论，倾听他们的问题、诉求、故事与论据，同时和他们一起试图达成某些明智的和恰当的决议。政治体中的不同群体通过各位共同会面并且彼此倾听的代表，跨越他们间的差异以实现最大限度的交流，因而具有改变其社会地位与处境的可能性。"③ 对于妇女、少数族裔等弱势群体而言，代表主要扮演其所代表群体的代替者的角色，将其所属群体的经验、

---

① [加拿大] 威尔·金利卡：《多元文化的公民身份》，马莉、张昌耀译，中央民族大学出版社2009年版，第207页。
② Melissa S. Williams, *Voice, Trust and Memory: Marginalized Groups and the Failing of Liberal Representation*, Princeton: Princeton University Press, 1998, p. 231.
③ [美] 艾丽斯·M. 杨：《包容与民主》，彭斌、刘明译，江苏人民出版社2013年版，第163—164页。

观点和见解等与其他群体的代表进行交流和互动，为其他代表提供一种特殊的视角，从而使讨论的议题和出台的政策更具有包容性，体现更多群体的利益诉求。因此，即使代表没有反映被代表群体的利益，这也并不意味着代表没有对他们负责，只不过是体现在其他方面罢了。

群体代表制论者的上述回应，对于准确认识和把握群体代表制的基本观点、澄清学界对特殊代表权的认识误区具有一定的作用。不过，因为群体代表制内部本身没有统一的立场，相互之间还存在分歧，这在一定程度上削弱了群体代表制的解释力度。尽管如此，我们还是要意识到："群体代表制是我们现行民主传统的合理延伸，在某些情况下，它也许是保证少数群体能充分表达利益和观点的最合适的方式。既然少数群体的声音应该得到公正的倾听是至关重要的问题，那么，主张群体代表制的建议本身也要得到公正的倾听。"① 因此，需要继续促进群体代表制理论的发展和创新，为弱势群体争取特殊代表权提供充足的理论资源。

三 群体代表制的价值及其启示

群体代表制并不是要取代个人代表制，它"只是一种补充手段，只有当没有其他可接受的替代性措施时才会使用，而且，它不是一种常规性的手段，只有在必要时才使用"②。尽管如此，它的若干主张及其实践仍然具有非常重要的意义。正如伯恩斯所言："被选上的少数民族或少数种族的职员会通过成为实质性代表他们利益的人员，他们会积极地制定对他们的成员有利的政策；他们会像代表他们自己的成员一样具体地代表黑人的利益；即使是象征性的代表，在少数人群成员的眼里，被任命的黑人官员们也会使政治体系合法化；如果被任命的官员实质性地代表少数人群，那么在少数人群获得选举职位的城

---

① [加拿大] 威尔·金利卡：《多元文化的公民身份》，马莉、张昌耀译，中央民族大学出版社2009年版，第215页。
② [加拿大] 弗兰克·坎安宁：《民主理论导论》，谈火生等译，吉林出版集团有限责任公司2010年版，第129页。

市中，对美国黑人和拉丁美裔人利益的反应将会增加。"① 基于此，西方国家纷纷推行了一些旨在提高弱势群体代表权的改革举措，取得了一定的效果。概括而言，群体代表制的意义主要体现在以下三个方面。

首先，有助于实现民主理念所蕴含的政治平等价值。政治平等是现代民主的基本原则和价值追求，它强调国家要平等地对待每一位公民，没有任何一个人是优于其他人的，每一位公民都是平等的，享有平等的选举权、参与权、结社权、表达权等。一部西方民主政治的发展史，就是公民不断追求和实现政治平等的历史。在实践中，政治平等体现为两个层面：一是平等的选举权——不管是富人还是穷人、男性还是女性、白人还是黑人、身体健康的人还是残疾的人、异性恋者还是同性恋者，等等，都享有同等的投票权——一人一票，这是民主最基本的要求或者说是底线。二是平等的参与权，即任何成员都享有平等的机会参与政治决策，在决策过程发出自己的声音。平等的选举权作为政治平等的集中表现，在西方国家已经基本得到了实现，但是，平等的参与权没有得到落实。一些特权群体拥有丰富的资源，包括时间、精力等，还具有参与的热情、意识、技能和渠道，他们热衷于通过参与表达和促进自己的利益。相反，妇女、少数族裔等群体因为先天的不足，再加上后天的劣势，使得他们既无参与的时间和精力，更无参与的能力和素质，还对政治参与缺乏热情。在这种情况下，赋予这些群体特殊代表权，能够很好地弥补这个短板，使政治平等的价值得以实现。

其次，有助于维护和保障弱势群体的利益诉求。群体代表制论者指出，每个群体具有不一样的利益和要求，他们只有属于这个群体的成员时才能感知，其他群体的人员难以有切身的感受。因此，寄希望于那些在政治上居于主导地位的特权群体照顾那些弱势群体的利益，只能是一种幻想和徒劳。历史上更多的情形往往是那些特权群体利用

---

① ［英］皮特·F. 伯恩斯：《仅有选举政治是不够的：少数群体利益表达与政治回应》，任国忠译，中央编译出版社2011年版，第149页。

其政治地位去巩固自身的利益，有时甚至背叛其他群体的利益。密尔在19世纪30年代为工人阶级争取代表权所作辩护时就指出："然而议会，或者组成议会的几乎所有成员，曾有过一瞬间用工人的眼光去看问题吗？当涉及工人本身利益的问题发生时，不是仅仅从雇主的观点去加以考虑吗？……无论如何应当恭敬地听取他们的意见，而不应当象现在这样不仅不予尊重而且加以忽视。"① 无论是从历史还是现实来看，那些在议会中没有被充分代表甚至没有代表的群体，他们的利益往往被忽视，且这样的现象比比皆是。正如达尔所言："如果你在国家的统治中被剥夺了平等的发言机会，那么，与那些有发言机会的人相比，非常有可能你的利益无法受到同样的重视。如果你不能发言，谁来替你发言？如果你自己不能捍卫自己的利益，谁来捍卫你的利益？问题还不仅是你个人的利益，如果你所在的团体恰好全部都被排除了参与机会，那么，你们团体的基本利益怎么得到保护？"② 因此，赋予弱势群体特殊代表权，不失为一种最低限度的保障措施。

最后，有助于扩大弱势群体的政治参与，提升政治统治的合法性。群体代表制论者指出，在历史上，弱势群体因为被排斥在政治体系之外，再加上缺乏社会政治经济资源，造成他们普遍存在政治冷漠感和政治参与挫折感，潜意识地会认为自己缺乏管理国家事务的能力，进而不满政治体制和政治过程。假使赋予弱势群体特别代表权：一方面，可以带来一种示范或榜样作用，增强参与政治的自信心，由此提升政治的包容度，即"那些没有获得充分代表权的群体如果看到他们有相应比例的'自己人'在议会、法院或政府履行统治职责时，他们会仿佛自己也参与了决策，政权的合法性支持也将得到有效提升"③；另一方面，可以增强弱势群体对政治体制和政治统治的认同感和归属感。目前，投票选举议会代表依然是最普遍也是最重要的参

---

① ［英］J. S. 密尔：《代议制政府》，汪瑄译，商务印书馆1982年版，第45页。
② ［美］罗伯特·达尔：《论民主》，李柏光、林猛译，冯克利校，商务印书馆1999年版，第84页。
③ 林奇富：《为描述性代表辩护》，《当代中国政治研究报告》（第10辑），社会科学文献出版社2013年版，第102页。

与方式：因为议会作为国家立法机关在政治生活中具有重要的政治地位，是代表民众监督政府的重要机构，而作为立法机构的主体，议会代表则是民众反映利益和要求的重要途径。因此，通过参与政治代表的选举，有助于提高这些群体政治参与的效能感。威尔·金利卡特别强调："在代表国家公民上，立法机构有特别的象征性作用。公民看不到自己的意见在立法机构中得到反映，他们就会疏远政治过程，怀疑政治过程的合法性。如果说立法代表不是代表的唯一途径的话，那么，它也是唯一重要的途径，所有希望在立法机构中被充分代表的愿望，都必须认真对待。"①

总之，群体代表制并不是尽善尽美的，它在理论和实践中都还存在不足，并不能彻底解决好妇女、少数族裔等群体代表性不足的问题。而且，妇女、少数族裔等弱势群体代表性不足实际上只是一个表象问题，它在本质上是一个普遍的政治平等问题。因此，仅仅通过增加这些群体在代议机构中的席位是远远不够的，不能起到实质性的作用，更多是一种象征功能。在笔者看来，要彻底改善妇女、少数族裔等弱势群体代表性不足的问题，一方面，要从宪法和法律层面作出明确的规定，为实行群体代表制提供充足的法律依据，使弱势或少数群体的代表权获得最低限度的保障。另一方面，要不断提高妇女、少数族裔等弱势群体的经济生活水平和教育文化水平，积极培养他们的民主意识和参与技能，实现从"为他们代表"向"我们要代表"的转变。

---

① ［加拿大］威尔·金利卡：《多元文化的公民身份》，马莉、张昌耀译，中央民族大学出版社2009年版，第214页。

第四章　超越选举的非正式代表

以往，西方学者在讨论政治代表时，绝大多数是把政治代表概念置于民主的语境下展开：假定了政治代表是民主的代表，需由选举产生，获得授权且能被问责，主要职责是代表和促进选民的利益，即"民主代表制最基本的理念是官员要响应、促进并且保护选民的利益"[①]。民主的代表主要包含三个要素：首先，代表必须根据授权才能行动；其次，代表必须以促进被代表者利益的方式来行为；最后，人民必须保有措施来使代表对其行为负责。[②] 20世纪90年代以来，一些无选举型政治代表开始登上政治舞台，引起了广泛关注。所谓无选举型政治代表，亦称为非正式政治代表（informal representation），就是那些未经选民正式选举产生的政治代表。非正式代表是相对于正式代表而言的一种新的政治代表，两者的区别主要在于是否经由选举的方式产生。假如代表是选举产生的，那就是民主代表，即"一旦一个行动者是经由公平选举产生，不管他在任职期间是否实现了哪个目标，他就可以被视为一个民主代表"[③]。反之，则是非民主代表，即"由于不存在民主规则，所以也不存在民主代表"[④]。这种以选举作为

[①] ［英］皮特·F. 伯恩斯：《仅有选举政治是不够的：少数群体利益表达与政治回应》，任国忠译，中央编译出版社2011年版，第7页。

[②] Andrew Rehfeld, "The Concepts of Representation", *American of Science Review*, Vol. 105, No. 3, 2011, pp. 631–641.

[③] Laura Montanaro, *The Democratic Legitimacy of Self-appointed Representatives*, Vancouner: University of British Columbia, 2010, p. 71.

[④] ［德］克里斯托夫·墨勒斯：《民主：苛求与承诺》，赵真译，清华大学出版社2017年版，第42页。

区分代表是否民主的标准,将大量的无选举型政治代表排除在研究范围之外,凸显了传统政治代表理论的不足,无法对非正式政治代表的代表行为给予合理解释。在此背景下,西方学界开始反思以选举为基础的政治代表理论,试图构建一种更具包容性和解释力的政治代表理论,使政治代表问题的研究焕发了生机。

第一节 非正式代表的兴起与内涵

近年来,随着非正式代表的涌现及其实践,其在公共政策的制定、公众利益的表达、全球性问题的解决等方面发挥着越来越重要的作用,弥补了传统正式代表的不足,引起了学者的广泛关注,开启了政治代表理论研究的新领域。

一 非正式代表的兴起背景

非正式代表作为一种新兴的政治代表,遍及政治生活的各个领域,已经成为一支重要的政治力量,并且在某些方面起着决定性的作用。一方面,在民族国家的政治生活中,非正式代表成为正式代表的重要补充,同正式代表一道承担着代表角色并履行代表职责;另一方面,在国际政治舞台上,非正式代表同样扮演着重要的角色,代表着国际社会公共利益、非人类利益等,弥补了民族国家在上述领域的不足。因此,非正式代表的兴起,主要源于两个方面的原因。

1. 正式代表机制的弱化,尤其是政党作为代表性机构的地位和作用不断弱化,为非正式代表的产生创造了条件和基础

现代民主政治是政党政治,政党作为民主政治中最重要的组织要素,是连接国家与社会、政府与民众的桥梁和中介,已经成为现代民主政治运转的枢纽。谢茨施耐德指出:"政党创造了民主,保证了现代民主的运行。"[①] 在民主政治运行的过程中,政党肩负着许多功能,

---

① [德]谢茨施耐德:《政党政府》,姚尚建、沈洁莹译,天津人民出版社2016年版,第44页。

如利益的代表和聚合、精英的培养和录用、政策的制定、民众的动员、政府的组建等。其中，"代表常被视为政党的首要功能。它指政党回应和表达党员与选民意见的能力。"① 这是由政党的本质属性决定的，即它是一个代表特定阶级或阶层利益的政治组织，反映、维护并促进其所属阶级或阶层的利益，是政党维系自身生存和发展，进而夺取政权的根本途径。因此，"政党首先且最主要的是表达的手段：它们是工具，是代理机构，通过表达人民的要求而代表他们。"② 政党活动的宗旨是要夺取和掌握政权，因此，它作为一个代理机构或者说代表性机构，具有先天的政治优势。一旦赢得国家政权，政党就可以凭借其执政的地位把其所代表阶级或阶层的意愿上升为普遍的国家意志。但是，自20世纪90年代以来，公民选举投票已经不再是基于阶级立场和意识，而是逐步让位于种族、宗教、性别等因素，直接影响了政党作为阶级利益代表者的身份和资格，造成政党同其所代表的阶级之间产生断裂，催生了政党代表性危机。

政党代表性危机主要指政党作为利益代表者，没有履行好代表其所属阶级或阶层的利益的职责，并且同所属阶级之间缺乏紧密的联系，造成其在政权竞选中缺乏支持者而失败，最集中的体现就是一些长期执政的大党和老党相继丧失执政地位甚至走向瓦解，其中又以西方国家左翼政党最为突出。究其原因，主要源于两方面的原因。

一方面，政党自身的因素。随着政党的发展和壮大，它自身呈现出越来越严重的官僚化和寡头化倾向，对党员言行的约束越来越严格，由此造成议会中的党员代表不得不把政党的利益和要求置于首位，否则便面临败选的风险，即"如果被选举或任命的官员只顾他们自己成员的利益而忽略了政党的利益，那么他们通常在下一轮选举中就不会得到这个政党的支持……缺乏政党的支持就意味着竞

---

① ［英］安德鲁·海伍德：《政治学》，张立鹏译，欧阳景根校，中国人民大学出版社2006年版，第300页。
② ［意］G. 萨托利：《政党与政党体制》，王明进译，商务印书馆2006年版，第56页。

选者的失败"①。在此背景下，一旦政党与民众的利益发生冲突，政党的党员代表很可能会把本党利益置于优先考虑的地位，这造成了政党同民众之间关系的疏远，降低了民众对政党的认同感和忠诚度。如果政党失去了民众的支持，那么，其执政地位也会受到影响，这反过来又不利于民众利益的表达和实现。所以，政党代表性功能的衰弱，最根本的原因是政党不能维护和促进其所代表的阶级或阶层的利益。

另一方面，民众利益表达渠道的多样化，挤压了政党的空间，造成其代表性地位的逐渐衰弱，即"真正导致政客和政党失去人心的主要原因，还在于他们无视公众的社会利益和政治利益的日渐多样化，甚至为民众利益的代议过程制造障碍。……本应是代议民主制脊梁的政党和政客，日益失去了代表性，除了它们自己和它们的亲友，它们谁也不代表了"②。20世纪末期，西方国家社会结构面临深刻调整，社会利益分化不断加速，民众利益诉求变得多样化，尤其是网络化信息化的蓬勃发展，为非政府组织、邻里团体、社区组织、公民志愿联合会等组织的壮大提供了条件，使得普通民众表达利益诉求更加便捷、畅通和高效，它们逐渐对政党的代表地位形成了挑战，即"政党不再拥有……特殊地位，因为其他可供选择的利益表达渠道的出现，使得其他可行的方式日益增加，并且更能整合民意……在利益代表性功能上，政党不能再声称享有垄断地位"③。在新兴代表组织和机构的不断冲击和挤压之下，政党作为代表性机构的地位面临严峻的挑战。当然，政党的代表性危机或者说政党代表功能的弱化，并不意味着政党变得可有可无或者说成为多余，它在民主政治中的程序性地位和功能仍然是不可或缺的。

---

① ［英］皮特·F. 伯恩斯：《仅有选举政治是不够的：少数群体利益表达与政治回应》，任国忠译，中央编译出版社2011年版，第151页。
② ［澳］约翰·基恩：《生死民主》（下），安雯译，中央编译出版社2016年版，第649页。
③ ［美］拉里·戴蒙德、理查德·冈瑟主编：《政党与民主》，徐琳译，上海人民出版社2012年版，第358页。

2. 新的政治实践即全球化的发展以及全球性问题的涌现，为非正式代表的兴起提供了舞台和空间

自17世纪以来，民族国家便逐渐成为国际政治舞台中最主要的政治行动者，对内享有最高的政治权威，对外则享有独立权和平等权，被视为国际政治中最具合法性的政治代表机构，承担着代表、维护和促进本国国民利益的职责。为维护政治统治的合法性和正当性，民族国家普遍采用了代议制民主的形式，即由人民通过选举产生代表组成代议机构，代替人民行使国家权力。正如赫尔德所言："现代民族国家获得了一种特殊的政治形式——它的主要变量具体化为自由民主或代议制民主。自由民主当然意味着影响一个共同体的决定是由该共同体中一小部分代表产生的，这些代表通过法律上的选举程序被挑选出来，即合法化，并在法治框架的基础上实施管理。"① 代议制能够成为近现代民族国家实行民主的主导形式，不仅仅因为近现代民族国家的人口和地理规模超出了直接民主的限度，更重要的是"代议制是一种比直接民主更合理、更可控，从而也更可信赖的制度"②。

随着全球化、信息化的兴起，民族国家主导的政治秩序和政治体系不断受到冲击，损害了它所独享的代表性资格和地位。一些超民族国家行动者获得了参与制定和执行政策的权力，以此代表和维护一些群体的利益，因而事实上也获得了政治代表者的身份和资格。这就要求我们重新厘清和界定政治共同体的本质及其内涵：即政治共同体是否必须经由公民选举授权表达同意且能问责才具有统治或治理的合法性。如果回答是否定的，那么，"到底谁的同意是必需的？谁的参与是正当的？什么样的选区是恰当的：国家的？地区的？还是国际的？决策者必须向谁证明他们的决策是正确的？他们应当向谁负责？"③ 这一系列的质疑均是由全球化兴起而引发的。

---

① ［英］戴维·赫尔德：《全球大变革》，杨雪冬等译，社会科学文献出版社2001年版，第63页。
② 唐士其：《被嵌入的民主》，《国际政治研究》2016年第1期。
③ ［英］戴维·赫尔德：《民主的模式》，燕继荣等译，王浦劬校，中央编译出版社2004年版，第423页。

虽然非正式代表作为国际政治中新的政治代表者，所代表的对象和范围越来越广泛，但是，这并没有改变民族国家仍然是国际政治体系中最重要行动者的状况，它在很多领域仍然在唱独角戏。诚如布朗所说："现在所有类型的政治行动者都声称自己在地方、国家和国际层面上代表或为其他人代言，这对长久以来认为民族国家是最权威的政治代表形式的假设形成挑战。……尽管如此，由于国家保留着对合法暴力手段的控制，国家对于确保民主实践所依赖的基本物质性安全仍然是不可或缺的。随着民主实践越来越多地涉及基于议题的代表，而不是地区性的选民，国家对于保障公平行使和尊重人权仍然至关重要。此外，鉴于现今绝大多数公民都鲜有机会正式授权那些宣称在新兴的全球公共领域为自己代言的人，民主国家仍然在超越国界的政治代表体系中扮演着重要角色。"①

超民族国家政治行动者作为非正式代表，主要代表超越国家利益的国际社会公共利益（即人类社会的共同利益和价值追求）。所谓国际社会公共利益，主要是指那些超越了宗教、文化、种族和国家的界限，并且涉及整个人类社会生存和发展的共同利益，如保护环境、保障人权、遏制毒品、打击恐怖主义、防止难民危机等，这些成为国际社会所面临的全球性问题。全球性问题早已有之，其最鲜明的特征是跨国界和跨族界，仅靠单个民族国家无力解决和应对。一方面，单个民族国家没有足够的物力、财力以及能力。民族国家的政治统治是建立在明确的地理界线的基础之上，治理对象是局限在固定区域的群体。相反，全球性问题绝大多数是跨地域性的，涉及两个甚至多个国家，完全超出民族国家的治理范围，它们需要民族国家之间以及民族国家与国际组织、非政府组织之间进行合作才能得到解决。

另一方面，民族国家没有充分的动力和意愿。民族国家是由一定的领土、人民以及政府等要素构成，维护其区域范围内的民众利益是首要职责，至于国际社会公共利益，更多的是一种道义责任而不是应

---

① ［美］马克·B. 布朗：《民主政治中的科学：专业知识、制度与代表》，李正风等译，上海交通大学出版社2015年版，第258—259页。

尽的义务。因此，当两者发生冲突时，每个民族国家的政府都会把本国人民的利益置于优先位置，甚至会以牺牲国际社会公共利益为代价谋取本国人民的利益。民族国家在应对全球性问题上的低效和无能，为非正式代表的产生和发展创造了空间，即"仅仅依靠国家主体要想充分满足这些价值要求是非常困难的。于是，非国家主体就会以新的价值承担主体的形式来承担主权国家难以满足社会的那一部分价值和利益。超国家主体相对于国家主权，提出自己的主张，并超越国家框架与其他国家社会的非国家主体联系在一起，甚至对其他国家的政府发挥政治作用"①。正是得益于在应对全球性问题中的优异表现，非正式代表逐渐获得了被代表者和正式代表的支持和认可。

二 非正式代表的内涵及其优势

目前，一般是把未经选举产生而又履行代表职责的代表都视为非正式代表，也被称为超越选举（beyond election）或无选举（non-electoral）的政治代表②。苏珊娜·多维指出："非正式代表指的是未经正式政府程序授权但又在民主体系中起着很重要作用的代表。"③这一定义主要是从程序的视角来界定非正式代表的属性。当然，也有学者跳出选举的视野来界定非正式代表，认为只要"存在于合法政府、制度、官僚机构和类似机制之外的、被人们心照不宣地予以接受但没有被确切说明的代表"，它就可以被视为非正式代表，主要表现为"追求公共目标的'非法'手段"和"服务于影响政策的制定"④ 两个方面的特征，这体现的是非正式代表的行动维度。因此，理解非正式代表的本质及其内涵，需要考虑两个维度。一是程序维度，侧重点在于非正式代表中"非正式"的一面。根据《现代汉语

---

① ［日］星野昭吉：《全球化时代的世界政治》，刘小林译，社会科学文献出版社 2004 年版，第 191 页。
② Sofia Näsström, "Democratic Representation Beyond Election", *Constellations*, Vol. 22, No. 1, 2015, pp. 1–12.
③ Suzanne Dovi, *The Good Representative*, Malden: Blackwell Publishing, 2007, p. 203.
④ ［德］托马斯·海贝勒：《"代表"概念的回顾及其在中国的应用》，周艳辉译，《国外理论动态》2017 年第 5 期。

词典》的释义可知,"正式"一词意指"合乎一般公认的标准的;合乎一定手续的"①。"非正式"就是指未遵守公认的标准和程序。在实践中,公认的标准和程序就是选举。正是从这个意义上讲,非正式代表等同于非选举代表(nonelectoral representative)。二是行动维度,侧重点在于非正式代表中"代表"的方面。"代表"的核心要义在于代替他人行为或者说以他人的名义行为,它是属于公共的而不是个人的行为。换而言之,即使是非正式代表,它也必须是以维护他人的利益作为其言行的目标,如果只追求自身的私人利益,就不能称为代表。因此,所谓非正式代表,就是指未经公认的标准或程序产生的、以促进他人利益为目标并被人们所认可或接受的一种代表。

非正式代表的概念呈现出四个方面的特征:首先,在代表主体方面,非正式代表既可以是维护人类社会公共利益的国际组织或非政府组织,如以保护人类生态环境为宗旨的绿色和平组织、以保护人权为目标的大赦国际等,也可以是倡导某种理念或价值的公民个体,如倡导非暴力合作的印度国父甘地、主张信息公开和自由理念的维基解密创始人阿桑奇等,代表者不仅扮演"信托者""受托人"的角色,还扮演倡导者、引领者的角色。其次,在代表对象方面,非正式代表所代表的不是固定选区的选民,而是那些处于边缘化且在正式代表程序中没有获得代表的少数族裔和群体、跨地域或族界的利益、抽象的非人类社会利益以及某种理念和观点。再次,在与被代表者的关系方面,非正式代表缺乏明确和固定的被代表者,并不存在类似于正式代表中所呈现的委托代理关系以及授权问责关系,两者之间的关系主要体现为一种倡导追随关系。最后,非正式代表是居于现行体制之外而不能身处体制内部,可以存在于国家政治和国际政治之中,它的代表的身份和资格可以是临时性的也可以是永久性的。

非正式代表作为政治代表者具有明显的优势。首先,非正式代表表现出较强的人类命运共同体意识,具有强烈的意愿去代表、维护和促进

---

① 中国社会科学院语言研究所词典编辑室:《现代汉语词典》(第6版),商务印书馆2012年版,第1662页。

人类社会的普遍利益。实现人类社会的共同利益和共同价值，需要各方的努力与合作，其中，国际组织、非政府组织等非正式代表的参与至关重要，它们成立的宗旨就是推动人类社会可持续发展，避免各国为一国之利益而损坏国际社会公共利益。正是凭借这种强烈的使命感和责任感，非正式代表逐渐赢得了社会民众的认可和支持，成为全球治理中的重要主体。有学者指出："非选举的代表因其宗旨或倡导的理念直接打动社会公众的利益需求或价值共鸣点，而显示出比选举产生的代表更为强大的感召力和吸引力，也显得更具正当性，正在日益成为与选举产生的代表并驾齐驱的民意代表。"① 以环境保护为例，自绿色和平组织成立之日起，便以保护人类发展、促进可持续发展为宗旨，推动了各国制定环境保护措施，使其成为代表人类社会环境利益的最重要组织实体。

其次，非正式代表表现出较强的独立性，能够摆脱民族国家利益或团体利益的羁绊，提出自己的政策主张和价值规范，为维护和促进人类社会共同利益作出了应有的贡献。作为正式代表的民族国家、政党组织以及议会等，它们因为存在比较明确和固定的权力授受关系，所以在履行代表职责时会受到一定的约束，必须顾及被代表者的意见和利益。尤其是在涉及本国人民、本党和本选区选民的利益时，它们不可能保持一个客观中立的立场，都会以本国人民、本党和本选区选民的利益为出发点，否则便会面临本国人民、本党党员或选区选民问责的压力。与之不同的是，国际组织、非政府组织和公众人物等非正式代表并无明确的授权对象或者说被代表对象，其代表权是自我授予的，基本上没有问责的压力，在这种情形下，它们就无须顾及左右，可以提出自己的见解和主张，并且在制定政策和采取行动时享有完全的自主性和独立性而不受干扰，因此能够超脱短期或眼前利益的束缚去促进人类的普遍利益。

最后，非正式代表尤其是超民族国家政治行动者表现出较强的灵活性，既可以同作为正式代表的民族国家建立合作共治关系，也能同被代表的民众保持密切的联系，动员群众参与到全球治理之中。正如

---

① 褚松燕：《全球视野中的中国政治发展》，《上海行政学院学报》2015年第5期。

戴维·布朗所言："国际非政府组织和非政府组织联盟业已证明自己有能力动员民众和资源针对重要的公共问题采取国际行动。在某些情况下，非政府组织在识别问题或表达价值立场方面发挥着重要作用；在另外一些情况下，它们采取直接行动来发明解决问题的办法或推动问题的解决。"① 通过参与全球性问题的治理，非正式代表逐渐获得了独立于民族国家的政治权力和地位，其代表身份和资格也具有了正当性和合法性，成为国际政治中举足轻重的政治行动者。

第二节 非正式代表的类型及特征

非正式代表作为一种政治代表，它的原型可以追溯至柏克提出的实质代表制，即代表者与被代表者即便没有选举作为授权手段，后者的利益也能得到代表。后来，它被以选举为基础的实际代表制所取代而成为居于主导地位的代表制。然而，由于代议制民主的新实践和新发展，选举代表制已经不足以解释政治领域中涌现的新型政治代表。在此背景下，简·曼斯布里奇曾提出"替代式代表"（Surrogate representation）的概念，即"代表与被代表者之间没有选举关系，也就是说，他是另外一个选区的代表"②。简单说来，就是一名来自 A 选区的国会议员，他支持的某项政策或议案遭到 B 选区议员的反对，却得到了 B 选区选民的支持。虽然 B 选区选民没有选举 A 选区的议员，但他们的利益却由 A 选区的议员得到了代表。所以，替代式代表也可以被视为非正式代表。依据代表权的来源不同，非正式代表可以划分为两种类型：自我授权型代表和公民代表。

一 自我授权型代表

自我授权型代表是指政治代表的代表身份或资格是代表自己授予

---

① ［美］戴维·布朗等：《全球化、非政府组织和多部门关系》，任俊英编译，《马克思主义与现实》2002 年第 3 期。
② Jane Mansbridge, "Rethinking Representation", *American Political Science Review*, Vol. 97, No. 4, 2003, pp. 515–528.

的，而不是其他人经由正式程序授予的，它是"属于非选举式代表的一种类型，主要发生在公民社会和公共领域，远离国家的强制性政治权威，且不论该权威是否经由选举民主组织起来"①。自我授权型代表作为一种非正式代表，所代表的既有利益也有意见，既有人类的也有非人类的，既有具体的话题也有抽象的议题，等等。概而言之，就是它所代表的对象十分广泛，内容亦十分丰富，不仅超越了地理的界线，而且超越了种族甚至性别之间的界限。正如乌尔比娜蒂指出，自我授权代表"不仅宣称代表不同群体——女性、特定族裔群体、地雷的受害者、穷困的边缘群体、父母和子女，而且宣称代表不同种类的利益——人权及其保障、健康、教育、动物、雨林、社区、灵性、安全、和平、经济发展等等，还经常宣称代表不同立场和观点，起到'话语型'代表的作用。因此，这种代表关注具有针对性的且具体的议题；它很灵活，并且能对新兴议题，尤其是对没有地理锚定的选民进行回应"②。就其表现形式而言，主要包括两种：一种是以跨政府组织、非政府组织、国际组织、公民联合会、志愿者协会和倡导性组织等为代表的社会政治组织，分为会员组织和非会员组织，前者的代表权是经由会员选举而获得，主要代表其会员的利益，存在比较明确的代表逻辑；后者的代表权则是自封的，没有较为明确的代表逻辑。另一种是以甘地、马丁·路德·金、阿桑奇、斯诺登等为代表的公众人物，其代表权主要源于对公众人物所代表的利益或价值理念的认同。

自我授权型代表作为正式选举代表的补充，具有三个方面的优势。首先，它能够维护在选举过程中没有得到代表的那部分选民的利益。议会中的代表都是经由固定区域的选民选举产生，主要负责代表和维护支持他的选民，但并不是整个区域的全体选民。一方面，在现行选举制度下，议会代表并不需要获得全部选票便可当选，这就意味着有相当多的选民是不可能被代表的，因为这些人支持的候选人没有

---

① Laura Montanaro, "The Democratic Legitimacy of Self-appointed Representatives", *The Journal of Politics*, Vol. 74, No. 4, 2012, pp. 1094 – 1107.

② [美]纳迪亚·乌尔比娜蒂、马克·沃伦:《当代民主理论中的代表概念》，罗彬译，《国外理论动态》2017 年第 5 期。

赢得选举。另一方面，现行政治体制中还有很多享有选举权但主动放弃的公民以及没有选举权的人民，这些群体的利益和意见易于遭到忽视而难以得到代表。此时，自我授权型代表就获得了一定的空间，可以代表和维护那些没有被代表的地理选民的利益。其次，它可以唤醒社会大众对一些议题的普遍关注，从而引起正式代表的重视并给予解决。对于议会代表而言，只有那些会影响其代表职务的议题才能够被置于优先位置并进行处理，更多的议题则被忽略。在这种情况下，自我授权型代表不仅可以对正式代表的不作为进行批评，借此引起普通民众的关切，而且可以就这些议题提出自己的主张，为正式代表提供政策建议。无论是普通民众还是正式代表，自我授权型代表都有发挥的空间：便利民众获得信息资源的同时促使政府关注有关利益。最后，自我授权型代表可以重塑选民的身份或行为。一些自我授权型代表，既不代表利益也不代表选民，所代表的就是一种主张或者说理念。这些不同内容的主张或者说理念，不仅能够改变普通民众的观念，而且可以借此获得民众的支持和拥护，从而增强自我授权型代表的正当性和合法性。

自我授权型代表的最大特征体现在享有较大的自由裁量权。究其原因，主要在于他不是经由固定区域的选民选举产生，并不需要面临或承担选举问责的压力。自我授权型代表的政治代表身份，并不会因为不尽责或者失职而受惩罚，其代表资格或身份具有可持续性或者说终身性，从而保证自我授权型代表在履行代表职责时拥有比较大的独立自主权，即"他们可以自由、纯粹、毫不害羞地倡导自己的观点；他们可以自由地忽略所有民主政治的要求、争议、调整、遵从原则……他们可以完全忽略别人，包括大部分民众和他们的领袖；他们可以以自己认为正确、好、真实的方式思考"[①]。与此同时，自我授权型代表的自由裁量权，亦带来了两方面的政治影响。

一方面，自我授权型代表易于造成代表的不平等。在正式的选举

[①] [美]丽莎·乔丹、[荷]彼得·范·图埃尔：《非政府组织问责：政治、原则与创新》，康晓光译，中国人民大学出版社2008年版，第48页。

代表中，不管贫富贵贱、男女老少，每个公民在选举中就只有一个投票权——"一人一票"，且每张选票的效力一样，这意味着每个人至少在形式层面是平等的。当然，在实质上可能存在不平等，即有些群体过度代表，而其他群体则代表性不足。但是，在自我授权型代表中，代表的不平等就更加明显，因为自我授权型代表既可以宣称代表多数人的利益，也可以声称只代表少数人的利益，甚至还可以宣称不代表任何人的利益。至于它究竟代表了哪些人的利益，因为被代表者的缺席而无从判断或衡量。在现实中，那些在政治、经济、文化等领域占有优势地位的少数群体能够得到过多的代表，他们可以利用各种手段和渠道表达自己的利益诉求，引起正式代表的注意，进而给予优先解决。相反，对于那些缺乏优势资源的边缘性群体，其利益诉求很有可能被淹没而被正式代表所忽略，因为自我授权型代表可以声称只代表少数人的利益而不会遭到指责。

另一方面，自我授权型代表的言行无法被问责。如果遵从选举—问责的政治运行逻辑，自我授权型代表就不会受到被代表者的问责。一方面，被代表者缺少对代表进行问责的有效手段；另一方面，即使想对代表进行问责，也缺乏明确的主体。简而言之，就是授权者是不明确的，甚至不存在。假如都没有授权者，那代表究竟对谁负责？谁来实施问责？在正式的选举代表中，固定选区的选民可以对不尽责的代表进行问责，但是，谁可以对自我授权型代表进行问责呢？因为自我授权型代表基本不受被代表者的约束，相当于独立自主式的代表，可以为了实现所代表的利益采取常规的方式，如进行游说影响政策的制定，也可以运用非常规的方式，如通过组织游行示威施加影响。自我授权型代表的自由裁量权并不是说它可以为所欲为，无所顾忌，完全置被代表者的利益于不顾。对于自我授权型代表而言，如果它希望在政治生活中发挥作用，获得他人尤其是正式代表的认可和尊重，仍然要尽职尽责地履行代表职责。虽然不存在选举的问责手段，但还有其他形式的问责，如对捐赠者的问责、法律问责、信誉问责、道德问责、市场问责、声音问责等。这些不同形式的问责，促使自我授权型代表能够切实代表其所宣称要代表的对象及其利益。因此，挖掘自我授权型代表的问责机制和要素，就成为论证自我授权型代表合法性的重要内容。

二 公民代表

公民代表是指普通民众为了代表目的而采用抽签方式遴选出来的一种非正式政治代表，并由他们代表民众作出决断。公民代表的初始形式表现为古希腊公民陪审团，其成员是经由抽签选举产生，享有审理案件和判决的权力，是古希腊民主制度的重要组成部分。公民代表兴起的背后，体现的是这样一种政治理念：每个公民有能力对各类复杂的公共问题作出自己的判断，这同古雅典人的政治信念具有相似性——相信每个人都有参与政治的能力，即"每个人都拥有公民身份，而每个人作为公民而言是无差异的"[①]。因此，公民代表背后所体现的是一种积极的公民权观念，认为公民不仅有能力对复杂的问题进行判断，而且有意愿在参与协商讨论和对话的过程中改变自己的立场和态度。

近年来，随着协商民主的广泛实践，公民代表呈现出多样化的形式，主要表现为公民陪审团、咨询委员会、协商民意调查、协商性论坛和协商性投票等，其中有的已经在政治实践中被广泛运用，引起了学者的普遍关注。公民陪审团同古希腊公民陪审法庭之间存在本质区别：前者扮演着代表的角色并履行代表功能，既代表自己也代表他人参与讨论与协商公共问题，然后作出具有约束力的决定；后者则没有代表他人的含义，抽签参与公民陪审法庭所体现的是一项强制性义务。公民代表的政治价值主要表现在以下两个层面。

一是静态层面的代表性或者说相似性。公民代表的代表性，首先需要承认的一点就是：尽管他们不能作为完全代表普通民众的样本，但无论如何都具有一定的代表性或者说相似性，即使从最弱的意义上讲，公民代表与普通民众之间，在性别、种族、阶层等方面也具有一定的相关性。因为公民代表的代表性（或者说相似性），使社会成员

[①] 许纪霖主编：《共和、社群与公民》，江苏人民出版社2004年版，第274页。

获得了一种被代表的感觉和体验,这样有助于增强普通公众对政治体系以及公共政策的认同感。正如让-马克·夸克所说:"代表性表达了整个团体的政治统一。它是一种既存的现实,涉及到社会的整体同一性。……代表性并不只是一种符号,相反它代表着一种具体的象征——团体由于不能直接表达自己而接受这种象征;作为政治统一与政治意愿,代表性也就因此成为整个共同体的现身。"[1] 但是,如果仅仅关注公民代表与社会民众之间的相似性,那么,就不能充分发挥公民代表的政治和社会价值。公民代表的代表性更加强调的是他们看待问题的社会视角的代表性,就是能够提供多样化的社会视角,即"主要是在分类的意义上代表各种不同的视角和观点,并因此使对即刻要讨论的话题的协商内容更加丰富。他们也会代表个人或者团体的利益,在有限的范围内使协商更具包容性"[2]。公民代表的社会视角也许不是内行的专家视角而是外行的普通人视角,就是缺乏相关的专业和经验。但是,这或许是一件好事,因为这样他们能够打破原有的定式思维,超脱现有的利益束缚,进而毫无偏见地进行讨论和协商,然后改变自己的立场和见解,最终实现共赢。即使公民代表完全不了解讨论的议题,也可以进行相关的培训甚至经过讨论亦可成为内行的专家,从而提升讨论和协商的质量。

二是动态层面的协商性。如果说代表性是关注公民代表的形式维度,那么,协商性就是关注公民代表的行动维度。公民代表实现了皮特金所区分的形式代表和实质代表两者有机的结合。过去,协商被认为是精英的职责,无涉普通民众,因为协商不仅要求参与协商的人员拥有一定的知识、经验和技能,而且要求协商者具有一定的社会责任感,所以,很多人批评协商会导致弱势或边缘群体被压制,即"歧视那些历史上的弱势群体——如穷人、少数民族、妇女等。协商并不是一个中立程序,而是偏向带有某种文化特征的人群,尤其是白人中产

---

[1] [法]让-马克·夸克:《合法性与政治》,佟心平、王远飞译,筱娟校,中央编译出版社2002年版,第44页。

[2] [美]马克·B.布朗:《民主政治中的科学:专业知识、制度与代表》,李正风等译,上海交通大学出版社2015年版,第283页。

阶级男性"①。但是，倡导协商民主的研究者指出，协商的包容性和民主对话的属性，确保了任何群体的声音都不会缺席和被排斥，不会压制弱势群体。格雷厄姆·史密斯指出："从理想的情况看，协商民主的安排赋予每个公民享有参与决策的权利……公民的陪审通过选举一个有广泛代表性的陪审团来吸纳具有广泛经验和不同背景的成员，从而在现实中接近这一理想。"② 对于普通民众而言，参与协商具有许多益处，如激发和增强其作为公民的自豪感，提升公民自治的信心，这在担任过公民陪审团成员的身上体现得最为明显。因此，协商不再被视为民主选举代表的专属职责，它同样也是非正式代表的组成要素。当然，这需要我们重新定义代表的政治内涵，即"代表并不仅仅是基于现代政治体规模局限的一种必要选择，而应该是一种将参与、政治判断以及人们的自治能力结合在一起的现代民主理念；代表制的可欲性并非体现为作为一种次好的实践选择，而应该致力于产生交往权力"③。

作为公民代表，具有典型性和相似性固然重要，但是，它们的价值只有通过公民代表之间的协商才能得到体现，即"通过公共参与人们会被号召起来超越自我关注的动机，而且承认他们互相依赖以及彼此的责任。负责任的公民不仅关注利益，还关注正义，他们承认每个人的利益和观点总是与其他人一样正当，并且每个人的需要和利益必须表达出来且让其他人听到，而这些人必须承认、尊重并讨论那些需要和利益"④。因此，公民代表的相似性和协商性，两者具有密切的联系，直接关系到它能否起到类似民主代表在政治体系中的作用。

公民代表的最大特征在于它是经由抽签产生的，这既是优势也是劣势。从优势的角度来看，首先，抽签选择意味着每个普通民众都拥

---

① [南非]毛里西奥·帕瑟林·登特里维斯：《作为公共协商的民主：新的视角》，王英津等译，中央编译出版社2006年版，第141页。
② 同上书，第110页。
③ 王宇环：《政治代表如何更具回应性：对一种协商民主系统路径的诠释》，《国外理论动态》2017年第8期。
④ 许纪霖主编：《共和、社群与公民》，江苏人民出版社2004年版，第292页。

有平等的机会成为代表者而获得代表他人的权利,即不论财富多寡、文化高低、身份贵贱、体貌美丑,都有成为代表者的可能,避免了占有优势资源的群体过度代表。它能把自我授权型代表的影响降到最低。同时,还可以弥补选举代表的不足。在选举代表的实践中,每个普通公民在形式上都有当选为代表的可能,但实际上能够当选为代表的往往都是那些享有社会声望的精英,因为选举"直接或间接有利于富人,阻碍公共职位在所有社会经济背景的公民中间更平衡地分布"①。源于此,有学者就指出,"作为对选举的某些民主缺陷的一种矫正方式,抽签尤其值得更严肃认真地考虑。当然,抽签意味着从候选人库中随机遴选,每个人都有被选中的平等机会。……用抽签来选拔公共官员不仅符合民主的基本原则,而且实际上比选举更忠实地体现着这些原则"②。其次,抽签选择意味着每个人都有机会参与公共政策的制定,促使普通民众关注公共事务并勇于承担政治责任,进而真正实现民主的自治理念。最后,抽签意味着公民代表得到了民众的授权,只不过授权的方式是随机选择而不是经由正式的选举程序,但那毕竟也是授权,即"随机选择代表是另外一种授权方式……提供了一种公共授权的象征性表达方式"③。通过公共授权的形式,可以对抽签产生的公共政治代表带来一定的道德压力,这实际上也是一种问责。

从劣势的角度来看,一方面,长期以来存在把抽签等同于民主制(即直接民主)的政治观念,造成只要一提及抽签,就误以为要实行直接民主。因此,对于公民代表,很多人保持一种谨慎的怀疑态度,对其在政治实践中的应用和推广缺乏热情。显然,这属于认识上的误区,因为"公民代表依然是少数公民,其本质还是一种代表,因而并

---

① John McCormick, "Contain the Wealthy and Patrol the Magistrates: Restoring Elite Accountability to Popular Government", *American Political Science Review*, Vol. 100, No. 2, 2006, pp. 147 – 163.

② [美]亚历克斯·扎卡拉斯:《抽签与民主代表:一个温和建议》,欧树军译,《开放时代》2012年第6期。

③ [美]马克·B. 布朗:《民主政治中的科学:专业知识、制度与代表》,李正风等译,上海交通大学出版社2015年版,第282页。

没有挑战代议制民主的基本前提。这与主张所有民众直接参与政治的直接民主显然不同"①。另一方面，虽然抽签选择被视为一种授权方式，但并没有获得民众的同意和授权，不是由公民选择他们，能否成为代表同普通公民没有关系，主要取决于在抽签时是否有好的运气。即便没有担任代表职务的意愿，抑或以往的履职不尽责，只要抽签时的运气足够好，他仍然可以担任公民代表。因此，当公民代表没有很好地履行代表职责时，普通民众并没有制度化的渠道对公民代表实施问责和控制。

第三节 非正式代表的主张及其价值

随着非正式代表的作用不断扩大，对它的质疑声也与日俱增，即它有代表的资格吗，它的合法性源自哪里，它到底代表谁的利益，它又向谁负责，等等。概而言之，就是强调非正式代表不是民主代表，并无多大的价值，甚至有损代议制民主的质量。为此，非正式代表论者指出：我们不能套用民主代表的标准去衡量非正式代表，而应该超越现有的价值标准，积极挖掘非正式代表的民主价值，充分发挥其作用，进而为提高民主质量作出自己的贡献。

一 对非正式代表的质疑

目前，对非正式代表的质疑主要聚焦于两点：一是质疑非正式代表缺乏合法性和问责性，因为它未经选举产生，这意味着它没有获得他人的同意授权，更无法在失职时被问责；二是质疑非正式代表的代表性不足，因为它没有明确和固定的代表对象，这意味着是否履行代表职责完全取决于代表者的一面之词。

（一）质疑非正式代表因无选举程序而缺乏合法性和问责性

民主代表的本质属性体现在合法性和问责性两个层面：前者聚焦于代表产生之前；后者聚焦于代表行为发生之后。无论是合法性还是

---

① 翟志勇主编：《代议制的基本原理》，中央编译出版社2015年版，第237页。

问责性，它们的实现都有赖于选举，即"理想地看，选举的功能包括给政府官员授权和约束他们承担责任"①。无选举，就意味无授权，更谈不上问责。因此，授权和问责是政治代表过程中的两个紧密联系的环节。

一方面，就合法性而言，它强调的是人民对政治权力的自愿服从和认同，即"对统治权利的承认"②。据此，政治代表的合法性是指对政治代表享有代表权或代表身份的承认，以及对政治代表作出的行为的遵从。作为民主代表的正式代表之所以具有合法性，关键在于他们是由选举产生，获得了被代表者的同意和授权，因为人民的同意和授权是合法性的唯一基础。"代表的本质是对权威的委托或授予。对代表者进行授权，就是准许另一个人有权利代自己进行行为。在授权范围内，人们实际上已事先承诺接受另一个人的决断或意志的约束……"③也就是说，代表过程实际上所体现的是一种权力授受关系，即授予某个人以他人名义开展代表活动的政治权力，其中，授权的人是被代表者，获得授权的人则是代表者。这种以政治代表是否获得授权作为衡量民主代表的标准，被称为"授权式代表"，即代表者是获得授权行事的人。

授权不仅是政治代表的基本要素，更是政治代表合法性的具体表现。没有授权，就没有代表。那么，人民通过什么途径或方式进行授权呢？最普遍和有效的就是选举，即"选举制就是公众表达意志和授权的一种制度化形式。选举则是政治权力合法化的一种现代表达方式"④。没有选举就没有同意和授权，也就没有代表他人的资格，因而不能以他人的名义开展活动。皮特金明确指出："关键的标准是选

---

① [美]马克·B.布朗：《民主政治中的科学：专业知识、制度与代表》，李正风等译，上海交通大学出版社2015年版，第284页。
② [法]让-马克·夸克：《合法性与政治》，佟心平、王远飞译，筱娟校，中央编译出版社2002年版，第12页。
③ 转引自[美]汉娜·费尼切尔·皮特金《代表的概念》，唐海华译，吉林出版集团有限责任公司2014年版，第51—52页。
④ 周光辉：《论公共权力的合法性》，吉林出版集团有限责任公司2007年版，第152页。

举，选举被视为投票人向被选官员授予权威的行为。……是选举授予他权威，是选举使他成为一名代表者。"① 如果没有选举，就没有代表尤其是民主代表，选举是民主代表不可或缺的环节。非正式代表不是经由选举产生，没有被代表者的同意和授权，也就缺乏合法性的基础，因而被视为非民主代表。

另一方面，就问责性而言，意指政治代表者要对被代表者负责，主动回应被代表者的利益诉求，假如代表没有代表或维护选民的利益和要求，也就是说代表履职不尽责或者说失职，那么，选民就可以对代表进行问责。要落实对代表的问责，前提条件是选民握有问责的手段。在现实政治中，问责的方式有很多，但最有效的莫过于选举。正如约翰·基恩所说："选举的意义在于它是一件制约那些让人民失望的代表人的工具，选民有权利在这个时候对他们进行口诛笔伐。"② 选举之所以被视为最有效的问责手段，是因为选举的过程也是授权的过程。依照"谁授权，便对谁负责"的民主原则，如果代表获得了选民的授权，那么，他就需要对其委托人（即选民）负责，接受选民的监督。如果没有选举，代表既不存在授权，也谈不上问责，即"在没有选举的情况下，这是不可能的"③。遗憾的是，非正式代表恰恰缺少了选举的环节，即"被选官员是通过定期轮换选举来的，这能保证其代表社会大多数的利益并最终对选民负责。但是公民组织从来不能这样，因为它们所代表的全体必然远少于选举政府所代表的。它们是自我任命、自我选定的联合形式，它们不可能具有政治代表性，它们不能正式地对公民问责"④。非正式代表未经选举产生，意味着就没有进行问责的手段。在这种情况下，仅仅通过代表者自己宣称代

---

① ［美］汉娜·费尼切尔·皮特金：《代表的概念》，唐海华译，吉林出版集团有限责任公司2014年版，第51页。
② ［澳］约翰·基恩：《生死民主》（下），安雯译，中央编译出版社2016年版，第696页。
③ ［美］汉娜·费尼切尔·皮特金：《代表的概念》，唐海华译，吉林出版集团有限责任公司2014年版，第287页。
④ ［美］丽莎·乔丹、［荷］彼得·范·图埃尔：《非政府组织问责：政治、原则与创新》，康晓光译，中国人民大学出版社2008年版，第49页。

表了人民的利益，难以令人信服，因为其他人无从判断代表者是否真正履行了代表职责。代表作为代理人，还有不同于选民的自身利益，甚至可能和选民利益相冲突，在这种情况下，更需要一种有效的监督和控制手段。然而，这在非正式代表中并不存在，因而影响和削弱了代表的合法性。

（二）质疑非正式代表的代表性不足

不同于正式代表，非正式代表没有比较固定和明确的代表对象。非正式代表中的代表与被代表者之间的关系，不存在明确的对应性和关联性，因为前者并不是由后者选举产生，这也就使得非正式代表的代表性不是特别明显——它到底代表谁的利益？在正式代表（即选举式代表）中，选民是裁判员——能够判断或辨别代表是否代表和维护自身的利益。但是，在非正式代表中，被代表者是处于缺席的状态。因此，代表是否反映和促进了其所宣称要代表的利益，其他人是没有发言权的，也不能进行问责。因此，非正式代表的代表性——"您究竟代表谁"就备受争议，即"非政府组织实际上究竟代表哪些民众，除了它们自己的名义，它们又是以谁的名义表达意见呢？对此，人们从未完全弄清过"[1]。这种质疑具有一定的合理性，因为"在国际领域，不止一个民族国家已经诉诸虚假的非政府组织，后者假装是市民社会的一部分，但却仅代表其背后政府的特殊利益"[2]。这反映了非正式代表存在的先天不足——缺乏合法性。非正式代表的代表性和合法性是紧密相连的两个方面，稍有不同的是：对其代表性的质疑主要是基于代表的行为活动；而对其合法性的质疑主要是基于代表的产生程序。

既然非正式代表并不是由固定选区的选民选举产生的，那么，他有何权利声称是代表了他人的利益？如果仅凭自身的说辞，每一个人都可以宣称自己代表了他人的利益。这样，人人都可以成为一个代

---

[1] ［英］保罗·金斯伯格：《民主：危机与新生》，张力译，中国法制出版社2012年版，第112页。

[2] 同上书，第56页。

表，从而出现代表泛化的现象。诚如有学者认为，非正式代表并"不是在选举的基础上组建的，它们所自居为特定社会群体的利益和意愿、乃至公民社会的代表的根据是不充分的，其行动的正当性也是不足的"[①]。由于被代表者的缺席以及选举的缺失，非正式代表的代表活动不仅不受监督和制约，还不必担心被问责——无须承担未履行代表职责的责任，这就造成非正式代表会以代表他人利益的名义去维护和促进自身的利益，甚至牺牲被代表者的利益。有人就指出，非正式代表"自称代表一部分人的利益，但它的这种代表性并没有任何的现实的依据，仅仅代表了非政府组织自身的价值观念和偏好。这样非政府组织在进行其宣称的维护它所代表的群体的行动时，这一行动是否真的符合它的目的就令人怀疑了。因为被代表的群体对非政府组织的活动并没有任何的有效的制约"[②]。除此之外，非正式代表的代表性不足，还表现在：那些拥有较多政治资源的非正式代表，可能在从事代表活动时拥有更多的发言权和支配权，并且它所关注的利益诉求更可能因为得到政府的照顾而得到解决，从而获得过度的代表性。相反，那些资源较少的非正式代表，则可能在政治资源的分配过程中被边缘化，不能得到政府的重视，从而出现代表性不足的现象。

二 非正式代表的回应

针对上述质疑，非正式代表论者也进行了辩护。他们指出，虽然非正式代表未经选举产生，但是，这并不意味着它是非民主代表，因为选举并不是民主代表的全部。判断政治代表是否属于民主代表的范畴，实际上取决于我们如何界定和理解政治、民主、合法性、选举、参与、自治等若干核心概念及其内涵。如果把政治理解为一种人民同意的统治，而选举则是表达人民同意的基本方式，通过选举产生意味着获得了人民同意，因此，选举就成为评判代表是不是民主代表的标准。既然非正式代表未经选举产生，那意味着它没有获得人民的同意

---

① 赵黎青：《全球化、非政府组织、联合国与全球治理》，《新远见》2012年第8期。
② 兰华、袁冲：《非政府组织与全球化》，《山东社会科学》2004年第4期。

或者没有得到授权，因而政治代表不具有合法性，也就不是民主代表。但是，如果把政治理解为一种知识或能力的统治，那么，选举就没有承担起表达同意的功能，它只是一种挑选有知识或能力的精英的手段，此时，政治代表是否经由选举产生就显得不是那么重要。

也就是说，非正式代表尽管不是经由选举产生，但是，只要它能真正代表和维护人民的普遍利益，那么，它就可以被视为民主代表，即便它没有遵循民主的原则或不符合民主理念。正如马克·布朗所言："如果政治的目的是通过理性协商去发现真理，而那些被认为最具备这种协商能力的人可以代表其他人，那么就没有理由要代表服从于民主规范。"[①] 因此，简单地把非正式代表排除在民主代表的范围之外，并不是一种明智的选择。可行的做法是充分正视非正式代表的价值，并把它纳入民主代表的范畴之中，在此基础上探寻或构建一种新的超越选举的民主代表模式，或者如雷菲尔德所言的"迈向一种普遍的政治代表理论"。

一方面，选举难以满足民主的全部价值要求，即"通过选举的统治……并不会充分满足民主的价值需求"[②]。民主的原意是人民的统治，包括"谁"统治和"如何"统治两个层面的问题，前者涉及统治的主体，后者涉及统治的过程，两者是不可分割的整体。政治代表经由人民选举产生并代表人民进行统治，只解决了"谁"统治的问题，且仅仅表明程序是合法的。但是，选举代表并没有解决也解决不了政治代表"如何"统治（代表）的问题——政治代表是否会全心全意代表被代表者的利益，或者只是维护代表者自身的个人利益。也许很多人会认为，如果代表者没有尽职履行代表职责，就可能会遭到被代表者的问责，从而在竞选连任时遭到失败。但是，在实际政治生活中，选举作为一种问责手段并没有发挥应有的作用，因为很多选民在选举代表时较少关注代表过去任职期间的言行，更多关注代表竞选

---

① ［美］马克·B. 布朗：《民主政治中的科学：专业知识、制度与代表》，李正风等译，上海交通大学出版社2015年版，第121页。

② 王绍光主编：《选主批判：对当代西方民主的反思》，欧树军译，北京大学出版社2014年版，第88页。

时的表现。而且，即使代表竞选连任失败，也并不一定就是选举问责的后果，也可能是其他方面的因素所致，比如竞选资金的不足、媒体的诋毁，等等。因此，过分强调选举对于代表的重要性，并不能充分满足民主的要求。

实际上，过分突出选举的重要性反而会起到相反的效果：一是造成代表者只关注如何赢得选举，选举逐渐沦为选主——挑选政治精英的过程，至于代表选举后是否尽职尽责地维护选民的利益，反而成为次要的内容，由此造成代表选举过程乱象丛出，难以选举出真正维护选民利益的政治代表。二是被代表者仅关注代表选举时的表现，选举过后便成为政治过程的旁观者和冷漠者，难以对政治体系产生认同感和归属感。因此，我们在宣扬选举代表价值的同时，也要正视选举自身所包含的民主赤字。针对选举代表的民主赤字，需要关切政治代表在选举产生后的言行：包括代表的履职是否促进了被代表者的利益、代表是否增进了被代表者的参与、代表是否与被代表者建立了密切的联系，等等，这些恰恰是非正式代表的潜在优势——作为一种自我任命或授权式的代表，会更加关注自身的行为后果，借此弥补自身合法性的不足，赢得被代表者的支持和认同。

另一方面，享有选举权的人并不是全体公民，而只是少数具有公民权的人。也就是说，授权给代表的不是全体人民，而只是享有选举权的一部分人。因此，代表并不需要对全体人民负责，仅需对部分公民负责。同样，有权对代表进行问责的也只是一部分人而不是全部。从现实来看，仍然会有两类群体不能被代表。第一类是没有选举权的人。目前，大部分国家都对选举权的行使设置了若干资格限制，包括年龄、国籍等，这就意味着：儿童、外籍人士（尤其是外籍中的少数族裔）的利益不能得到保护而容易被忽视。第二类是享有选举权但其支持的代表没有赢得选举的人。

在现代民主政治中，选举是一项经常举行的政治活动，代表要赢得选举，受到多方面因素的影响，包括政党体制、选举费用、选区规模、代表个人品质等。在有些选举活动中，选举尚未开始便能够知晓结果，因为"现任政客控制着选区划界权；他们可以选择选民。在选民走向投票站之前，真正的选举早就开始了。许多代议士确信自己会在划分不公的选区中再次当选，他们成为自己权位的专有者，他们把自己的权位视为一种职业，而不是受制约的服务平台"①。而在那些实行赢者通吃原则的选举制度中，一些少数群体则注定不能得到代表即代表不足，相反，有些群体则一直能够得到代表甚至存在过度代表的现象。因此，对于那些享有选举权却面临代表不足的一类群体来说，选举并不能完全保证其意见和利益得到反映和维护，因为他们不可能期望自己没有投票同意的代表能去促进自己的利益。正如罗斯坦所说："即便是对身属多数的公民而言，选举民主也没能很好地表达他们的利益，没能把他们的利益转变成适当的公共政策。……在所有已知民主国家中，都有一些少数派群体，他们知道自己命中注定永远不会成为多数，无论举行多少次选举。"② 除了上述两类群体的利益，还有非人类群体的利益，同样不能指望正式代表发挥作用。此时，非正式代表的价值就能够彰显出来，并且发挥重要的作用。

三 非正式代表的价值

非正式代表在代表边缘群体利益、促进普通民众参与、培育公民政治认同等方面起着重要的作用，具有一定的合法性。的确，非正式代表没有民主代表所包含的授权和问责等基本要素，但是，这并不表示它对代议制民主就毫无价值。实际上，相较于选举产生的民主代表，非正式代表的贡献并不小，它所涉及的领域和群体越来越广泛，并且可以很好地履行和民主代表一样的职责。

一方面，非正式代表有助于提升政治运行的合法性。合法性包括政治代表产生程序和运行过程的合法性。即使代表产生程序上缺乏合法性，只要其履行了代表职责，仍然可以视为民主代表。例如，一些国家派往国际组织的代表，尽管未经本国民众的选举产生，但还是具

---

① 王绍光主编：《选主批判：对当代西方民主的反思》，欧树军译，北京大学出版社2014年版，第89页。

② 同上书，第203页。

有合法性并被国际组织和其他国家所认可。所以，里卡多·门多卡曾指出：" 尽管缺乏正式的授权与问责机制，但仍然具有合法性，这主要源于公民社会组织产生的功效以及在许多场合内的多重互动。在这些场合中，通过多样性的论述和不同视角的审议和交流，能够形成一种超越传统投票问责的话语责任。"[①] 也就是说，非正式代表的合法性更多体现在代表过程——是否促进了被代表者的政治参与能力和代表结果——是否促进了被代表者的利益和要求，而不是表现在是否经由选举产生且能被选民问责等民主程序方面。因此，在对非正式代表的问责方面，也就不能只依赖选举，即"对于民主问责、民主结果和民主过程而言，无论选举本身如何进行，只有选举这个工具是不够的。选举常常是决策过程中的一个必要的整合步骤，但是，一旦我们把民主和选民参与缩减为一系列互不相干的选择点，就贬低了民主，损害了选民参与"[②]。简而言之，选举解决不了对代表失职的问责问题，它还需要结合其他方式，如选民参与。只有把选举和其他方式相结合，它才能发挥作用。具体而言，就是代表在开展代表活动、履行代表职责时，它要积极与被代表者开展互动和交流，主动了解被代表者的诉求和愿望，然后鼓励被代表者主动参与政治决策之中。一旦代表者与被代表者之间建立起了密切的联系，那就能有效地监督和约束代表的言行，从而起到选举问责的作用。因此，在非正式代表的政治过程中，政治不再是少数代表们的"独角戏"，而是与被代表者共唱的"二人转"，由此扩大了政治过程的开放性，增强了政治决策的民意基础。

更为重要的是，非正式代表所代表和维护的利益往往是遭到正式代表所忽略和排斥的，而通过促进那些遭受排斥或被忽略群体的利益，还能提升他们对政治体系的认同度，推动政治体系的有序运转，即"非政府组织、公众人物或其他形式的代表模式能够

[①] Ricardo Fabrino Mendonça, "Representation and Deliberation in Civil Society", *Brazilian Political Science Review*, Vol. 2, No. 2, 2008, pp. 117–137.

[②] 王绍光主编：《选主批判：对当代西方民主的反思》，欧树军译，北京大学出版社2014年版，第89页。

有助于补偿过去的或仍在持续的社会不公，能够让那些历史上被排斥的群体接触到政治议程，能够使正式的政治体制关注那些被忽视的利益"①。因此，同正式代表相比，非正式代表同样具有一定的民主价值。

另一方面，非正式代表有助于扩大政治参与的范围，重塑代表与被代表者之间的关系以及各自的角色认知。目前，在正式代表中，政治参与主要限于人民选举投票那一刻，选举过后，绝大多数人都成为政治活动的冷漠者。相反，在非正式代表中，政治参与则是持续进行的，且参与主体不再局限于那些享有选举权的公民，只要受到非正式代表的影响，都可以参与。首先，对于非正式代表者而言，其不再被视为一个简单的信托者、传声筒或镜像人，仅承担促进被代表者的利益的职责，它还担负着其他的职责，如倡导一种新的观念或理念，唤醒被代表者的民主意识，从而促进现有政治体制或过程的完善。其次，对于被代表者而言，也不再是一个消极被动的社会个体，而是一名积极的政治行动者，除了在选举时积极参与政治过程，在选举后也扮演着重要的角色，如亲自表达自己的利益诉求，甚至参与到政治决策过程之中，使得政治决策能够获得最为真实可靠的信息和资料，提高决策的科学性。最后，代表者与被代表者之间的关系也不再是一种短暂的间歇性关系，而是形成了一种持续的互动关系——贯穿了政治代表过程的始终。因此，对于非正式代表而言，参与的民主价值更值得重视。在这种情形下，我们就不必硬生生地把选举的标准适用于非正式代表。换而言之，非正式代表不用考虑附属于正式代表的授权和问责要求，也不必受制于议会或政党的政治代表逻辑。非正式代表应该遵循自己的政治逻辑，积极履行代表职责，只有这样，非正式代表的民主价值才能得到体现。

需要指出的一点，非选举型政治代表的产生及其实践，并不意味着选举型民主政治代表的退场，也不是要代替选举型政治代表。即便

---

① Suzanne Dovi, *The Good Representative*, Malden: Blackwell Publishing, 2007, pp. 30 - 31.

议会代表的功能因为各种因素被弱化,但是,它在民族国家内部仍然发挥着不可替代的作用。因此,非选举型政治代表更多的是一种补充,它相对于选举型政治代表的价值,"不是体现在它们比被选举官员更能代表公众意见,也不在于它们能够通过利益群体选举而补充地理上的代表性,即双重代表性",而是"在于它们传递信息并影响投票者的观点、被选举的官员和官僚体制"[1]。因此,在重视非选举型政治代表蕴含的民主价值的同时,也不能高估它的地位和作用。

---

[1] [美]丽莎·乔丹、[荷]彼得·范·图埃尔:《非政府组织问责:政治、原则与创新》,康晓光译,中国人民大学出版社2008年版,第36页。

第五章　西方政治代表理论面临的新挑战

自近代代议制民主诞生以来，它已经走过了几百年的发展历程。在这个过程中，代议制民主危机的论调不绝于耳。早在20世纪初期，德国著名政治学家卡尔·施米特就精辟地指出，新兴的大众民主造成"议会制危机在今天已经更为醒目地展现出来，世界流行的说法不可能阻止或消灭它"，并强调它在"布尔什维克主义和法西斯主义出现之前就已存在，而且今后仍将存在"①。到了20世纪中后期，"民主的危机"再次甚嚣尘上，米歇尔·克罗齐等学者曾成立一个三边委员会，通过对欧洲、北美和日本等民主国家的民主统治能力进行全方位的考察和分析后指出，这些国家的民主统治能力正面临停滞不前的困境②。进入21世纪以来，随着全球化、信息化的深入发展，西方国家的政治系统和政治结构发生了深刻变革，这给代议制民主的运行带来了严峻挑战，推动"代议制民主再次成为政治理论建构中的前沿论题"③。2014年3月1日，《经济学家》刊登题为《民主怎么了?》的封面文章，分析了2007—2008年国际金融危机以来民主面临的诸多挑战和困境，直言民主正处于"衰退的十年"。如果说早期政治代表

---

① ［德］卡尔·施米特：《政治的浪漫派》，冯克利、刘锋译，上海人民出版社2004年版，第171页。
② ［法］米歇尔·克罗齐、［美］塞缪尔·亨廷顿、［日］绵贯让治：《民主的危机》，马殿军等译，求实出版社1989年版，第8页。
③ ［英］保利娜·塔姆巴卡基：《争胜主义和代议制民主危机》，谢礼圣编译，《当代世界与社会主义》2016年第6期。

理论更多面临的是对非选举式政治代表现象解释乏力的问题，那么，近年来它面临的则是新的民主实践带来的冲击。

第一节　民粹主义兴起带来的新挑战

近十几年来，民粹主义作为一种政治运动和社会政治思潮已经席卷了整个欧洲和美国等西方民主国家，成为当代世界政治生活中的一个重要现象。人民论坛杂志社的问卷调查结果显示，自2014年起，民粹主义已经连续数年位列中外十大社会政治思潮的前五名，近五年甚至稳居前三名。民粹主义作为一种非常态的政治现象，它的兴起对代议制民主政治带来了全方位的挑战和冲击，其影响已经渗透到了民主政治生活中的诸多领域。准确把握和分析民粹主义崛起带来的冲击，有助于深刻理解代议制民主的本质及其特征。诚如保罗·塔格特所言："不管支持还是反对……理解民粹主义是至关重要的，因为它是理解我们身边颇为盛行的代议制政治的一种途径。"①

目前，对于民粹主义概念的界定及其理解，学者们仍然众说纷纭，尚未形成一个普适性的定义，这主要源于它"是一个棘手的难以捉摸的概念，缺乏使之更为具体明确的特征，其本性上的特点便是易变性。……无论作为一种观念或作为一种政治运动，很难对其进行归纳性描述，更不用说给它下一个面面俱到的普遍的定义了"②。尽管如此，在对民粹主义各种版本的定义中，仍然存在一些普遍共识，就是将人民置于其概念界定的中心，即"信仰人民，是民粹主义主体逻辑的起点，也是民粹主义主体逻辑的终点，并且处于其理论体系的核心地位"，因此，这也成为"各种形式民粹主义理论主张的最大公约数"③。正是在这一点上，民粹主义对以政治代表为核心构建起来的政治代表理论带来了最为根本性的挑战和冲击。

---

① ［英］保罗·塔格特：《民粹主义》，袁明旭译，吉林人民出版社2005年版，第159页。
② 同上书，第2页。
③ 佟德志：《解读民粹主义》，《国际政治研究》2017年第2期。

回顾民粹主义的演进历程可知，目前，它一共形成了四波浪潮，分别是19世纪中后期的俄、美民粹主义，20世纪30—60年代的拉美民粹主义，20世纪80年代的东亚民粹主义以及21世纪初期的欧美民粹主义。其中，前三次民粹主义"基本上都是阶级政治的反映，有比较突出的左翼色彩……他们坚决地反抗腐败的政治经济精英，追求平等正义"①。第四次民粹主义不仅具有阶级政治的因素——表现为对贫富差距和两极分化不断扩大的不满，还有身份（民族）政治的因素——表现为对全球化和外来移民引发的身份和文化价值认同的不满，因而呈现出左翼、右翼两极民粹主义泛滥并存的现象。无论是左翼民粹主义，还是右翼民粹主义，它们同时出现在欧美国家，都清楚地表明西方现行的政治制度出现了失灵的迹象，也就是所谓的代表性危机。有学者认为"代表性危机是民粹主义出现的温床"②，还有的则强调第四次民粹主义是政治代表性危机的产物，"是代表性危机的结果，即首先不是民粹主义诱发了代议民主的政治危机，而是民主政治的代表性危机催生了民粹主义"③。

民粹主义并非古已有之，而是现代才有的一种政治现象，它的产生是社会、政治、经济、文化甚至心理等多种因素共同作用的产物。其中，仅就政治因素而言，民粹主义是代议制民主发展的一个反映，它"是在代议制政治中产生和发展起来的。……只有在代议制政治系统的条件下，才有能力维持自身并以系统化的政治运动形式而存在"④。因此，扬-维尔纳·穆勒指出，民粹主义"是代议制民主政治永恒的阴影。……古代的雅典是没有民粹主义的；也许有一些煽动民众的现象，但没有民粹，因为民粹仅存在于代议制度之中"⑤。换

---

① 林红：《当代民粹主义的两极化趋势及其制度根源》，《国际政治研究》2017年第1期。
② Francisco Panizza, *Populism and the Mirror of Democracy*, London: Verso, 2005, p. 80.
③ 高春芽：《政党代表性危机与西方国家民粹主义的兴起》，《政治学研究》2020年第1期。
④ ［英］保罗·塔格特：《民粹主义》，袁明旭译，吉林人民出版社2005年版，第157页。
⑤ Jan-Werner Müller, *What is Populism?* Pennsylvania: University of Pennsylvania Press, 2016, p. 101.

而言之，民粹主义是同代议制民主相伴而生的，没有代议制民主的确立，也就不会出现民粹主义。

民粹主义的宗旨是试图恢复一切权力属于人民的民主价值取向，它重视发挥人民在政治运作过程中的主导作用，主张人民亲自参与政治去表达其意志和要求。因此，诉诸人民成为民粹主义的本质特征，这也是将民粹主义与其他主义的政治思潮区分开来的核心要素。对于民粹主义者而言，"人民"是神圣的，享有至高无上的地位，并具有丰富的内涵及其特征。首先，"人民"是相对于精英（既包括政治精英，也包括经济精英、文化精英）而言的一个群体，两者之间是对立和互不相容的，即"纯洁的人民"和"腐败的精英"。民粹主义者常常质问，为什么人民的代表不代表人民的利益？为什么人民的政府不维护人民的权益？在民粹主义者看来，那是因为包括代表在内的政治精英已经沦为"自私的"和"腐败的"的政客，导致作为人民的代表不但不尽代表之责，反而利用代表的身份去谋取特殊利益，并沦为一些特权阶级或组织的代言人。其次，"人民"是一个抽象的集体和不可分割的整体，即"作为一个基本的统一体，'人民'被描述为一个整体，他们被视为一个缺乏基本分化的单一实体，是统一的、团结一致的"①。而作为一个整体的"人民"，其内部具有高度的同质性和一致性特征。因此，他们发出的声音是单一的而不是分裂的，不存在任何的异质性。如果出现不同的声音，那他们就不再属于人民，是需要反对和消灭的。最后，"人民"是"沉默的大多数"，他们具有一些优良的品质和美德，处于整个社会结构的最底层。但是，他们并不是不关心自己的利益和要求，而是因为要忙于自己的工作和生活。久而久之，他们遭到政治精英的忽视而被边缘化。由于自身的利益长期得不到解决而积累了诸多不满，人民最后选择直接参与解决利益诉求，这也是民粹主义之所以倾向于全民公投等直接民主方式的原因所在。民粹主义对人民的召唤，反过来造成了对精英的普遍排斥，包括

---

① [英]保罗·塔格特：《民粹主义》，袁明旭译，吉林人民出版社2005年版，第125页。

政治、经济、文化等诸多领域的精英，呈现出鲜明的反精英的思想倾向。

将人民带回到政治之中，意味着民粹主义和民主价值存在相通之处，即都强调主权在民的理念。但是，民粹主义不只是强调人民拥有一切权力，更关键的是倡导人民应该直接行使其拥有的权力。正是在这一点上，民粹主义与民主的现代形式——代议制民主走向了历史的分野：后者也建立在人民主权原则的基础之上，但反对人民直接行使权力，而是主张人民通过选举产生代表，并由代表组成的代议机关行使人民拥有的政治权力。因此，代议制民主的确立，意味着人民与政治权力之间出现了某种程度的分离，即"代议制政治制度实际上阻碍、切断了'真正的人民'和权力之间的联系"①，并由此产生了两种不同的政治行动者：权力的所有者（人民）与权力的行使者（代表），人民与代表之间的区隔和划分则成为代议制民主的基本特征。在代议制民主中，虽然人民仍然是民主的主体，但不再是政治生活中的主角，它在政治中的作用就是选举那些政治代表，这也是民主价值的集中体现，而经由人民选举产生的政治代表才是政治生活中的主角。政治代表之于代议制民主，犹如空气之于火。没有政治代表的支撑，不可能有代议制民主的产生。从应然层面上讲，人民选举政治代表，自然会期望后者代表和促进他们的利益，同时，代表基于连任的需要也会这样做。因此，"人民向代表赋权和代表对人民负责，成为民主政治的基本特征。"② 但从现实来看，尤其是进入政党政治时代以来，政治代表却越来越不代表人民的意愿。在民粹主义看来，人民选举的政治代表在人民不在场的情况下根本就不会代表人民的利益，只会顾及他们自己的私利，人民的统治事实上变成了政治代表的统治。由于政治代表的腐败堕落和自私无能，他们是不值得信任的。唯一能够信任的就是人民自己，只有人民亲自在场表达的声音才是人民

---

① 张莉：《西欧民主制度的幽灵——右翼民粹主义政党研究》，中央编译出版社2011年版，第110页。
② 高春芽：《政党代表性危机与西方国家民粹主义的兴起》，《政治学研究》2020年第1期。

的真正声音。民粹主义对"人民"的持续呼吁,"使得民粹主义不断强化他们的民主资格,从而使他们拒绝特定的代议制民主政治"①。不言而喻,所谓"特定的",指的就是建立在选举制度、政党制度和议会制度基础之上的代议制民主,不是什么其他的民主。

民粹主义拒绝代议制民主,但反对排斥政治代表原则,它反对的是由他人——某种中介或制度化的组织——代表人民,如政党,这是它对政治代表理论带来的第一个挑战。众所周知,政党作为中介或制度化的组织,是代议制民主不可或缺的组成部分,它的首要功能是汇集和整合人民的利益,然后将它们反映到政策之中。但是,民粹主义者认为,政党只是代表少数人而不是全体人民的利益,从而造成人民的整体利益被分裂。所以,"大部分民粹主义的最初要求都是基于一个对占统治地位的政党的政治活动的批判"②。在民粹主义者看来,任何中介或制度化的组织都不能代表一个整体的人民,唯有他们才有权代表人民,即"他们(而且只有他们)代表人民。所有其他的政治竞争者本质上都是不合法的,任何不支持他们的人就不是人民当中的一分子"③。因此,有学者认为,民粹主义"对'人民'代表性的垄断……才是民粹主义的独特之处"④。在这一点上,代议制民主下的政治代表则截然不同,它们也会声称代表了全体人民的利益,但是并不反对其他代表,包括反对党(或少数党)的代表。同时,由于对一切中介和制度化组织的拒斥,促使民粹主义者对魅力型领袖的渴求,后者可以通过激情的演说绕过制度化的组织去动员群众直接参与政治。对此,有学者指出:"民粹主义需要一个具有英雄色彩的领袖来'代表'人民,替人民发出声音。"⑤ 此时,民粹主义中的政治代表与被代表者之间的关系并不是一种权力授受关系,而是表现为一

---

① [英]保罗·塔格特:《民粹主义》,袁明旭译,吉林人民出版社2005年版,第132页。
② 同上书,第135页。
③ Jan-Werner Müller, *What is Populism*? Pennsylvania: University of Pennsylvania Press, 2016, p. 101.
④ 刘擎:《2016年西方思想年度述评》,《学海》2017年第2期。
⑤ 段德敏:《民粹主义的"政治"之维》,《学海》2018年第4期。

种领导者与追随者的亲密关系。作为政治代表的民粹主义领袖,他并不扮演传统的受托人或传声筒的角色,主要是作为人民的一种化身,即"将政治代表者(领袖)看作被代表者(人民)的'化身'(embody)"①。从某种意义上讲,这是对中世纪政治代表概念"化身"意涵的沿袭。民粹主义领导者既然是人民的化身,那么,他的声音也就是人民的声音,他的在场也就意味着人民的在场。在这个过程中,人民与政治代表者实现了同一性,即"体现了在大众与精英之间塑造政治一致性的代表观念"②。这也成为民粹主义给政治代表理论带来的第二个挑战,后者主张代表与被代表者(人民)之间存在某种可见的距离,反对两者之间的一致性和等同性。

综上可知,民粹主义作为一种社会政治思潮兴起于西方民主国家,其对代议制民主的最大挑战不在于否认政治代表原则,而在于对包括政治代表、政党在内的制度化中介的排斥和敌视,这些是构成代议制民主的基本要素。随着民粹主义在西方国家的蔓延和发展,它已经引起了各界广泛关注,"成为当代西方民主政治的一面'镜子',呈现出了西方民主政治的某种阴暗之处,也推动了其进行自我反思"③。对此,塔格特也直言:"民粹主义是一张晴雨表,透过它,我们可以诊断代议制政治体系的健康状况。作为天生的政治厌恶者,哪里有民粹主义者,以运动或政党的方式来进行动员,哪里就有充分的理由对代议制政治的功能进行检视,哪里就有充分的理由怀疑它的某些环节可能出了故障。"④ 也就是说,民粹主义的崛起,实际上是"代议制政治系统中最根本的或其他方面失灵的迹象"⑤,表现为政党

---

① Yves Sintomer, "The Meanings of Political Representation: Uses and Misuses of a Notion", *Raisons Politiques*, Vol. 50, No. 2, 2013, pp. 13 – 34.

② 高春芽:《政党代表性危机与西方国家民粹主义的兴起》,《政治学研究》2020 年第 1 期。

③ Francesco Panizza, *Populism and the Mirror of Democracy*, London: Verso, 2005, p. 30.

④ [英]保罗·塔格特:《民粹主义》,袁明旭译,吉林人民出版社 2005 年版,第 156 页。

⑤ Yves Meny, Yves Surel, *Democracies and the Populist Challenge*, New York: Palgrave, 2002, p. 75.

代表性的弱化、政治精英责任性的丧失以及政治体制回应性的缺失等。

客观而言，民粹主义提出的一些主张具有一定的合理性，可以进一步拓展政治代表的范围，丰富政治代表的途径，使那些在社会结构中处于边缘地位的"沉默的大多数"的意见和利益得到反映和表达，激发他们参与政治的热情，从而维护和促进边缘化社会群体的利益。但是，寄希望于民粹主义就能解决西方民主国家面临的一系列社会政治问题，既不可取也不可行。说它不可取，是因为民粹主义的主张易于被一些政客所利用，由此带来难以预料的社会政治后果；说它不可行，是因为现代民族国家不可能事事都由人民通过公投来决定，那样，整个社会将呈现泛政治化的特征。因此，必须准确地认识和把握两者之间的关系，不能片面地看到民粹主义的危险就一味地进行批判，还应该反思代议制民主本身是否出现了问题，否则，整个西方民主制度将为此付出巨大的代价。所以，伊夫·梅尼指出："把握好民粹主义与代议制民主政治之间的联系，可以使我们更加清楚地了解代议制政治何时变弱或失败，最后走向了非代表性政治。"[1]

第二节 全民公投复兴带来的新挑战

全民公投，又称全民公决或公民投票，意指一个国家的全体公民直接就某项重大事务举行投票表决，而不是由代议机关的代表投票决定。尽管全民公投挂名为"全民"，但事实上它并不是指全体人民，仅仅指那些具有选举权或被选举权的一部分公民，不包括未成年人、精神病人等群体。因此，全民公投常常和公民投票互换使用。如果说民粹主义主要是以一种政治运动和思潮的方式冲击代议制民主，那么，全民公投更多是一种政治实践，它在某种意义上是民粹主义盛行的产物，因而也对当代西方政治代表理论及其支撑的代议制民主带来

---

[1] Yves Meny, Yves Surel, *Democracies and the Populist Challenge*, New York: Palgrave, 2002, p. 80.

了巨大挑战。

全民公投的历史同民主的历史一样悠久。作为雅典实行直接民主的一种重要方式，古希腊时期的公民大会可谓全民公投的最初原型。哲学家苏格拉底就是被一种类似于"全民公投"的制度——"陶片放逐法"驱逐出境的。不过，近代以来的全民公投则是发端于13世纪的瑞士。作为"公投之国"，瑞士不仅举行公投的频率高，而且公投涉及的议题十分广泛。早在13世纪末期，瑞士施维茨州就采取了由各州全部成年男性公民决定本州重大事项的做法，并得到其他州的推广。经过长期的实践，这一制度于1891年正式写入瑞士宪法。有研究者曾评价说，对于瑞士而言，全民公投既"不是正常政治制度外民众挑战现存安排的管道，也不是大众激情与政府对立的平台，而是民众与政府间互动达成共识的常规性渠道"①。虽然瑞士被视为近代全民公投的发源地，但是，法国是近代史上第一个在全国范围内实行全民公投的国家，该国在大革命期间曾采用全民投票的方式批准了1793年宪法。到了20世纪初期，由于以希特勒为代表的一些独裁者采用全民公投的方式将其政权合法化，给这一直接民主的形式带来了负面影响。因此，在很长一段时间，西方民主国家只有在特殊情况下才偶尔使用全民公投的形式。其中，美国、印度、以色列等少数几个国家从未在全国层面举行过公投，其他国家如法国、澳大利亚等也只是举行过少数几次公投。21世纪以来，随着欧盟的不断扩大和深化，全民公投开始广泛运用。例如，2004年决定加入欧盟的10个中东欧国家，其中有9个国家是通过全民公投的方式批准入盟的。在2008年国际金融危机爆发之后，全民公投在整个欧洲呈蔓延之势甚至泛滥，以至于连冰岛、希腊、意大利、英国等一些成熟的西方资本主义民主国家都相继举行全民公投，涉及的议题各式各样，引起人们的广泛关注和强烈争论。"无论如何，只有当这些直接民主手段被经常倡议使用时，它们才会引起争议。凡是在它们只是偶尔使用的地方，像在大多数民主政体中一样，它

---

① 吴怡频：《瑞士公民投票制度的经验与启示》，《浙江社会科学》2016年第11期。

们会被看作一种对整个民主国家的正常机构有益的但是作用有限的辅助工具。"①

全民公投作为一种直接民主机制，属于例外的民主形态。尽管如此，它仍然具有一定的功能和价值，有助于弥补代议制民主在运行过程中偶尔产生的失灵问题，因而受到一些西方民主国家的青睐。一方面，全民公投作为一种最民主的决策手段，比代议制民主更具有正当性和合法性。虽然代议制民主中的政治代表是由人民选举产生，获得了人民的授权和同意，其作出的决定等同于人民的决定，但是，这一决定的正当性同全体人民直接参与决定相比，还是存在一定的差距。"一个所有公民均有机会参与所做成的决定，其正当性当然高于他们不曾参与的决定。而且……由人民直接参与的决定，比较由人民代表为他们所做的决定，当然更能正确表达自己的意志。"② 尽管全民公投不是指全体人民进行投票决定，但是，这并不影响全民公投结果的最高权威性。究其原因，在于这不仅仅是全体人民意志的直接表达，更是全体人民"在场"的直接决定，彰显了人民作为最高主权者的地位。另一方面，它有助于打破代议制民主中政治精英对政治事务的垄断，提升公民的参与意识和能力，强化人民对政治共同体的认同和信任。参与是民主的应有之义，但是，自民主被视为一种挑选精英的手段以来，人们就把参与等同于投票。这其实是对参与的一种误解。实际上，投票只是公民参与的一种形式或者一个环节，并不是参与的全部。而且，投票在本质上是民众的间接参与而不是直接参与，因为最后作出决定的是经由民众选举的代表。因此，如果公民只有投票的参与而没有其他形式的参与，那并不是真正的民主。从严格意义上讲，只有民众直接参与决策——自我统治，才能实现主权在民的价值，体现人民作为最高主权者的地位。诚如巴伯所言："无论如何，只有直接的政治参

---

① [英]韦农·波格丹诺主编：《布莱克维尔政治制度百科全书》，邓正来译，中国政法大学出版社2011年版，第563页。

② 魏贻恒：《全民公决的理论与实践》，中国人民大学出版社2007年版，第182页。

与——明显具有公共性的活动——才是一个民主公民教育完全成功的形式。"① 全民公投正是这样一种政治参与形式,它不仅体现了直接性的特征——人民亲自参与,而且也是一项公共性的活动——直接对涉及全体民众或整个国家的事项作出决定。

但是,全民公投之所以在进入21世纪之后被频繁运用,则是经济、政治、社会和文化等多方面因素所致。仅就政治层面的原因而言,一部分是源于普通民众文化教育水平的提高,掌握了更多的信息,有能力有条件对复杂的政治事务作出判断,更深层次的原因是源于政治精英对民众的背叛以及对民意的漠视,引发民众对代议制民主以及政治精英的极度不满和不信任,即"公民要么对他们做出关键政策决定的能力更加自信,要么对他们选举的代表做出决定的能力更加缺乏信心"②。从现实来看,代议制民主的双重代表性危机是全民公投兴起的催化剂。

一是议会代表性危机。主要表现为议会作为民意代表机关的功能不断遭到挤压和弱化,同时,议会代表作为民意代言人不再代表人民的意见和要求,代表的意见同人民的意见不断脱节。这一情形在英国脱欧问题上就得到了体现。民调显示,英国脱欧公投正式举行前夕,下议院约有72.5%(471名)的议员表态支持留欧,约24%(156名)的议员赞成脱欧,未表态者占3.5%(23名)。但是,在最后的全民公投中,主张留欧的选民只有48.1%,而赞成脱欧的选民则是51.9%。这一数据显示了议会代表的意见与人民的意见之间存在明显的割裂。二是政党代表性危机。主要表现为政党尤其是以党魁为首的政治精英只顾党派利益甚至其本人的一己之利,根本不顾整个国家和人民的利益。2016年英国时任首相卡梅伦之所以决定通过全民公投的方式决定是否留在欧盟,就是想捞取更多的政治利益,旨在使保守党在大选中获得支持脱欧选民的选票而能够连任,而他本人是属于留

---

① [美]本杰明·巴伯:《强势民主》,彭斌等译,吉林人民出版社2005年版,第276页。
② Matthew Mendelsohn, Andrew Parkin, *Referendum Democracy: Citizens, Elites and Deliberation in Referendum Campaigns*, London: Palgrave Macmillan, 2001, p.6.

欧阵营。后来，卡梅伦在接受英国电视台采访时表达了对当初的公投决定感到后悔，认为他自己应该为此承担责任。由于作为民意代表的法定机构不尽职甚至失职，人民宁愿选择直接投票决定也不愿意让议会代表代替自己去作决定。全民公投对以政治代表制为枢纽的代议制民主的挑战主要表现为以下三个方面。

第一，全民公投会削弱代议机关及代表的权威性，影响代议制民主的正常运行。自代议制民主产生以来，民主危机的论调就一直没有停息过。在这个过程中，新的民主理论及形式不断产生，弥补了代议制民主的不足，但始终没有取代代议制民主，也没有质疑政治代表在政治生活中的地位及合法性。虽然全民公投同上述民主形式都蕴含了"直接性"的特征，但区别在于：全民公投是极其排斥甚至敌视作为政治精英的代表，质疑政治代表的合法性，认为政治代表作为人民的代言人，本应在政策制定过程中反映人民意见、促进人民利益，但是，在现实中表达的是代表自己的意见和要求，解决的也是代表本人的利益诉求。人民的利益诉求之所以始终无法得到公正的对待和处理，根源在于政治代表的背叛。因此，全民公投主张人民直接参与决定政治事务，坚称人民的意志应由人民自己表达，且这是最真实的民意。只有人民亲自参与决策，才能维护自身的利益。这种对政治代表的不信任，造成了议会及政治代表在政治过程中不断边缘化，而后者则是代议制民主运行不可或缺的要素。

第二，全面公投是最高主权者的意志表达，既不可逆也不能被问责，这对政治代表的可问责性带来直接冲击。人民是现代国家的最高主权者和国家一切公共权力的合法性来源。全民公投是最高主权者直接表达意志的重要途径，其决定具有最高的权威性和不可问责性。尽管参与全民公投的人数并不是全体公民，只是一部分公民，但是，一旦作出决定，无论是对还是错、是好还是坏，任何组织、机构和个人都必须尊重且不能推翻公投的结果，更不能对参与公投的公民进行问责。例如，2016年英国具有投票权的公民约4600万人，参加脱欧公投的约3400万人，最后赞成脱欧的仅为1740万人，这意味着37.8%的公民就决定了4600万人的命运，且还不包括那些没有投票权的英国人民,因而某种意义上是"少数人对多数人的暴政"。源于此,公投结束后,许多人前往英国议会网站进行请愿,要求重新举行公投,签名人数一度达到415万人之多,但这并不能更改脱欧的决定。即便后来因为脱欧谈判陷入政治混乱,英国内阁还是反复强调要尊重和执行公投决定,因为这是人民的选择。相反,代议制民主下的政治代表在进行决策时,需要反复地进行协商和辩论,其作出的决定时刻被选区选民关注,面临选举问责的压力。一旦政治代表发表不当的言论或者说作出的选择被证明是有误的,那么在竞选连任时就将面临败选的风险。

第三,全民公投将激化人民与议会及其代表之间的矛盾。议会及其代表是人民的法定代表者,凭借其专业的知识和能力代表人民管理国家,作出审慎和专业化的决定,并代表人民履行监督政府的职责。然而,自20世纪以来,议会及其代表的地位和作用不断弱化,"在每一个国家,议会都处于衰弱之中。一些议会已变成一个仪式,受到严厉的行政部门和政党的控制,已失去了自主性"[①]。在此情形下,"代而不表"——代替人民参与政治但没有表达人民的真实意愿——的问题日益凸显,造成人民与议会及代表之间的关系不断疏离。而在议会不断丧失自主性的同时,西方国家的行政机构则日益强势,主导着整个政治过程。回顾近几年西方各国举行的全民公投可知,绝大多数公投的动议及内容都是由行政部门(政府或总统)提出来的,是行政部门意图绕开立法部门进行决定。这在本质上是行政部门利用人民主权对抗议会主权,并假借人民的意志来实现政府的目标。所以,政府实际上将它与议会之间的矛盾转嫁为人民与议会之间的矛盾。

对于代议制民主而言,全民公投不会也不可能退出政治舞台,只能作为一种非常态化或例外的决策手段偶尔使用,它"不是议会民主制的替代品,只是衡量议会民主制在当今政体中作用强弱的标准"[②]。

[①] [美]迈克尔·罗斯金:《国家的常识:政权·地理·文化》,夏维勇、杨勇译,世界图书出版公司2013年版,第515页。

[②] James Foley, Pete Ramand, "In Fear of Populism: Referendums and Neoliberal Democracy", *Socialist Register* 2018: *Rethinking Democracy*, Vol. 54, 2017.

作为直接民主的一种形式,全民公投仍然具有一定价值,将长期存在于西方民主国家之中,并"在必要时由人民以最高主权拥有者的身份对争议性较高的议题作出整体意志的裁决,确实可以弥补代议民主的不足"①。究其原因,在于代议制民主仍然是当下甚至未来最适合民族国家的民主形式。随着通信网络技术的迅猛发展,人们能够不断突破代议制民主面临的一些障碍,直接参与决策的概率会越来越大。但是,要大规模地实行直接民主制,尤其是事事都诉诸全民公投的话,不仅不现实,而且需要付出巨大的代价,如英国的脱欧公投、意大利的修宪公投等最后都造成政府首脑的辞职,甚至加剧整个社会的分裂。因此,面对不断蔓延的全民公投现象,最主要的是应重视其可能带来的风险,特别要避免它沦为政党以及政客争权夺利的手段,充分发挥其作为了解人民真实意愿的手段,将全民公投纳入代议制民主的轨道之中。

第三节 新兴网络信息技术发展带来的新挑战

20世纪60年代以来,得益于计算机技术与通信技术的融合与发展,第五次信息技术革命应运而生,人类文明从工业社会文明正式迈入了数字化信息社会文明,这被称为人类社会的"第三次浪潮",其主要标志就是互联网等信息技术的诞生及应用。互联网的兴起,不仅破除了公民直接参与面临的一些障碍,尤其是压缩了空间障碍带来的参与不便,如必须齐聚一起讨论公共事务,或者面对面和代表进行交流;而且打破了政治精英对信息的垄断,压缩了时间带来的信息扭曲和滞后,提高了公民参与的直接性和便利性,增强了公民参与的意识、能力和质量。具体而言,就是普通民众不仅可以快速了解其他地区和国家即时发生的一些公共政治事件,并发表自己的意见,而且可以利用虚拟的网络空间,同其他人进行直接的交流和讨论,了解他人的意见和观点,最后在相互交流的过程中作出自己的判断。可见,互

---

① 廉思:《全民公决制度的价值辨析》,《国外社会科学》2013年第2期。

联网的引入极大地提升了公民参与的范围、广度和深度，因而被视为"民主自治的大引擎"和"民主的巨大同盟者"①。美国学者凯斯·桑斯坦甚至声称："有史以来第一次，类似直接民主的体制已经是可行的，现在，人民就算不是每天也可以每个星期告诉他的政府，他们想要什么。事实上，网络已经允许人们这么做。"② 进入 21 世纪以来，由于大数据、云计算的深度发展以及生物技术的变革，人工智能时代已全面来临。虽然人工智能的应用目前主要局限于工业、交通和物流等经济领域，还没有大规模地运用于代议制民主政治过程之中。但是，从发展趋势来看，在可预见的未来，人工智能将会大规模、全方位地介入代议制民主政治之中，对政治代表的活动和行为带来一系列挑战。

首先，新兴网络信息技术的兴起对政治代表的地位及其角色带来了挑战。政治代表是代议制民主不可或缺的要素，无政治代表也就无代议制。代议制下的政治代表，承担了一些政治功能，维系着代议制的正常运行。但是，在大数据和人工智能时代，政治代表将会置身于一个较为尴尬的处境。一方面，政治代表作为中介的角色及其功能将会被弱化。在代议制民主中，国家（政府）和人民（社会）分别居于政治过程的两端，两者经由政治代表这个中介和桥梁得以联结起来。作为人民的政治代表，它的主要功能之一就是汇集并代表人民的意见和要求，这也是其有权代他人言行的原因。当政治代表不再代表人民的意见和要求时，人们自然不需要他们代表自己，而是选择自己作出决定。对此，托夫勒指出："讨价还价失败，决定难产，代议制机构日益严重瘫痪。……如果选出的经纪人不能替我们做买卖，那就必须自己去做。如果制定的法律越来越远离或不能适合我们的需要，那就必须自己动手来制定法律。"③ 以往，即便人们想自己亲自参与

---

① ［美］凯斯·桑斯坦：《网络共和国——网络社会中的民主问题》，黄维明译，上海人民出版社 2003 年版，第 139、154 页。
② 同上书，第 25 页。
③ ［美］阿尔温·托夫勒：《第三次浪潮》，朱志焱等译，生活·读书·新知三联书店 1983 年版，第 496 页。

制定法律，但因为面临诸多难以克服的困难，最后也只能选择放弃，转而选举少数代表代替自己。然而，随着以互联网为代表的新兴信息技术的普及应用，使得过去的困难已经不再是障碍，人们对于一些复杂的立法问题，即便起初不了解，也可以通过互联网学习，包括同专业的法律人士进行交流，获取相关的知识，最后作出决定。因此，有学者指出："在计算机网络中，任何人不需要再由别人来代表自己，他自己就可以直接发表自己的政治意见，并对政府和各级机构所要通过的议项投出自己的赞成或反对票。"[①] 另一方面，政治代表的专业优势及地位将被削弱。代议制中的政治代表是基于劳动分工的需要而产生的，他们作为以政治为职业的一个群体，具有丰富的政治知识和技能，熟悉政治的运作过程，能够维护和促进社会公共利益。即便在面对复杂的社会政治问题时，他们也能够作出深思熟虑的判断。但是，在大数据和人工智能时代，政治代表的专业优势将不复存在。对于那些复杂的社会政治问题，普通民众通过大数据的分析，在很短时间内就可以评估政策制定和实施带来的影响，并在各类政策方案中作出最优的抉择。也就是说，原来由政治代表耗费数十天才能作出的决策，现在只需数小时甚至几分钟便能完成。这就意味着：人民将不再选举代表代替自己决定，而是真正由人民自己进行决定。

其次，新兴网络信息技术的兴起对政治代表的产生程序——选举的地位和作用带来了冲击。当政治代表不再需要时，它所带来的直接后果就是人民无须参加选举了，只需要一些具体执行政策的行政官僚就可以，后者并不是由选举产生的。因此，"在未来智能化的共同体，选举已非必选项"[②]。这个论断虽然有些夸张，但并非没有可能。究其原因，在于选举本身已经逐渐沦为"选主"的一种程序，导致选举产生的政治代表不再具有代表性，也就是不能代表真正的民意，仅仅是代表自己的意见。同时，选举作为一个监督和问责的手段也越来

---

① 严耕、陆俊：《网络悖论——网络的文化反思》，国防科技大学出版社1998年版，第234页。
② 吴冠军：《竞速统治与后民主政治》，《当代世界与社会主义》2019年第6期。

越难以发挥作用。在这种情形下,选举面临着和政治代表一样的前景,就是将被人们所抛弃。这也解释了近年来西方民主国家政治生活中的一个悖论,就是选民选举议会代表的参与率不断下降,但社会民众直接参与政治的现象包括社会抗议活动、全民公决日益盛行。这同选举功能的异化存在很大的关联性。当然,新兴信息技术的兴起及其应用,在一定程度上可以缓解选举带来的"代表性失衡"问题。20世纪90年代,阿尔温·托夫勒曾设想这样一个未来的国会或议会,它是由选举产生的代表和民众经由计算机抽签产生的代表组成,它们各自在任何问题上只投50%的票。在他看来,"利用计算机,先进的无线电通讯和投票方法,不仅随意挑选一位典型的公众代表变得容易,而且能天天保持这一典型的新鲜面貌,并将直到最近一分钟有关附近发生问题的情报提供给他。……当作出决定的时间到来时,以传统方法选出的代表只投50%的票,而随意选出的代表——他们不在首都而分散各地,在他们自己家里或办事处——将通过电子通讯投剩下的50%票。这种制度,不仅提供了一个比'代议制'政府所做的更具有代表性的投票程序,而且将狠狠打击一些特殊利益集团和议会走廊的很多院外活动集团"[1]。截至目前,尽管托夫勒的设想尚未实现,但已经产生了类似的做法,如协商式民意调查。

再次,新兴网络信息技术的介入对被代表者也带来了一系列的挑战。一是影响被代表者的角色及其身份。代议制民主是建立在人民作为主权者与被代表者的两种身份分离的基础之上。具体而言,人民作为主权者掌握国家的权力,但人民无法直接行使主权,他们只能选举少数人代替自己行使权力。因此,人民作为主权者的地位主要体现在选举那一刻。选举过后,人民由主权者转变成了被代表者,成为政治生活中的旁观者。而"在现代政治中,人民是必须被代表的,人民主权只有通过人民的代理人才能够实现"[2]。也就是说,人民作为主权

---

[1] [美]阿尔温·托夫勒:《第三次浪潮》,朱志焱等译,生活·读书·新知三联书店1983年版,第493—494页。

[2] 谭安奎、张旭斌:《以人民为中心的双重代表模式——兼及政治代表中"利益"与"意志"的调和》,《开放时代》2019年第6期。

者和被代表者的身份是分开的。但在互联网时代，虽然人民还是主权者，但因为人民可以直接参与政治并作出决定，他们自己就可以代表自己了，这就意味着人民作为主权者已经不再需要被代表，他已经集代表者（主权者）与被代表者的身份于一身。二是影响被代表者利益诉求的表达。对于那些没有接触甚至不会使用网络信息技术的群体而言，他们的声音将在公共政策中缺失，其合法利益诉求无法被代表，这就使"数字鸿沟"的预言成为现实。同时，在拓宽人民发表意见渠道的同时，也使得人民发出的呼声易于被淹没而无法被听见。以往，选民通过与政治代表进行面对面的交流与沟通，反映自己的利益诉求，易于受到重视。但在互联网时代，人人都有一个麦克风，随时随地发表自己的意见和要求，使得政治代表被成千上万的声音包围着，被代表者的呼声想要引起政治代表的关注，将变得更加困难。三是影响被代表者的决策行为及其后果。目前，任何人在互联网中的言行，无论是浏览的网页信息，还是在社交平台中的点赞、点击以及分享率等，都会留下痕迹。利用大数据和人工智能等手段对这些数据信息进行收集、整理和分析，可以了解一个人的政治态度和倾向。因此，当被代表者想通过搜索相关信息进行抉择时，其所获得的数据很可能是为其量身定制的，即专门满足被代表者的偏好，由此直接影响被代表者的决策行为及后果。例如，在2016年美国总统大选中，英国剑桥数据分析公司曾利用脸书的用户数据建立选民心理变量模型，向"摇摆州"的特定选民精准投放广告，迎合选民的需求，直接影响了选民的投票行为。

最后，新兴网络信息技术的介入将重构代议制下的政治代表关系。在传统的代议制民主中，被代表者通过选举的途径，授权政治代表为自己的代言人，在公共政策中维护和促进自己的利益。因此，两者之间形成了一种选举——授权的委托代理关系。政治代表作为人民的代理人，需要通过多样化的途径和方式，密切和其委托人之间的联系，及时地了解和收集被代表者的意见和要求。因此，政治代表关系本质上是一种人与人之间的关系，具体表现为一位政治代表与无数被代表者之间的关系。然而，在大数据和人工智能时代，虽然政治代表仍然由被代表者选举产生，但是，政治代表密切联系的对象将不再是活生生的选民个体，而是被代表者产生的信息数据，并通过分析和研究相关数据了解被代表者的政治偏好和政治情感。在这种情形下，政治代表的过程将不再是代表人的意见和利益，而是对人的数据和行为进行分析的过程。同时，政治代表关系中"一（代表）对多（被代表者）"的形式转变为"多（代表）对一（被代表者）"的关系。简而言之，就是作为被代表者，它不只是一种利益需求而是有多种利益要求，依托于互联网的平台，它可以找到不同的政治代表来维护其多样化的利益，从而打破了传统的一个人一张选票一个代表的政治代表模式。

总而言之，对于网络信息技术兴起带来的政治影响，西方学者曾表现出乐观的情绪并寄予厚望，认为它将可能使民主真正回归到"人民的统治"，再现二千年前雅典直接民主的景象。例如，美国著名未来学家约翰·奈斯比特曾一度预言代议制民主即将退出历史舞台，即"两百年前我们创造了代议民主制，在那时，它是组成一个民主国家的实事求是的办法。……这种办法在两百年来是行之有效的。但是，随后发生了通讯革命，同时有了教育有素的选民。目前，由于在瞬息间即可共享信息，代表们所知道的事情我们也都知道，在时间上也不比他们晚。事实是，代议民主制的历史作用已经完成了，我们直觉地意识到它已经过时了"[①]。但是，从实践来看，依托于网络信息技术而出现的网络民主、电子民主、监督式民主等新的民主形态，并没有也不能完全取代代议制民主，只是弥补了代议制民主的不足，增加了人民直接行使权力的渠道，使得人民的意见和要求能够最直接地反映到公共政策之中。尽管政治代表作为"中介"和"过滤器"的决策功能受到不同程度的影响甚至出现弱化倾向，但是，它还有一些其他的政治功能无法被替代，如政治代表的"象征性"功能，即政治代表的在场象征着人民自己的在场。诚如有研究者所言："代议机构除

---

① ［美］约翰·奈斯比特：《大趋势——改变我们生活的十个新方向》，梅艳译，中国社会科学出版社1984年版，第162页。

了'议'（即议事而决）的功能外，还有重要的'代'的功能。……即令众意在代议机构内再次集中地呈现出来。这种呈现本身就是代议制的重要功能。……如果一个代议机构的会场变得安静、没有交锋且决策都通过人工智能做出，那么代议机构实际上也就丧失了'为社会提供安全阀'等立法功能之外的独特社会功能。"[1] 因此，那些认为代议制民主已经过时的论调有点言过其实，两者不是互相取代而是互相补充的关系，即"这不是一个非此即彼的问题。这不是直接民主对间接民主的问题，不是由自己代表对由别人代表的问题。……可以把直接的公民参政，与'代表制'结合起来，形成一种半直接民主的新制度"[2]。也就是说，至少在未来一段时期，代议制民主仍然将是居于主导地位的民主政治模式。而且，近年来学者关于大数据和人工智能对代议制民主的深度介入，已经没有了早期的乐观情绪，反而越发悲观，这也反映了新兴网络信息技术对代议制民主的挑战仍然存在很大的未知数。

---

[1] 严行健：《人工智能时代的代议制：挑战、机遇与发展路径》，《学习与探索》2018年第2期。

[2] ［美］阿尔温·托夫勒：《第三次浪潮》，朱志焱等译，生活·读书·新知三联书店1983年版，第498页。

结　　语

从政治代表的视角透视当代西方代议制民主可知，目前支撑代议制民主运行的三大基础性制度——议会制度、政党制度以及选举制度都出现了一定的问题。首先，议会及其代表作为法定的民意代表机关和民意代表者的主体地位日渐衰弱。其次，政党作为承担政治代表功能的载体不断弱化。最后，选举作为表达民众利益诉求的渠道越来越边缘化。当现有的政治代表主体、载体、渠道等不再发挥作用的时候，人们自然不会满足于依靠它们发出自己的声音和代表自己的利益，而是越来越倾向于通过直接参与政治表达自己的利益要求。在此背景下，国外学界开始出现了政治"代表性"危机的论调①，甚至还产生了"代表政治的终结"②的呼声。梳理西方政治代表理论的历史发展脉络及其最新进展，对于我们准确认识代议制民主面临的困境、深刻揭示代议制民主政治的本质具有重要意义，同时，也可以为推进中国特色社会主义民主政治建设、健全人民当家作主制度体系提供一些借鉴和启示，进一步坚定理论自信、道路自信、制度自信和文化自信。

一　西方政治代表理论的价值

理论的生命力不只在于要不断创新和发展，更重要的是它能够积极回应社会现实并指导实践，有效解决实践中不断出现的新情况、新

---

① ［德］奥利弗·纳克特威：《德国左翼党与阶级代表性危机》，彭萍萍摘译，《国外理论动态》2015年第5期；汪晖：《代表性断裂与"后政党政治"》，《开放时代》2014年第2期；聂智琪：《代表性危机与民主的未来》，《读书》2016年第8期。

② Simon Tormey, *The End of Representative Politics*, Cambridge: Polity, 2015.

问题。西方政治代表理论的产生和形成,是建立在西方代议制民主实践的基础之上的,因而它是理解代议制民主政治现象及其本质的一把"钥匙"。

(一)西方政治代表理论厘清了政治代表概念的本质及内涵,揭示了代议制民主运行的基本逻辑

政治代表是代议制民主的核心要素,也是支撑代议制民主运行的关键。只有准确界定政治代表概念的本质及其内涵,才能充分理解代议制民主运行的逻辑。尽管代表制应用于政治生活领域的源头最早可追溯至中世纪,即"代表制作为一种适合于民族国家之运作的设置,其源头在中世纪盛期"①,但是,它并没有引起足够的重视,因为代议制并未成为居于主导地位的政治统治形式。直到18世纪之后,它才逐渐成为现代民族国家普遍实行的一种政府形式。然而,早期的西方政治思想并未意识到政治代表问题的重要性,将其主要精力用于探讨代议制民主的历史源起和实际运行问题。随着代议制民主的不断发展,研究者开始从规范层面考察政治代表的本质及其内涵等问题。例如,约翰·费尔利曾指出:"政治代表的本质既涉及广泛的讨论、审慎的意见以及政府权力的授权等方面,或者更明确地说,涉及到为全民投票中立法行为提供合法性的问题。"② 在这里,作者首次把政治代表同合法性联系在一起,在一定程度上揭示了政治代表的功能属性,就是使权力的行使合法化。后来,汉娜·费尼切尔·皮特金进一步强调,政治代表的本质是"一种涉及众多的民众和群体的公共的、制度化的安排,它是以这种大规模的社会安排的复杂方式进行运作。使代表成为代表的,不是一个参与者的一个行为,而是一个体制的整体框架和运行,是许多人的许多行为所产生的模式"③。所以,理解

---

① [美]沃格林:《中世纪晚期》,段保良译,华东师范大学出版社2009年版,第157页。

② John A. Fairlie, "The Nature of Political Representation (Ⅱ)", *The American Political Science Review*, Vol. 34, No. 3, 1940, pp. 456–466.

③ [美]汉娜·费尼切尔·皮特金:《代表的概念》,唐海华译,吉林出版集团有限责任公司2014年版,第272页。

政治代表概念的性质,必须把握它的公共性和制度化等属性,即"政治代表……必须在公共层次上进行理解。……代表的过程都是公共性的和制度性的"①。作为体现公共性的政治代表,本质上就是选举代表。尔后,研究者对政治代表概念的本质及其内涵的理解,基本上局限于选举代表——皮特金的民主代表,很少涉及日渐兴起的非选举型政治代表。

20世纪90年代以后,在各种因素的共同作用下,全球政治、身份认同政治等一些新政治形态开始涌现,进一步重塑了以民族国家为基本单位的代议制民主的实践,丰富了包括民主、平等、代表、正义等在内的代议制民主若干核心概念的内涵。在此背景下,政治代表问题再次成为西方民主理论家们关注的议题。显然,以往从政治代表主体的视角出发——代表者代表"谁"、"怎样"代表、代表"什么"等方面对政治代表概念进行界定和理解,已经难以解释新的政治代表现象及其行为,包括代表者如何产生、代表者如何履行代表职责、代表者如何获得被代表者的认同,等等。究其原因,在于这个单一的维度完全忽视了被代表者在代表过程中的地位和作用,后者与代表者构成了政治代表关系的基本结构。因此,要回答上述问题,有必要将被代表者引入进来,这样才能更好地理解政治代表概念的本质和内涵,同时也更具解释力和包容性。在此背景下,"替代性代表""辩论式代表""商谈式代表""倡导式代表""观察式代表""自我授权型代表""公民代表"等新的概念应运而生,不断丰富和拓展政治代表概念的内涵,为全面认识和理解全球政治中涌现的大量非选举型政治代表提供了重要的理论支撑。

(二)西方政治代表理论阐释了代议制民主生成和发展的原因,有助于洞悉代议制民主的演进历程及发展趋势

回顾西方民主的发展历程,其初始形式表现为直接民主,注重公民参与的价值和理念,强调每个人享有平等的机会直接参与政治,而

---

① [美]汉娜·费尼切尔·皮特金:《代表的概念》,唐海华译,吉林出版集团有限责任公司2014年版,第275—276页。

不是由人民选举代表代替其参与。为此，古希腊实行抽签的方式，确保城邦的公民有机会参与讨论并决定城邦公共事务。当时，尚未产生代表的理念以及制度实践，即"不管是在观念上还是在制度中，城邦从未产生过由民选代表组成的立法机关，这是不争的事实"①。古希腊直接民主之所以能保证每个公民亲自参与政治，关键在于人口少、地域小。这既是民主制的优势也是其劣势，后者主要表现为它无法适应人口多、地域大的民族国家。所以，当城邦国家及城市共和国逐渐走向解体后，民主制也就走到了生死存亡的时刻。

后来，代表制的产生及其同民主制的结合，破解了民主制面临的困境，实现了民主从城市共和国向民族国家的成功转型。与此同时，代表制的引入，也深刻改变了民主制的运行逻辑：由过去人民直接参与决策变为代表代替人民决策，从而造成民主制中的主体——人民实际上被排除在政治决策之外。源于此，代表的理念及其制度一度遭到卢梭的贬斥，认为如果一个民族选举产生了代表，那么，它们就不再是自由的民族。如果从强调人民统治或自治的视角审视代表的价值，卢梭的批评具有一定的合理性。但是，代表已经成为民族国家实行民主不可或缺的要素，因为"由自己来统治自己……这在大国是不可能的，在小国也有许多不便，因此人民必须通过他们的代表来做一切他们自己所不能做的事情"，而"代表的最大好处，在于他们有能力讨论事情。人民是完全不适宜于讨论事情的。这是民主政治重大困难之一"②。尽管反对代表和代表制的声音不绝于耳，但是，绝大多数人都意识到代表是无法舍弃的，除非一个国家不实行民主，否则只能依托代表制，这既是时代所需也是现实使然。

民主从直接民主发展到代议制民主，其间经历了漫长的历程。18世纪末，随着美、法两国民主革命的爆发，代议制民主初步被确立为一种政治统治形式，之后便始终处在不断发展和完善之中。到了20

---

① ［美］罗伯特·达尔：《多元主义民主的困境——自治与困境》，周军华等译，吉林人民出版社2006年版，第9页。
② ［法］孟德斯鸠：《论法的精神》（上册），张雁深译，商务印书馆1961年版，第158页。

世纪中后期，由于代议制民主面临一系列新的挑战，人们开始反思基于选举代表建构起来的代议制民主。这就要求重新厘清和评估政治代表概念的含义和价值。这时，一些学者开始意识到代表和民主之间并不能画等号，两者的源起不同甚至是冲突的。因为在直接民主制中，人民的参与是持续且有效的，而在代议制民主中，人民的参与仅限于投票那一刻，投票过后则被排斥在政治过程之外。所以，选举代表实际上意味着对人民参与的限制，因而与民主所包含的自由、平等和正义的价值是不相容或者说相背离的。在此背景下，参与式民主和协商民主随之兴起。其中，参与式民主曾被视为代议制民主的替代品，但因为缺乏实现有效参与的制度形式而走向衰弱。协商民主则因为对平等、公开、参与、理性、对话和共识等内容的重视而逐渐盛行，这些要素同民主的价值是相容的，因而更有助于促进民众的参与和实现民主。正如德雷泽克所说："民主向协商的转变有可能会给民主的发展带来新动力，尤其是能给追求民主的真实性提供新动力。"[①] 协商民主作为一种民主形式，在促进公民参与方面的确要比代议制民主更具有优势，但它同参与式民主一样，并不是对代议制民主的替代，而是试图弥补代议制民主的不足与缺陷。即使是协商民主，也没有完全排斥或否认代表的作用。至于代表制在协商民主中的作用，主要表现为"促进协商民主的过程，它既保证理性的讨论得到充分展开，又保证权力不至于变得具有强制性，同时又使人们因这样一种开放的制度而更加团结"[②]。因此，西方学界对代议制民主的批判和反思，并没有削弱代表的价值，反而使其所蕴含的政治价值被重新发掘，最突出的例子莫过于普罗克特曾为代表正名而宣称"代表就是民主"，这就直接使得政治代表理论中一些被忽视的问题重新受到关注，丰富和发展了西方政治代表理论。

[①] ［澳］约翰·S. 德雷泽克：《协商民主及其超越：自由与批判的视角》，丁开杰等译，中央编译出版社2006年版，第22页。
[②] 段德敏：《重新认识代表制在协商民主中的地位和作用》，《国外理论动态》2014年第9期。

二 西方政治代表理论的若干启示

西方政治代表理论是一个"舶来品",主要用于阐释代议制民主中的政治代表现象。这一理论是否适用于分析当代中国政治代表问题,目前国内学界形成了两种观点。一种是持谨慎的怀疑态度,认为西方政治话语中的"representation"并不直接等同于中国政治话语中的"代表",两者的适用范围及其意义不尽相同,不能简单地套用西方的概念来分析中国民主政治的运行。例如,王绍光指出,中国和西方实际上实行的是两种不同的民主形式和制度,前者是"代表型"民主,后者是"代议型"民主,两者在"代表谁、由谁代表、代表什么以及怎样代表"等四个关键问题上存在本质上的区别①。另一种是持积极的肯定态度,认为可以借鉴并运用西方的政治代表理论来考察中国民主政治的运行,即"以代表为中心概念的政治理论堪称为理解中国政治、解释中国政治而量身定做的一种民主理论。它不仅有助于我们理解中国政治的民主本质,而且对于推进中国特色的社会主义政治文明的建设有重要启迪意义"②。在此,笔者无意围绕这个话题展开争论,更多地是想探讨该理论能够给我们提供哪些启示和借鉴。

众所周知,中国实行人民代表大会制,它同西方议会制存在诸多差别。第一,在组织原则方面,人民代表大会制实行民主集中制;西方议会制是三权分立制。第二,在组织结构方面,人民代表大会制实行一院制;西方议会制普遍是两院制。第三,在选举制度方面,人民代表大会制实行直接选举和间接选举相结合的选举制,即县乡两级人大实行直接选举,而县级以上各级人大实行间接选举;西方议会制普遍实行直接选举制。第四,在代表制度方面,人民代表大会制实行兼职代表制,选民可以依法罢免代表;西方议会制普遍实行专职代表制,代表不受选民罢免。第五,在同政党的关系方面,人民代表大会

---

① 王绍光:《代表型民主与代议型民主》,《开放时代》2014 年第 2 期。
② 陈伟:《政治代表论——兼论我国人民代表大会制度的理论基础》,《中国人民大学学报》2007 年第 6 期。

制中的人大是在党的领导下行使各项职权，议会制中的议会则是政党活动的舞台，政党在议会中开展活动。但是，人民代表大会制与西方议会制亦具有某些共性，即"至少从理论上说，两者的代表中介角色、代表基础，以及代表的合法性均源于自下而上的定期选举"①。它们的共性集中表现为两个方面。一方面，无论是西方议会制度，还是中国人民代表大会制度，两者都是属于代议制的范畴，即"资本主义议会制和社会主义人民代表大会制都属于代议制度范畴，都是代议制度的具体表现"②。具体而言，一是作为工作机关，都承担着立法、监督等职责；二是作为民意代表机关，都承担着代表人民意见和要求的职责。另一方面，无论是西方议会制度，还是中国人民代表大会制度，都是建立在人民主权理论和代表制理论的基础之上，即西方议员和人大代表的代表资格都是经由人民通过选举授予的，对人民负责并接受监督。上述两个共性，意味着中西代议机构的主体——政治代表的运行逻辑存在某种共通性。因此，梳理西方政治代表理论的演进历程，对于我们推进新时代中国特色社会主义民主政治建设，完善人民当家作主制度体系尤其是坚持和完善人民代表大会制度，可以提供一些重要的启示。

首先，要重视人民代表大会制度的基础理论研究，深刻认识人大制度演进的理论逻辑、历史逻辑和实践逻辑。西方议会制度产生至今，已经走过了几百年的发展历程，它之所以能够不断发展和完善，同议会制度的理论研究是分不开的。在西方政治学研究的诸多议题中，议会制度尤其是议会代表的研究一直是研究者关注的焦点。政治代表理论就是在这个过程中产生的。作为议会制度的一项基础理论，它不仅有助于了解议会制度的演进历程，而且对于理解西方议会议员的政治代表行为逻辑具有重要的作用。

人民代表大会制度作为支撑中国国家治理体系和治理能力的根本

---

① 景跃进：《代表理论与中国政治——一个比较视野下的考察》，《社会科学研究》2007年第3期。

② 周叶中：《代议制度比较研究》，武汉大学出版社2005年版，第310页。

政治制度，是整个国家制度和国家治理体系的基础，具有重要的地位和作用。但是，检索中国知网可知，尽管有学者不停地呼吁建立"人大制度学"①，要求重视对人大制度的研究，但从效果来看并不明显。从国内政治学研究的重点来看，人大制度并不是关注的焦点，同时，从研究的群体来看，大多属于实际工作部门的同志，这就使得国内关于人大制度的研究呈现出学理性弱、实践性强的特点，大多数成果属于工作层面的政策研究。这有助于完善人大制度运行中的具体机制、改进人大实践工作中面临的具体问题，为完善现行法律法规、促进人大依法有效履行职权提供建设性的意见。

但是，人民代表大会制度作为根本政治制度，除了对策性研究之外，也需要重视它的基础理论研究，因为"基础理论研究关涉基本概念、基本范畴、基本原理等，虽不一定会直接回应制度运作中的某一技术难点，但有助于人们以更宏观视野和深远眼力，准确认清人大制度的主要涵义、内在逻辑、基本原则、应有功能及相关关系等，进而把握好人大制度运行和发展的原则与方向"②。例如，自1954年人民代表大会制度确立以来，我们对于"根本政治制度"的内涵解释，大多还是沿用董必武1951年在华北第一次县长会议上的释义，但是，这个解释并不足以说明人大制度究竟为何是"根本政治制度"。因此，有人指出："究竟怎样理解人民代表大会制度是我国的根本政治制度？还需从理论和实践的结合上进一步阐述明白。"③ 除此之外，根本政治制度与基本政治制度的联系与区别、议行合一原则、人大制度与党的领导的关系以及人大制度在中国特色社会主义根本制度体系中的定位等，都需要从理论上进行深入的研究。

经过60多年的实践，人民代表大会制度的整体制度安排已经趋于成熟和定型，但在一些具体的组织制度、工作制度、选举制度、会

---

① 参见王清秀《人大制度学》，中国人民公安大学出版社2003年版。
② 浦兴祖：《人大制度若干基础理论问题探究》，《北京航空航天大学学报》（社会科学版）2017年第3期。
③ 全国人大常委会办公厅研究室：《人民代表大会制度论丛》（第1卷），中国民主法制出版社1992年版，第55页。

议制度以及议事规则等方面还存在诸多不完善的地方。实际上，就一项制度的演进来看，人大制度还是一个新生的制度，它从建立到现在还不足百年，在运行过程、机制和程序等方面存在不完善的地方实属正常。习近平指出："中国特色社会主义民主是个新事物，也是个好事物。当然，这并不是说，中国政治制度就完美无缺了，就不需要完善和发展了。"① 要继续完善和发展人大制度，不仅在实践层面要进行广泛的探索和实践，而且在理论层面要重视人大制度的基础理论研究，不断深化对人大制度的认识，了解人大制度运行的逻辑，真正发挥它作为人民当家作主权利的制度保障作用。

其次，要重视对政党政治代表问题的研究，构建中国特色政治代表理论。目前，西方政治代表理论对政治代表问题的关注，主要是围绕议会代表的行为和过程展开分析。对于政党代表问题，包括政党的代表机制、代表性等内容，主要是置于政党政治的研究范围，以及同议会代表研究融合在一起，还没有像议会代表问题那样成为一块独立的研究内容。

在当代中国，政党政治代表问题是一个非常重要的内容，其重要性不亚于人大制度的政治代表问题。"中国政治学应当把中国共产党的政治代表性问题作为当前党建研究的重要课题。"② 对此，已有一些学者注意到了并做了开创性的研究，不仅把执政党的代表理论命名为"规律—使命式代表"，用于区分人大制度的选举式代表，而且指出了两者之间的差异之处和紧张性③。研究中国共产党政治代表理论，最主要的理论资源不能源于西方政治代表理论，而是马克思主义经典作家的政治代表思想。深入研读马克思主义经典著作可知，马克思主义经典作家并没有专门就政治代表问题进行理论阐述。但是，代表概

---

① 习近平：《在庆祝全国人民代表大会成立60周年大会上的讲话》，人民出版社2014年版，第19页。
② 袁峰：《论中国共产党的政治代表性》，《上海师范大学学报》（社会科学版）2001年第6期。
③ 景跃进：《代表理论与中国政治——一个比较视野的考察》，《社会科学研究》2007年第5期。

念是马克思主义理论体系中的一个核心要素,对于我们理解马克思主义的国家理论、政党思想、阶级观等具有重要的作用。例如,恩格斯在论述国家问题时强调:"国家是整个社会的正式代表,是社会在一个有形的组织中的集中表现……当国家终于真正成为整个社会的代表时,它就使自己成为多余的了。……国家真正作为整个社会的代表所采取的第一个行动,即以社会的名义占有生产资料,同时也是它作为国家所采取的最后一个独立行动。"① 马克思、恩格斯在论述共产党人时指出:"在无产阶级和资产阶级的斗争所经历的各个发展阶段上,共产党人始终代表整个运动的利益""共产党人……在当前的运动中同时代表运动的未来"②。他们在论述阶级问题时指出:"进行革命的阶级,仅就它对抗另一个阶级而言,从一开始就不是作为一个阶级,而是作为全社会的代表出现的。"③ 由此可见,马克思主义政党政治代表理论包含十分丰富的内容,需要进行全面和系统的梳理和分析,为剖析中国共产党政治代表思想提供重要的理论资源。

最后,要重视代表与选民的实践创新研究,充分发挥人大作为代表机关的作用和功能。议会最初是以民意代表机关的性质产生的,即它并"不是权力机关、不是统治机关,而仅仅是民意机关"④。作为民意代表机关,听取、收集、整理和反映民意既是其应有之义,也是其生命所系。因此,西方议会高度重视反映选区选民的意见,促进议员与选民之间的交流与互动,确保议员担负起民意代言人的职责。如果在这个方面不尽职,民意代表机关将失去人民的拥护和支持,这正是近年来西方议会制度不断衰弱的重要原因之一。

在中国,各级人大也具有民意代表机关的属性和职能定位。作为法定的民意代表机关,它是中国政治制度中一种最为重要的反映民意的制度化渠道,并且具有其他途径所不具有的优势——可以把民众意见上升为普遍的法律。在 1951 年北京市第三届人民代表会议

---

① [德] 恩格斯:《反杜林论》,人民出版社 2015 年版,第 303—304 页。
② 《共产党宣言》,人民出版社 2009 年版,第 40、61 页。
③ 《马克思恩格斯选集》第 1 卷,人民出版社 2012 年版,第 180 页。
④ 蒋劲松:《议会是代表机关的理论学说》,《人大研究》1995 年第 11 期。

开幕式上，刘少奇就指出："对于被人民选举出来的各级人民代表会议的代表，要责令他们经常地、密切地联系自己的选民，向政府反映人民的要求和意见，并将政府的政策、人民代表会议的决议向人民作解释。……这样，就能极大地扩大各级人民代表会议和人民政府的代表性。"[①] 因此，自人大制度诞生起，各级人大就重视代表联系群众工作，通过实行代表兼职制度、代表视察制度、代表调研制度等，保证代表能够深入实践、深入基层，了解人民群众的意愿和要求。改革开放以来，各级人大在代表联系选民的平台和载体、方式和方法等方面做了大量的探索和实践，包括设立代表联络工作站、人大代表事务助理等，为吸收人民群众的意见、增强人大制度的民意基础、巩固党的执政基础等发挥了重要的作用。然而，从现实来看，代表联系群众工作离人民群众的期望还有一定的距离，尤其是在利益主体多元化、利益诉求多样化的形势下，人大代表如何更加有效地密切联系群众，切实反映民众的利益诉求，既需要代表理论上的发展，更需要在制度实践方面的创新，为人大代表联系群众工作提供理论指导和政策建议。

---

① 《刘少奇选集》下卷，人民出版社1985年版，第56页。

参考文献

（一）中文译作

［爱尔兰］菲利普·佩迪特：《语词的创造：霍布斯论语言、心智与政治》，于明译，北京大学出版社2010年版。

［澳］约翰·S.德雷泽克：《协商民主及其超越：自由与批判的视角》，丁开杰等译，中央编译出版社2006年版。

［澳］约翰·基恩：《生死民主》，安雯译，中央编译出版社2016年版。

［比利时］亨利·皮雷纳：《中世纪的城市》，陈国樑译，商务印书馆2006年版。

［德］卡尔·施米特：《政治的概念》，刘宗坤等译，上海人民出版社2004年版。

［德］卡尔·施米特：《政治的浪漫派》，冯克利、刘锋译，上海人民出版社2004年版。

［德］卡尔·施米特：《宪法学说》，刘锋译，上海人民出版社2005年版。

［德］克里斯托夫·墨勒斯：《民主：苛求与承诺》，赵真译，清华大学出版社2017年版。

［德］谢茨施耐德：《政党政府》，姚尚建、沈洁莹译，天津人民出版社2016年版。

［法］邦雅曼·贡斯当：《古代人的自由与现代人的自由》，阎克文等译，冯克利校，商务印书馆1999年版。

［法］伯纳德·曼宁：《代议制政府的原则》，史春玉译，中国社会科

学出版社 2019 年版。

［法］菲利普·内莫：《教会法与神圣帝国的兴衰——中世纪政治思想史讲稿》，张竝译，华东师范大学出版社 2011 年版。

［法］弗朗索瓦·基佐：《欧洲代议制政府的历史起源》，张清津、袁淑娟译，张清津校，复旦大学出版社 2008 年版。

［法］卢梭：《社会契约论》，何兆武译，商务印书馆 2003 年版。

［法］卢梭：《政治制度论》，崇明等译，商务印书馆 2013 年版。

［法］孟德斯鸠：《论法的精神》，张雁深译，商务印书馆 1961 年版。

［法］皮埃尔·罗桑瓦龙：《公民的加冕礼——法国普选史》，吕一民译，上海世纪出版集团 2005 年版。

［法］让-马克·夸克：《合法性与政治》，佟心平、王远飞译，筱娟校，中央编译出版社 2002 年版。

［法］让-马里·科特雷、克洛德·埃梅里：《选举制度》，张新木译，商务印书馆 1996 年版。

［法］雅克·朗西埃：《对民主之恨》，李磊译，中央编译出版社 2016 年版。

［法］伊波利特·泰纳：《现代法国的起源：旧制度》，黄艳红译，吉林出版集团有限责任公司 2014 年版。

［古希腊］亚里士多德：《政治学》，吴寿彭译，商务印书馆 1964 年版。

［加拿大］C. B. 麦克弗森：《柏克》，江原译，中国社会科学出版社 1989 年版。

［加拿大］弗兰克·坎安宁：《民主理论导论》，谈火生等译，吉林出版集团有限责任公司 2010 年版。

［加拿大］威尔·金利卡：《少数的权利：民族主义、多元文化主义和公民》，邓红风译，上海译文出版社 2005 年版。

［加拿大］威尔·金利卡：《多元文化的公民身份》，马莉、张昌耀译，中央民族大学出版社 2009 年版。

［美］艾丽斯·M. 杨：《包容与民主》，彭斌、刘明译，江苏人民出版社 2013 年版。

[美] 艾丽斯·M. 杨：《正义与差异政治》，李诚予、刘靖子译，中国政法大学出版社 2017 年版。

[美] 巴里·尼古拉斯：《罗马法概论》，黄风译，法律出版社 2004 年版。

[美] 保罗·S. 芮恩施：《平民政治的原理》，罗家伦译，郭光东校，吉林出版集团有限责任公司 2010 年版。

[美] 伯纳德·贝林：《美国革命的思想意识渊源》，涂永前译，中国政法大学出版社 2007 年版。

[美] 戈登·伍德：《美国革命的激进主义》，傅国英译，北京大学出版社 1997 年版。

[美] 戈登·S. 伍德：《美利坚共和国的缔造（1776—1787）》，朱妍兰译，译林出版社 2016 年版。

[美] 哈罗德·J. 伯尔曼：《法律与革命——西方法律传统的形成》，贺卫方等译，中国大百科全书出版社 1996 年版。

[美] 汉娜·费尼切尔·皮特金：《代表的概念》，唐海华译，吉林出版集团有限责任公司 2014 年版。

[美] 科恩：《论民主》，聂崇信、朱秀贤译，商务印书馆 2005 年版。

[美] 拉里·戴蒙德、理查德·冈瑟主编：《政党与民主》，徐琳译，上海人民出版社 2012 年版。

[美] 丽莎·乔丹、[荷] 彼得·范·图埃尔：《非政府组织问责：政治、原则与创新》，康晓光译，中国人民大学出版社 2009 年版。

[美] 罗伯特·达尔：《论民主》，李柏光、林猛译，冯克利校，商务印书馆 1999 年版。

[美] 罗伯特·达尔：《多元主义民主的困境——自治与困境》，周军华等译，吉林人民出版社 2006 年版。

[美] 罗伯特·A. 达尔：《论政治平等》，谢岳译，上海世纪出版集团 2010 年版。

[美] 罗伯特·A. 达尔、爱德华·R. 塔夫特：《规模与民主》，唐皇凤、刘晔译，上海人民出版社 2013 年版。

[美] 马克·B. 布朗：《民主政治中的科学：专业知识、制度与代

表》，李正风等译，上海交通大学出版社2015年版。

［美］迈克尔·舒德森：《好公民：美国公共生活史》，郑一卉译，北京大学出版社2014年版。

［美］纳尔逊·曼弗雷德·布莱克：《美国社会生活与思想史》，许季鸿等译，商务印书馆1994年版。

［美］斯科特·戈登：《控制国家——西方宪政的历史》，应奇等译，江苏人民出版社2001年版。

［美］苏珊·邓恩：《姊妹革命》，杨小刚译，鲁刚校，上海文艺出版社2003年版。

［美］汤普逊：《中世纪经济社会史》，耿淡如译，商务印书馆1997年版。

［美］特伦斯·鲍尔等编：《政治创新与概念变革》，朱进东译，译林出版社2013年版。

［美］威尔逊：《国会政体》，黄泽萱译，商务印书馆1986年版。

［美］沃格林：《中世纪晚期》，段保良译，华东师范大学出版社2009年版。

［美］沃浓·路易·帕灵顿：《美国思想史》，陈永国译，吉林人民出版社2002年版。

［美］汉密尔顿、杰伊、麦迪逊：《联邦党人文集》，程逢如等译，商务印书馆1980年版。

［美］约瑟夫·R.斯特雷耶：《现代国家的起源》，华佳等译，王小卫校，上海人民出版社2011年版。

［南非］毛里西奥·帕瑟林·登特里维斯：《作为公共协商的民主：新的视角》，王英津等译，中央编译出版社2006年版。

［日］美浓部达吉：《议会制度论》，邹敬芳译，卞琳校，中国政法大学出版社2005年版。

［日］森口繁治：《选举制度论》，刘光华译，廖初民校，中国政法大学出版社2005年版。

［日］星野昭吉：《全球化时代的世界政治》，刘小林译，社会科学文献出版社2004年版。

［意］乔万尼·萨托利：《政党与政党体制》，王明进译，商务印书馆 2006 年版。

［意］乔万尼·萨托利：《民主新论》，冯克利、阎克文译，上海人民出版社 2009 年版。

［意］彼德罗·彭梵得：《罗马法教科书》，黄风译，中国政法大学出版社 1992 年版。

［英］A. H. Birch：《代表——政治学的基本概念之一》，朱坚章、王浩博译，台湾幼狮文化事业公司 1978 年版。

［英］F. W. 梅特兰：《英格兰宪政史》，李红海译，中国政法大学出版社 2010 年版。

［英］J. H. 伯恩斯主编：《剑桥中世纪政治思想史：350 年至 1450 年》（上、下册），程志敏等译，生活·读书·新知三联书店 2009 年版。

［英］J. S. 密尔：《代议制政府》，汪瑄译，商务印书馆 1982 年版。

［英］阿克顿：《法国大革命讲稿》，姚中秋译，商务印书馆 2012 年版。

［英］埃德蒙·柏克：《法国革命论》，何兆武等译，商务印书馆 1998 年版。

［英］埃德蒙·柏克：《自由与传统》，蒋庆等译，商务印书馆 2001 年版。

［英］安德鲁·海伍德：《政治学》，张立鹏译，欧阳景根校，中国人民大学出版社 2006 年版。

［英］保罗·金斯伯格：《民主：危机与新生》，张力译，中国法制出版社 2012 年版。

［英］保罗·塔格特：《民粹主义》，袁明旭译，吉林人民出版社 2005 年版。

［英］戴维·赫尔德：《全球大变革》，杨雪冬等译，社会科学文献出版社 2001 年版。

［英］戴维·赫尔德：《民主的模式》，燕继荣等译，王浦劬校，中央编译出版社 2004 年版。

［英］菲利普·诺顿：《英国议会政治》，严行健译，法律出版社 2016 年版。

［英］亨利·萨姆纳·梅因：《早期制度史讲义》，冯克利、吴其亮译，复旦大学出版社 2012 年版。

［英］霍布斯：《利维坦》，黎思复、黎廷弼译，杨昌裕校，商务印书馆 1985 年版。

［英］雷蒙·威廉斯：《关键词：文化与社会的词汇》，刘建基译，生活·读书·新知三联书店 2005 年版。

［英］罗伯特·罗杰斯、罗德里·沃尔特斯：《议会如何工作》，谷意译，广西师范大学出版社 2017 年版。

［英］洛克：《政府论》，叶启芳、瞿菊农译，商务印书馆 1964 年版。

［英］佩里·安德森：《绝对主义国家的系谱》，刘北成、龚晓庄译，上海人民出版社 2001 年版。

［英］皮特·F. 伯恩斯：《仅有选举政治是不够的：少数群体利益表达与政治回应》，任国忠译，中央编译出版社 2011 年版。

［英］塞缪尔·E. 芬纳：《统治史》（卷一），王震、马百亮译，华东师范大学出版社 2014 年版。

［英］威廉·布莱克斯通：《英国法释义》（第一卷），游云庭、缪苗译，上海人民出版社 2006 年版。

［英］沃尔特·厄尔曼：《中世纪政治思想史》，夏洞奇译，译林出版社 2011 年版。

［英］约翰·麦克里兰：《西方政治思想史》，彭淮栋译，海南出版社 2003 年版。

［英］詹姆斯·布赖斯：《现代民治政体》，张慰慈等译，郭旭、付俊等校，吉林人民出版社 2001 年版。

（二）中文著作

蔡定剑：《中国人民代表大会制度》，法律出版社 2003 年版。

陈思贤：《西洋政治思想史：中世纪篇》，吉林出版集团有限责任公司 2008 年版。

陈志瑞、石斌编：《埃德蒙·伯克读本》，中央编译出版社 2006 年版。

封丽霞：《政党、国家与法治——改革开放 30 年中国法治发展透视》，人民出版社 2008 年版。

高毅：《法兰西风格：大革命的政治文化》，北京师范大学出版社 2013 年版。

顾准：《顾准文集》，贵州人民出版社 1994 年版。

何俊志：《从苏维埃到人民代表大会制——中国共产党关于现代代议制的构想与实践》，复旦大学出版社 2011 年版。

江帆：《代理法律制度研究》，中国法制出版社 2000 年版。

江平、米健：《罗马法基础》，中国政法大学出版社 2004 年版。

姜峰、毕竞悦编译：《联邦党人与反联邦党人：在宪法批评中的辩论（1787—1788）》，中国政法大学出版社 2012 年版。

乐启良：《近代法国结社观念》，上海社会科学院出版社 2009 年版。

李宜琛：《日耳曼法概说》，中国政法大学出版社 2003 年版。

刘小枫选编：《施米特与政治法学》，上海三联书店 2002 年版。

陆伟芳：《英国妇女选举权运动》，中国社会科学出版社 2003 年版。

马华峰：《中世纪西欧议会代表观念研究》，中国政法大学出版社 2013 年版。

聂智琪、谈火生编：《代表理论：问题与挑战》，广东人民出版社 2018 年版。

邱家军：《代表谁：选民与代表》，复旦大学出版社 2010 年版。

沈汉、刘新成：《英国议会政治史》，南京大学出版社 1991 年版。

王绍光：《民主四讲》，生活·读书·新知三联书店 2008 年版。

王绍光编：《选主批判：对当代西方民主的反思》，欧树军译，北京大学出版社 2014 年版。

王世杰、钱端升：《比较宪法》，中国政法大学出版社 1997 年版。

许纪霖主编：《共和、社群与公民》，江苏人民出版社 2004 年版。

闫飞飞：《谁是代表，代表什么——代表理论研究》，中央编译出版社 2017 年版。

阎照祥:《英国政治制度史》,人民出版社 2012 年版。

应奇编:《代表理论与代议民主》,吉林出版集团有限责任公司 2008 年版。

余英时:《民主制度与近代文明》,广西师范大学出版社 2006 年版。

翟志勇主编:《代议制的基本原理》,中央编译出版社 2015 年版。

张凤阳:《政治哲学关键词》,江苏人民出版社 2006 年版。

周枏:《罗马法原论》,商务印书馆 2001 年版。

周叶中:《代议制度比较研究》,武汉大学出版社 2005 年版。

邹平学:《中国代表制度改革的实证研究》,重庆出版社 2005 年版。

(三) 中文论文 (包含译文)

蔡文成:《代表·回应·责任:人大代表制度的政治逻辑》,《兰州大学学报》(社会科学版) 2017 年第 4 期。

陈伟:《政治代表论——兼论我国人民代表大会制度的理论基础》,《中国人民大学学报》2007 年第 6 期。

丛日云、郑红:《论代议制民主思想的起源》,《世界历史》2005 年第 2 期。

段德敏:《民主理论的代表制转向——对西方代表理论研究的梳理》,《国外理论动态》2016 年第 4 期。

段德敏:《冲突还是协调:协商民主与政治代表机制间关系分析》,《学术月刊》2018 年第 3 期。

高春芽:《在代表与排斥之间:西方现代国家建构视野中代议民主发展的路径与动力》,《政治学研究》2017 年第 1 期。

高春芽:《政党代表性危机与西方国家民粹主义的兴起》,《政治学研究》2020 年第 1 期。

郭夏娟、魏芃:《数量代表与实质代表:理解女性政治地位的一个理论视角》,《妇女研究论丛》2019 年第 5 期。

何俊志:《中国地方人大的三重属性与变迁模式》,《政治学研究》2016 年第 5 期。

胡位钧:《两种代表制理论之再评价》,《法商研究》1998 年第 2 期。

蒋劲松：《论议会是工作机关》，《人大研究》1995年第6期。

蒋劲松：《议会是代表机关的理论学说》，《人大研究》1995年第11期。

景跃进：《代表理论与中国政治》，《社会科学研究》2007年第3期。

孔令伟：《西方代表理论的建构主义转向：缘起、内容和前景》，《国外理论动态》2019年第2期。

乐启良：《西耶斯的代议制理论管窥》，《浙江大学学报》（人文社会科学版）2009年第1期。

李剑：《近代西欧国家建设中的代表制》，《当代世界与社会主义》2015年第5期。

李剑鸣：《从代表制到代表制政体——再论美国革命时期民主概念的演变》，《清华大学学报》2015年第5期。

林奇富：《政治代表的观念史考察》，《复旦政治学评论》2012年第2辑。

林奇富、王钰：《民主代表的"标准解释"及其新进展》，《江海学刊》2016年第1期。

林奇富、刘传明：《好代表的民主释义：程序、目标和行动》，《国外理论动态》2017年第8期。

刘华云、耿旭：《政治代表概念的前沿追踪：标准解释、选举与超越民主》，《国外理论动态》2017年第5期。

刘新成：《"乡绅入侵"：英国都铎王朝议会选举中的异常现象》，《中国社会科学》2008年第2期。

马俊：《实现政治问责的三条道路》，《中国社会科学》2010年第5期。

聂智琪：《代表性危机与民主的未来》，《读书》2016年第8期。

欧树军：《代表与民主新盟约》，《国外理论动态》2017年第11期。

彭宗超：《合作抑或冲突：选民与代表相互关系理论评析》，《北京行政学院学报》2000年第6期。

浦兴祖：《人大制度若干基础理论问题探究》，《北京航空航天大学学报》（社会科学版）2017年第3期。

冉昊：《代表制与民主：理论逻辑与历史实践的优先序之争》，《中共浙江省委党校学报》2017年第6期。

谭安奎、张旭斌：《以人民为中心的双重代表模式——兼及政治代表中"利益"与"意志"的调和》，《开放时代》2019年第6期。

唐海华：《秩序与规范：汉娜·皮特金的代表理论》，《国外理论动态》2015年第12期。

汪晖：《代表性断裂与"后政党政治"》，《开放时代》2014年第2期。

王绍光：《代表型民主与代议型民主》，《开放时代》2014年第2期。

王宇环：《政治代表如何更具回应性：对一种协商民主系统路径的诠释》，《国外理论动态》2017年第8期。

温辉：《代表与选民的关系》，《现代法学》2001年第2期。

杨光斌、尹冬华：《我国人民代表大会制度的民主理论基础》，《中国人民大学学报》2008年第6期。

袁峰：《论中国共产党的政治代表性》，《上海师范大学学报》（社会科学版）2001年第6期。

张福建、刘义周：《代表的理论与实际：规范与经验的对话》，《政治与社会哲学评论》2002年第1期。

张福建：《代表与议会政治——一个政治思想史的探索与反省》，《行政暨政策学报》2007年第45期。

赵黎青：《全球化、非政府组织、联合国与全球治理》，《新远见》2012年第8期。

周光辉、彭斌：《理解代表——关于代表的正当性与代表方式合理性的分析》，《吉林大学社会科学学报》2004年第6期。

朱中博：《代表理论研究在中国：现状与反思》，《社会科学论坛》2016年第10期。

［爱尔兰］菲利普·佩迪特：《代表：回应与标示》，欧树军译，《开放时代》2012年第12期。

［德］奥利弗·纳克特威：《德国左翼党与阶级代表性危机》，彭萍萍摘译，《国外理论动态》2015年第5期。

［德］托马斯·海贝勒、安娜·什帕科夫斯卡娅：《数字化技术下政治代表的转型——中国的案例及其理论意义》，肖辉、赵杨译，《国外理论动态》2018年第10期。

［美］戴维·布朗等：《全球化、非政府组织和多部门关系》，任俊英编译，《马克思主义与现实》2002年第3期。

［美］汉娜·皮特金、南希·罗森布鲁姆：《代表理论的内涵——与汉娜·皮特金的对话》，陈平、李妍妍译，《国外社会科学》2017年第1期。

［美］纳迪亚·乌尔比娜蒂、马克·沃伦：《当代民主理论中的代表概念》，罗彬译，《国外理论动态》2017年第5期。

［美］亚历克斯·扎卡拉斯：《抽签与民主代表：一个温和建议》，欧树军译，《开放时代》2012年第6期。

（四）英文著作

Adam Przeworski, Susan C. Stokes, Bernard Manin, *Democracy, Accountability and Representation*, Cambridge: Cambridge University Press, 1999.

Anne Plillips, *The Politics of Presence*, Oxford: Clarendon Press, 1995.

Arthur P. Monahan, *Consent, Coercion and Limit: The Medieval Origins of Parliamentary Democracy*, Canada: McGill-Queen's University Press, 1987.

Bernard Manin, *The Principles of Representative Government*, Cambridge: Cambridge University Press, 1997.

Carol Swain, *Black Faces, Black Interests: Representation of African Americans in Congress*, Cambridge: Harvard University Press, 1993.

David Judge, *Representation: Theory and Practice in Britain*, New York: Routledge, 1999.

Gordon S. Wood, *Representation in the American Revolution*, Charlottesville: The University Press of Virginia, 1969.

Hanna F. Pitkin, *The Concept of Representation*, Berkeley: University of

California Press, 1967.

I. Shapiro, S. C. Stokes, E. J. Wood, *Political Representation*, Cambridge: Cambridge University Press, 2010.

Johannes Pollak and Christopher Lord, *Representation*, New York: Routledge, 2017.

Laura Montanaro, *The Democratic Legitimacy of Self-appointed Representatives*, Vancouner: University of British Columbia, 2010.

Marc Buhlmann and Jan Fivaz, *Political Representation: Roles, Repesentatives and the Represented*, New York: Routledge, 2016.

Mark E. Warren, H. Pearse, *Designing Deliberative Democracy: The British Columbia Citizens' Assembly*, Cambridge: Cambridge University Press, 2008.

Melissa S. Williams, *Voice, Trust and Memory: Marginalized Groups and the Failing of Liberal Representation*, Princeton: Princeton University Press, 1998.

Michael Saward, *The Representative Claim*, Oxford: Oxford University Press, 2010.

Monica Brito Vieira, David Runciman, *Representation*, Malden: Polity, 2008.

Richard F. Fenno, *Going Home: Black Representatives and Their Constituents*, Chicago: University of Chicago Press, 2003.

Simon Tormey, *The End of Representative Politics*, Malden: Polity, 2015.

Suzanne Dovi, *The Good Representative*, Malden: Blackwell Publishing, 2007.

（五）英文论文

Andrew Rehfeld, "The Concepts of Representation", *American Political Science Review*, Vol. 105, No. 3, 2011.

Andrew Rehfeld, "Towards a General Theory of Political Representation", *Journal of Political*, Vol. 68, No. 1, 2006.

Cecelia M. Kenyon, "Men of Little Faith: The Anti-Federalists on the Nature of Representative Government", *The William and Mary Quarterly*, Vol. 12, No. 1, 1955.

Dario Castiglione, Mark E. Warren, "A New Ecology of Democratic Representation? Eight Theoretical Issues", *Rivista di Storia delle Idee*, Vol. 2, No. 2, 2013.

David Plokte, "Representation is Democracy", *Constellations*, Vol. 4, No. 1, 1997.

Hanna Fenichel Pitkin, "Representation and Democracy: Uneasy Alliance", *Scandinavian Political Studies*, Vol. 27, No. 3, 2004.

Howard Schweber, "The Limits of Political Representation", *American Political Science Review*, Vol. 110, No. 2, 2016.

Jane Mansbridge, "Clarifying the Concept of Representation", *American Political Science Review*, Vol. 105, No. 3, 2011.

Jane Mansbridge, "Rethinking Representation", *American Political Science Review*, Vol. 97, No. 4, 2003.

Jane Mansbridge, "Should Blacks Represent Blacks and Women Represent Women? A Contingent 'Yes'", *The Journal of Politics*, Vol. 61, No. 3, 1999.

Jonathan W. Kuyper, "Systemic Representation: Democracy, Deliberation, and Nonelectoral Representatives", *American Political Science Review*, Vol. 110, No. 2, 2016.

Katherine Tate, "The Political Representation of Blacks in Congress: Does Race Matter?" *Legislative Studies Quarterly*, Vol. 26, No. 4, 2001.

Laura Montanaro, "The Democratic Legitimacy of Self-Appointed Representatives", *The Journal of Politics*, Vol. 74, No. 4, 2012.

Lisa Disch, "Toward a Mobilization Conception of Democratic Representation", *American Political Science Review*, Vol. 105, No. 1, 2011.

Mark B. Brown, "Speaking for Nature: Hobbes, Latour, and the Democratic Representation of Nonhumans", *Science & Technology Studies*, Vol. 31,

No. 1, 2017.

Nadia Urbinati, Mark E. Warren, "The Concept of Representation in Contemporary Democratic Theory", *Annual Review of Political Science*, Vol. 11, 2008.

Quinten Skinner, "Hobbes on Representation", *European Journal of Philosophy*, Vol. 13, No. 2, 2005.

Rousiley C. M. Maia, "Non-electoral Political Representation: Expanding Discursive Domains", *Representation*, Vol. 48, No. 4, 2012.

Sofia Näsström, "Democratic Representation Beyond Election", *Constellations*, Vol. 22, No. 1, 2015.

Stefan Rummens, "Staging Deliberation: The Role of Representative Institutions in the Deliberative Democratic Process", *The Journal of Political Philosophy*, Vol. 20, No. 1, 2012.

Suzanne Dovi, "Preferable Descriptive Representatives: Will Just Any Woman, Black, or Latino Do?" *American Political Science Review*, Vol. 96, No. 4, 2002.

Teivo Teivainen, Silke Trommer, "Representation Beyond the State: Towards Transnational Democratic Non-state Politics", *Globalizations*, Vol. 14, No. 1, 2017.

Warren E. Miller, Donald E. Stokes, "Constituency Influence in Congress", *American Political Science Review*, Vol. 57, No. 1, 1963.

后　　记

做社会科学理论的研究，悟性很重要。我一直觉得自己悟性不够，不适合做纯理论的研究。然而，在种种机缘巧合之下，我最后的博士学位论文却选了一个理论问题。2009年，我顺利毕业并进入中共北京市委党校政治学教研部工作。入职后，教研部的领导便不时地督促我修改论文，争取早日出版，并建议我结合博士学位论文申请国家社科基金项目。为此，我征求了导师的意见，得到了肯定答复，认为选题具有一定的价值。2013年，我以政治代表问题为主题申报国家社科基金并被立项，尔后，开始了漫长的写作之路。在申请之前，我就列好了写作提纲，并计划用3年左右时间完成本项课题。不过，直到2018年初，我才完成课题初稿。之后，我听取专家的修改意见，进一步完善课题的研究成果，顺利通过结项，评审等级为良好！本书是课题的最终成果，全书的写作得到了诸多老师的指导、领导的支持以及同事和朋友的帮助。

首先，感谢我的三位导师王续添教授、景跃进教授以及杨雪冬研究员。王续添老师是我的研究生导师，领我走上学术研究之路。在攻读硕士学位期间，王老师手把手地教会我写学术论文，从论文的选题到文献的查找、从论文框架的构思到语言的组织、从格式的规范到标点符号的使用，等等，付出了大量的心血，把我这个学术门外汉带入门内。即便在参加工作之后，王老师仍然给予诸多帮助，包括帮我修改论文并推荐到高水平刊物发表。在求学路上能遇到这么好的老师，是我学术人生的一大幸事。景跃进老师是我的博士生导师，作为景老师门下的一员，时常觉得自己知识储备少，这成为我学习的一大动力。攻读博士学位期间,通过和景老师的交流,我确定了将西方政治代表问题作为博士论文选题,这对我而言是一大挑战。在景老师的帮助下,我获得了赴德国进行为期三个月的学习机会,这为更好地收集和掌握第一手外文文献提供了便利,对我如期完成博士学位论文写作至关重要。杨雪冬研究员是我的博士后合作导师,在进站之前,我就久仰其大名。因为在职的缘故,我和杨老师见面不是很频繁,平常主要是通过邮件和微信进行联系和沟通。在站期间,杨老师对我的出站报告给予了悉心指导,建议我在研究理论问题的同时还要关注现实政治的变化。同时,为了搭建一个学习和交流的平台,杨老师特意建立了"半截子"读书会,既拓展了视野、获得了新的知识,又增进了大家的感情。总而言之,师从三位导师,我不仅收获了丰富的专业知识,还学会了很多做人做事的道理。

其次,感谢政治学教研部历任主任及同事。2009年博士毕业后,我进入中共北京市委党校政治学教研部工作。入职之后,我得到了韩玉芳教授、林泉教授以及袁达毅教授三位主任的关心和爱护。在生活方面,他们三位及时帮我解决了入职后的住宿问题,不仅为我节省了一大笔房租,还免去了上下班的舟车劳顿。在科研方面,通过参与他们主持的各类科研项目,并且经过他们的指导,我的科研写作能力得到了提升,更坚定了将人大制度作为自己的研究方向。在教学方面,他们给我提出了很多好的建议,使我能够较早地参与党校主体班教学工作。目前,他们均已退休,但仍然在很多方面给予我帮助。除此之外,我还要感谢政治学教研部的其他同事,身处这样一个和谐的团队,我能够安心写作。

最后,要感谢我的父母以及两位姐姐,他们为我的求学之路提供了最无私的爱和关心,没有他们默默无闻的付出,我肯定无法取得现在的成绩。只有加倍努力,我才能回报他们的一片苦心。同时,要特别感谢我的爱人王敏女士,她在家不辞辛苦地付出,照顾孩子,让我可以静心写作,而没有她的体谅和包容,我可能会拖得更晚交稿。